21世纪高职高专规划教材
财经类专业基础课系列

U0853742

经济法（第2版）

Law of Economy

主　编◎高庆新　李　霞
副主编◎张　涛　张小静

中国人民大学出版社
·北京·

前 言

编者本着“提高学生整体素质，以能力为本位，兼顾知识教育、技能教育和能力教育”的宗旨，针对高职高专院校学生的特点和企业实际需要编写了本书。本书以党的二十大报告中的全面依法治国思想为指导，弘扬社会主义法治精神，传承中华优秀传统法律文化，增强学生的法治观念，引导学生做社会主义法治的忠实崇尚者、自觉遵守者、坚定捍卫者，落实好立德树人根本任务。本书打破了以知识传授为主要特征、强调课程体系完整性的传统模式，力求以学生在未来就业生活中所需要掌握的经济法律制度为原则，以企业经营活动所涉及的法律制度为主线，以职业素养、知识和能力为出发点，将法律知识有机地融入企业工作任务中，围绕实践需要选取内容。本书既可作为高职高专院校非法律专业，特别是财经类、经贸类专业学生的经济法教材，也可作为应用型、技能型人才培养的各类教育教材与社会从业人士的业务参考书及培训用书。

本书是编者在总结十几年经济法教学经验的基础上，根据学生特点、国家经济发展实际，以“实用、够用”为原则编写的真正符合高职学生需要的经济法教材。

第一，在内容选取上，本书充分汲取本学科的理论研究和最新法律及司法实践。从经济法的基础知识入手，结合最新颁布的《民法典》，详细介绍了企业法、公司法、证券法、物权法、合同法、工业产权法、市场秩序管理法、票据法、劳动法、仲裁法、诉讼法等实用性非常强的法律。在编写过程中，编者注重吸收最新的科研成果，紧跟国家立法的步伐，尤其注重将最新的立法成果介绍给读者。

第二，在表述形式上，本书特色鲜明，每章设置了学习目标、案例导入、阅读资料、案例思考和自测练习等栏目，既方便教学，也便于学生把握学习目标，理解并掌握教学内容中的知识点和能力点。本书呈现方式新颖活泼，有助于增强学生的学习兴趣，提高学生的学习积极性。

第三，在实际应用上，本书具有极强的实用性和可操作性。在编写过程中，编者尽量用简洁、生动的语言把经济法的基础理论知识和基本概念表述清楚、准确，同时通过选取贴合学生实际需要的阅读资料扩展学生的知识面，安排生活性、实践性较强的案例，以提高学生的实践应用能力。

第四，在教材体例上，本书突出课程思政方面的内容。在章节导入中重点介绍了我国在立法及经济发展中取得的成绩，以体现社会主义制度的优越性；同时，在阅读资料、案例思考等内容的选取上，突出诚信经营的重要性，引导学生做诚实守信的人，以实现育人的目标。

本书由高庆新和李霞担任主编，张涛、张小静担任副主编，陈振宁和乔松参编。具体编写分工如下：高庆新（第一章），李霞（第六章、第八章），张涛（第二章、第五章），陈振宁（第三章、第四章），乔松（第七章、第九章），张小静（第十章、第十一章）。在本书的编写过程中，我们参阅了国内外学者的相关研究资料，借鉴和吸收了他们的相关研究成果，在此深表谢意。此外，本书还得到了学院领导、专家和老师的鼎力支持，在此表示感谢。

编者

目录

第一章
经济法基础理论

党的二十大报告强调："完善以宪法为核心的中国特色社会主义法律体系""加强重点领域、新兴领域、涉外领域立法"。经济作为重点领域，尤其要完善立法体系。经济法是政府调节经济的重要手段，也是老百姓处理经济纠纷最重要的依据。市场需要公平、公正、公开的"游戏规则"，维护有序的市场秩序，规范市场主体的经营行为，实现政府监督经济的职能，需要有效、可行的经济法做保障。

第一节 经济法概论

学习目标

- 理解经济法的概念、调整对象和特征。
- 明确经济法律关系的概念及构成要素。
- 理解经济法在生活中的作用。

案例导入

甲公司与乙公司签订了一份 100 台电视机的采购合同，乙公司委托丙公司运输，丙公司在运输过程中与丁相撞（经交警认定，丁负全责），造成丙公司所载电视机毁损严重。结果甲公司也未能在约定时间收到货物。

问题：该案例中涉及多少经济法律关系？

一、法及我国法律体系

法是国家制定或认可的，由国家强制力保证实施的，以规定当事人权利和义务为内容的具有普遍约束力的社会规范。法的本质是统治阶级国家意志的体现，代表统治阶级的整体意志和根本利益。法是经过国家制定或认可才得以形成的规范，具有国家意志性。法由国家强制力保证实施，因而具有普遍约束力。法是以规定人们社会中的权利和义务为内容的行为规范。法具有普遍适用性，具有明确的公开性和普遍约束力。

（一）我国法的渊源

在我国，法的主要形式有宪法、法律、行政法规、地方性法规、自治条例和单行条例、部委和政府规章等。

1. 宪法

宪法由国家最高立法机关即全国人民代表大会制定，是国家的根本大法。宪法规定了国家的基本制度和根本任务、公民的基本权利和义务，具有最高的法律效力。

2. 法律

法律是由全国人民代表大会和全国人民代表大会常务委员会制定的，效力仅次于宪法。例如：《中华人民共和国民法典》《中华人民共和国公司法》等。

3. 行政法规

行政法规是由国务院在法定职权范围内为实施宪法和法律而制定、发布的规范性文件，通常冠以条例、办法、规定等名称，其效力低于法律。例如：《物业管理条例》《证券公司监督管理条例》等。

4. 地方性法规、自治条例和单行条例

地方性法规、自治条例和单行条例是省、自治区、直辖市的人民代表大会及其常务委员会根据本行政区域的具体情况和实际需要制定的地方性法规，但仅在本行政区域内有效。例如：《深圳经济特区工伤保险条例》等。

5. 部委和政府规章

规章是国务院各部、委员会、中国人民银行、审计署和具有行政管理职能的直属部门根据法律和国务院的行政法规、决定、命令，在本部门的权限内制定的部门规章。省、自治区、直辖市和设区的市、自治区的人民政府，可以根据法律、行政法规和本省、自治区、直辖市的地方性法规制定规章，其效力最低。

（二）我国的法律体系

法律体系是按法律部门划分的，各个法律部门的调整对象不同。我国现行的法律体系可以划分为以下法律部门。

1. 宪法

宪法是国家的根本大法，规定国家的根本制度和根本任务、公民的基本权利和义务等内容。宪法具有最高的法律效力，任何法律不得与宪法相冲突。我国现行宪法是 1982 年 12 月 4 日第五届全国人民代表大会第五次会议通过的，全国人民代表大会于 1988 年、1993 年、1999 年、2004 年、2018 年先后 5 次以宪法修正案的形式对宪法做了修改和补充。

2. 刑法

刑法是规定犯罪、刑事责任和刑罚的法律规范的总称，包括《中华人民共和国刑法》及此后的刑法修正案等。与其他法律相比，刑法的调整范围极其广泛，无论哪一方面的社会关系，只要发生了构成犯罪的行为，都受到刑法的调整。另外，刑法的强制性最为突出，是保障其他法律有效实施的后盾。

3. 行政法

行政法是指行政主体在行使行政职权和接受行政法制监督过程中而与行政相对人（自然人、法人和其他组织）、行政法制监督主体之间发生的各种关系，以及行政主体内部发生的各种关系的法律规范的总称。行政法调整的是行政机关与行政相对人之间因行政管理活动而发生的法律关系。行政机关与行政相对人之间的关系是管理者和被管理者之间的关系，包括《中华人民共和国行政处罚法》《中华人民共和国治安管理处罚法》等。

4. 民商法

民商法是规范民事、商事活动的法律规范的总称。民法调整平等主体的自然人、法人、其他组织之间的人身关系和财产关系。民法既包括形式上的民法（即民法典），也包括单行的民事法律和其他法律、法规中的民事法律规范。商法是调整平等主体之间商事关系的法律规范的总称。

5. 经济法

经济法是调整在国家协调本国经济运行过程中发生的经济关系的法律规范的总称。经济法的调整对象是指经济法所干预、管理和调控的具有社会公共性的经济关系。主要包括反垄断法、反不正当竞争法、银行法、税法、会计法等。

6. 社会法

社会法是调整劳动关系、社会保障关系、社会福利和特殊群体权益保障方面关系的法律规范的总称。主要包括劳动法、劳动合同法、未成年人保护法、妇女权益保障法、残疾人保障法等。

7. 诉讼与非诉讼程序法

诉讼与非诉讼程序法是规范解决社会纠纷的诉讼活动与非诉讼活动的法律规范的总称。我国的诉讼制度分为刑事诉讼、民事诉讼和行政诉讼三种，分别针对三类诉讼活动进行规范。非诉讼程序在纠纷解决中也占有重要地位，包括仲裁法和人民调解法等。

二、经济法的概念和调整对象

（一）经济法的概念

经济法是调整在国家协调本国经济运行过程中发生的经济关系的法律规范的总称。经济法是 20 世纪诞生的新型的重要的法律部门，我国目前没有一部完整的经济法法典，而是分散于大量的经济法律法规当中。

（二）经济法的调整对象

经济法作为一个独立的法律部门，具有特定的调整对象，即特定的经济关系，不是一切的经济关系。经济法的调整对象是指国家在经济管理和协调发展经济活动中所发生的经济关系。以下从几个方面加以说明。

1. 宏观经济调控关系

宏观经济调控是指国家从经济运行的全局出发，按预定目标，对国民经济活动进行的调节与控制。市场经济一方面要求各经济主体在经济活动中自主决策，以适应社会需求的多样化和经济生活的复杂化；另一方面要求国家在宏观上协调各产业之间的关系和各经济主体的利益，并对社会发展有重大影响的活动实行集中决策和管理，以保证国家经济健康发展。宏观经济调控关系具体可分为以下几类：计划管理关系、金融管理关系、财政税收关系。

2. 企业组织管理关系

经济法要对国家经济协调关系进行调整，必须从了解市场主体体系入手。在社会主义市场主体体系中，企业是最活跃也是最主要的市场主体。国家为了协调本国经济运行，对于企业的设立、变更和终止，企业内部机构及职权的设置，企业的财务、会计管理等，既不能撒手不管，又不能管得太死、太严，只能进行必要的干预。这种在企业的设立、变更、终止过程中发生的经济管理关系和企业内部管理过程中发生的经济关系，简称企业组织管理关系。企业组织管理关系应该由经济法调整，这有助于从法律上保证企业成为独立自主、自负盈亏的市场主体，能动地参与市场活动，改善经营管理，提高经济效益。

需要由经济法进行调整的企业组织管理关系主要包括以下几个方面：（1）企业在设立、变更、终止以及破产的过程中发生的经济关系；（2）企业在内部机构及其职权的设置过程中发生的经济关系；（3）企业在集资、承包，以及对本企业的财务、会计进行管理的过程中发生的经济关系；（4）企业等经济个体成立、审批、商业登记等发生的经济关系等。

3. 市场管理关系

社会主义市场经济健康、快速发展，要求形成统一、开放的市场体系。培育统一、开放的市场体系，要求各种生产要素自由流动，坚决打破条块分割、封锁和垄断，充分发挥竞争机制的作用。有正当竞争就会有不正当竞争，垄断和不正当竞争会阻碍市场功能的实现，妨碍资源优化配置，扰乱市场经济秩序。而这些又是市场本身无法消除的，这就需要国家干预，加强对市场的管理。这种在市场管理的过程中发生的经济关系被称为市场管理关系。经济法调整市场管理关系有助于完善市场规则，有效地防止垄断，制止不正当竞争，维护市场秩序，实现市场功能。

4. 社会保障关系

现阶段，市场经济不仅要强调效率和自愿，同时还要注重公平和社会保障。我国实行的是社会主义市场经济体制，这种经济体制要求建立多层次的社会保障体系。可是市场本身无法解决这个问题，因此需要国家干项，建立强制实施、互济互助、社会化管理的社会保障体系。在社会保障过程中发生的经济关系，简称社会保障关系。社会保障关系应该由经济法调整，这有助于充分开发和合理利用劳动力资源，保障社会成员的基本生活权利，维护社会稳定，促进经济发展。

总之，研究经济法的调整对象，有必要了解在国家协调本国经济运行过程中发生的经济关系的表现形式，但是，更重要的是要弄清楚在国家协调本国经济运行过程中发生的经济关系为什么应该由经济法调整。我们认为，这种经济关系由经济法调整，能够从根本上把经济法与民法、行政法、国际经济法等法的部门区分开来。因为经济法调整的社会关系是经济关系，这种经济关系是在一国调整本国经济运行过程中产生的，它体现了一个主权国家对本国经济的干预与协调，这种经济关系有别于其他法律部门所调整的社会关系。

三、经济法律关系

（一）经济法律关系的概念

法律关系是指经过法律规范调整形成的法律主体之间具有权利和义务性质的社会关系。

经济法律关系是指经济法主体在进行经济管理和经济活动过程中所形成的，由经济法加以确认的经济权利和经济义务的关系。在我国社会主义社会的生产、交换、分配和消费的过程中，随时发生着各种各样具体的经济关系。当这些关系属于经济法的调整范围且为经济法所调整时，这些现实的具体的经济关系就具有法律关系的性质，形成某种经济上的权利义务关系，并为国家法律所保护。

（二）经济法律关系的构成要素

任何一种经济法律关系都由主体、内容、客体三个要素构成。这三个要素是互相联系、缺一不可的。缺少其中任何一个要素都不能构成经济法律关系，变更其中任何一个要素就不再是原来的经济法律关系。

1. 经济法律关系的主体

经济法律关系的主体，又称经济法主体，是指享有经济权利、承担经济义务的当事人。在一个经济法律关系中存在两个或两个以上的主体，其中权利的享有者称为权利主体，义务的承担者称为义务主体。一般而言，各方主体既享有经济权利，又承担经济义务，具有权利主体和义务主体的双重身份。

经济法主体的范围是由经济法调整的对象范围决定的，主要包括：

（1）自然人。自然人是指具有生命的个体的人，即生物学意义上的人，是基于出生而取得民事主体资格的人。我国的自然人既包括中国公民，也包括居住在中国境内或境内的外国公民和无国籍人。公民是各国经济法法律关系的基本主体之一。

（2）法人和非法人组织。我国《民法典》规定：法人是具有民事权利能力和民事行为能力，依法独立享有民事权利和承担民事义务的组织。非法人组织是不具有法人资格，但是能够依法以自己的名义从事民事活动的组织，包括个人独资企业、合伙企业、不具有法人资格的专业服务机构等。

（3）国家。在特殊情况下，国家可以作为一个整体成为法律关系主体。国家是国家财产所有权唯一的主体；国家作为主权者是国际公法关系的主体，也可以成为对外贸易关系中的债权人或债务人。

2. 经济法律关系的内容

经济法律关系的内容是指经济法主体享有的经济权利和承担的经济义务。

（1）经济权利。经济权利是指经济法主体在国家管理与协调社会主义市场经济运行过程中，依法具有的自己为或不为一定行为或者要求他人为或不为一定行为的资格。在不同的经济法律关系中，经济法主体享有不同的经济权利，主要有所有权、法人财产权、经营管理权、经济职权、债权、知识产权等。

（2）经济义务。经济义务是指法定义务人应当依照经济权利人的要求为一定行为或不为一定行为，以满足权利人利益的责任。经济义务具有以下特征：经济义务以法律规定为界定范围，不履行义务者要承担相应法律责任，受到国家法律的制裁；义务人履行义务的方式包括作出一定行为和不作出一定行为两种方式。

（3）经济权利与经济义务的关系。经济权利与经济义务相互依存。没有经济权利，就不会有经济义务。经济法主体不能只享有经济权利而不承担经济义务，也不能只承担经济义务而不享有经济权利。

3. 经济法律关系的客体

（1）经济法律关系的客体的概念。经济法律关系的客体是指经济法律关系主体权利和义务所指向的对象。客体是确定权利义务关系性质和具体内容的依据，也是确定权利行使和义务履行的客观标准。如果没有客体，经济权利义务就失去了依附的目标和载体，也就不可能发生经济权利义务。因此，客体是经济法律关系不可缺少的要素之一。

（2）经济法律关系客体的种类：

1）物。物是指能够为人控制和支配、具有一定经济价值、可通过具体物质形态表现存在的物品。物包括自然存在的物品和人类劳动生产的产品，以及固定充当一般等价物的货币和有价证券等。物是经济法律关系中存在最广泛的客体。

2）经济行为。经济行为是指经济法主体为达到一定经济目的、实现其权利和义务所进行的经济活动。它包括经济管理行为、提供劳务行为和完成工作行为等。作为经济法律关系客体的经济行为，仅指具有法律意义即为实现权利和义务而实施的行为。

3）智力成果。智力成果，又称精神财富，是指经济法主体从事智力劳动创造取得的成果，如科学发明、技术成果、艺术创作成果、学术论著等。智力成果本身不直接表现为物质财富，但可以转化为物质财富。智力成果作为经济法律关系的客体，其法律表现形式主要为商标权、专利权、专有技术、著作权等。

（三）经济法律关系的确立

1. 经济法律关系确立的概念

经济法律关系的确立是指由经济法律规范所确认的、经济法主体之间的经济权利与经济义务关系在社会经济生活中的实际实现。它包括经济法律关系的设立、变更和终止三种情况。经济法律关系的设立是指在经济法主体之间形成某种经济权利与经济义务关系；经济法律关系的变更是指在原有的经济法律关系中，部分或全部要素发生改变；经济法律关系的终止是指经济法主体之间已有的经济权利与经济义务关系不再存在。

2. 法律事实

经济法律关系的确立是有条件的，需要有法律事实的存在。法律事实是指能够引起经济法律关系设立、变更与终止的客观情况。法律事实可以依照其发生与当事人的意志有无关系，分为行为与事件两类。

（1）行为。行为是指当事人的有意识的活动，分为合法行为和违法行为。合法行为是符合法律规范的行为，包括经济管理行为、经济法律行为和经济司法行为。经济管理行为是指国家经济管理机关依法实施的、能够引起法律后果的行为。如市场监督管理局设立登记等。经济法律行为是指经济法主体为发生、变更或终止一定的法律关系，按照法律规定而实施的行为。如依法签订合同，其产生的权利、义务受到国家的保护。经济司法行为是一种特殊的司法机关的具体行政行为，其中包括判决、裁定、调解等。如经过法院的判决或裁定，就要按照判决或裁定发生新的法律关系或变更、终止原有的法律关系。违法行为是违反法律规定的行为或法律所禁止的行为。

（2）事件。事件是指不依当事人的主观意志为转移的客观事实。事件包括自然现象和社会现象引起的事实。自然现象引起的事实，又称绝对事件，如自然灾害等。社会现象引起的事实，又称相对事件。相对事件虽是人的行为引起的，但其出现在特定经济法律关系中并不以当事人的意志为转移，如因战争导致合同无法履行等。

第二节 相关经济法律制度

学习目标

- 理解法人的设立条件、法人分类，掌握自然人的民事权利能力和民事行为能力。
- 理解代理及其种类，掌握无权代理和表见代理。
- 掌握诉讼时效的概念、诉讼时效期间和诉讼时效的中止、中断。
- 能够运用法人和代理从事经营活动，运用诉讼时效制度维护自己的权利。

案例导入

甲、乙经协商共同成立小蜜蜂搬家有限责任公司，甲为董事长并担任公司的法定代表人，乙为业务经理。在一次搬运的过程中，公司员工张某、王某工作中打闹嬉戏不慎将客户赵某阳台上的一盆花碰落，恰好砸在行人刘某的头上，刘某为此支付了医疗费和其他费用8万元。

问题：刘某所受损害应该由谁承担责任？为什么？

一、法人制度

（一）法人的概念和成立条件

法人是具有民事权利能力和民事行为能力，依法独立享有民事权利和承担民事义务的组织。

根据《中华人民共和国民法典》（以下简称《民法典》）规定，设立法人需要下列条件：

1. 法人应当依法成立

法人成立的具体条件和程序，依照法律、行政法规的规定。营利法人一般须登记，法人自登记时设立。非营利法人需要登记的自向有关机关登记时设立，不需要登记的，自成立之日取得法人资格。特别法人一般自成立之日起设立。设立法人，法律、行政法规规定须经有关机关批准的，依照其规定。

2. 法人应当有自己的名称、组织机构、住所、财产或者经费

法人的名称是其区别于其他社会组织的标志符号。名称应当能够表现出法人活动的对象及隶属关系。经过登记的名称，法人享有专用权。法人的组织机构即办理法人一切事务的组织，被称做法人的机关，由自然人组成。法人以其主要办事机构所在地为住所。依法需要办理法人登记的，应当将主要办事机构所在地登记为住所。法人必须拥有独立的财产，作为其独立参加民事活动的物质基础。

3. 法人以其全部财产独立承担民事责任

法人以其全部财产对自己的民事行为所产生的法律后果独立地承担责任。法人业务范围内的经营活动所产生的权利和义务应由法人享有和承担。法定代表人以法人名义从事的民事活动，其法律后果由法人承受。依照法律或者法人章程的规定，代表法人从事民事活动的负责人，为法人的法定代表人。法人章程或者法人权力机构对法定代表人代表权的限制，不得对抗善意相对人。法定代表人因执行职务造成他人损害的，由法人承担民事责任。法人承担民事责任后，依照法律或者法人章程的规定，可以向有过错的法定代表人追偿。

（二）我国法人的分类

我国《民法典》将法人分为三类：一是营利法人，二是非营利法人，三是特别法人。这是根据法人设立的宗旨和所从事活动的性质所进行的分类。

1. 营利法人

以取得利润并分配给股东等出资人为目的成立的法人，为营利法人。营利法人包括有限责任公司、股份有限公司和其他企业法人等。

依法设立的营利法人，由登记机关发给营利法人营业执照。营业执照签发日期为营利法人的成立日期。设立营利法人应当依法制定法人章程。营利法人应当设权力机构、执行机构和监督机构。

2. 非营利法人

为公益目的或者其他非营利目的成立，不向出资人、设立人或者会员分配所取得利润的法人，为非营利法人。非营利法人包括事业单位、社会团体、基金会、社会服务机构等。为公益目的成立的非营利法人终止时，不得向出资人、设立人或者会员分配剩余财产。剩余财产应当按照法人章程的规定或者权力机构的决议用于公益目的；无法按照法人章程的规定或者权力机构的决议处理的，由主管机关主持转给宗旨相同或者相近的法人，并向社会公告。

（1）事业单位法人。事业单位法人是指具备法人条件，为适应经济社会发展需要，提供公益服务设立的事业单位。事业单位法人经依法登记成立，取得事业单位法人资格；依法不需要办理法人登记的，从成立之日起，具有事业单位法人资格。事业单位法人设理事会的，除法律另有规定外，理事会为其决策机构。事业单位法人的法定代表人依照法律、行政法规或者法人章程的规定产生。

（2）社会团体法人。社会团体法人是指具备法人条件，基于会员共同意愿，为公益目的或者会员共同利益等非营利目的设立的社会团体。社会团体法人经依法登记成立，取得社会团体法人资格；依法不需要办理法人登记的，从成立之日起，具有社会团体法人资格。设立社会团体法人应当依法制定法人章程。社会团体法人应当设立会员大会或者会员代表大会等权力机构。社会团体法人应当设立理事会等执行机构。理事长或者会长等负责人按照法人章程的规定担任法定代表人。

（3）基金会和社会服务机构法人。基金会和社会服务机构法人是指具备法人条件，为公益目的以捐助财产设立的基金会、社会服务机构等。基金会和社会服务机构法人经依法登记成立，取得捐助法人资格。设立捐助法人应当依法制定法人章程。捐助法人应当设立理事会、民主管理组织等决策机构，并设立执行机构。理事长等负责人按照法人章程的规定担任法定代表人。捐助法人应当设立监事会等监督机构。

3. 特别法人

《民法典》规定：机关法人、农村集体经济组织法人、城镇农村的合作经济组织法人、基层群众性自治组织法人，为特别法人。

有独立经费的机关和承担行政职能的法定机构从成立之日起，具有机关法人资格，可以从事为履行职能所需要的民事活动。农村集体经济组织、城镇农村的合作经济组织依法取得法人资格。居民委员会、村民委员会具有基层群众性自治组织法人资格，可以从事为履行职能所需要的民事活动。

阅读资料

法人和自然人的区别

法人作为民事法律关系的主体，是与自然人相对称的，两者的区别在于：

第一，法人是社会组织在法律上的人格化，是法律意义上的“人”，而不是实实在在的生命体，其依法产生、消亡。自然人是基于自然规律出生、生存的人，具有一国国籍的自然人称为该国的公民。自然人的生老病死依自然规律进行，具有自然属性，而法人不具有这一属性。

第二，虽然法人、自然人都是民事主体，但法人是集合的民事主体，即法人是一些自然人的集合体。例如：大多数国家的公司法都规定，公司法人必须由两人以上的股东组成。对比之下，自然人则是以个人本身作为民事主体的。

第三，法人的民事权利能力和民事行为能力与自然人也有所不同。

（三）法人的民事权利能力和民事行为能力

法人的民事权利能力是指其能以自己的名义独立享受民事权利和承担民事义务的资格。法人的民事行为能力是指其能以自己的名义独立进行民事法律行为，以实现自己民事权利和民事义务的资格。法人的民事权利能力和民事行为能力，从法人成立时产生，到法人终止时消灭。法人的民事权利能力与行为能力，取决于有关法律、行政法规的规定以及有关部门对法人设立等的审查批准，不同法人的权利能力、行为能力的范围是不同的。一般来说，法人的业务范围或者经营范围就是法人的民事权利能力与民事行为能力的范围。法人的民事权利能力与民事行为能力在范围上是一致的。法人的民事行为能力是通过法人的法定代表人和代理人的活动来实现的。法定代表人以法人名义从事的民事活动，其法律后果由法人承受。法人章程或者法人权力机构对法定代表人代表权的限制，不得对抗善意相对人。

自然人的民事权利能力始于出生，终于死亡。其特点是所有自然人的民事权利能力一律平等，而自然人的民事行为能力则有所不同。

依据我国的《民法典》，自然人的民事行为能力可以分为完全民事行为能力、限制民事行为能力和无民事行为能力。

（1）完全民事行为能力。完全民事行为能力是指法律赋予达到一定年龄和智力状态正常的自然人通过自己的独立行为进行民事活动的能力。《民法典》规定：“十八周岁以上的自然人为成年人。不满十八周岁的自然人为未成年人。成年人为完全民事行为能力人，可以独立实施民事法律行为。十六周岁以上的未成年人，以自己的劳动收入为主要生活来源的，视为完全民事行为能力人。”

（2）限制民事行为能力。限制民事行为能力是指法律赋予那些已经达到一定年龄但尚未成年和虽已成年但精神不健全，不能完全辨认自己行为后果的自然人所享有的可以从事与自己的年龄、智力和精神健康状况相适应的民事活动的能力。对享有限制民事行为能力的自然人，可称为限制民事行为能力人。根据《民法典》规定，限制民事行为能力人可分为两种：1）八周岁以上的未成年人为限制民事行为能力人，实施民事法律行为由其法定代理人代理或者经其法定代理人同意、追认，但是可以独立实施纯获利益的民事法律行为或者与其年龄、智力相适应的民事法律行为。2）不能完全辨认自己行为的成年人为限制民事行为能力人，实施民事法律行为由其法定代理人代理或者经其法定代理人同意、追认，但是可以独立实施纯获利益的民事法律行为或者与其智力、精神健康状况相适应的民事法律行为。

（3）无民事行为能力。无民事行为能力是指完全不具有以自己的行为从事民事活动以取得民事权利和承担民事义务的资格。对无民事行为能力的自然人，可称为无民事行为能力人。《民法典》规定了两种无民事行为能力人：1）不满八周岁的未成年人为无民事行为能力人，由其法定代理人代理实施民事法律行为。2）不能辨认自己行为的成年人为无民事行为能力人，由其法定代理人代理实施民事法律行为。

二、代理制度

（一）代理的概念及特征

代理是指代理人在代理权限内，以被代理人名义实施的民事法律行为，由此产生的法律后果对被代理人发生效力。代理关系的主体包括代理人、被代理人（亦称本人）和第三人（亦称相对人）。代理关系包括三种关系：一是被代理人与代理人之间的代理权关系；二是代理人与第三人之间实施法律行为的关系；三是被代理人与第三人之间承受代理行为法律后果的关系。

代理具有以下几个法律特征：

1. 代理人代理他人实施民事法律行为

民事法律行为是民事主体通过意思表示设立、变更、终止民事法律关系的行为。代理人是以自己的意思表示在被代理人与第三人之间设立、变更或者终止民事权利和民事义务的，因此，代理人代理他人实施的是民事法律行为，如订立合同。但并非所有的民事法律行为都能代理。依照法律规定、当事人约定或者民事法律行为的性质，应当由本人亲自实施的民事法律行为，不得代理。

2. 代理人以被代理人的名义实施民事法律行为

代理人的任务就是代替被代理人进行法律行为，所以法律要求代理行为以被代理人的名义实施，如果以自己的名义实施就不是代理。例如：信托公司、寄售商店虽然接受他人的委托销售货物，但不是以委托人的名义，而是以自己的名义进行。

3. 代理人是在代理权限内独立向第三人进行意思表示

代理人在代理权限内以自己的意思积极地为被代理人的利益进行各项活动。代理的这一特点，使代理人与传达人、居间人区别开来。传达人和居间人只能起到中介作用，无权在当事人之间的民事法律行为中表示自己的意思。

4. 代理人所为的民事法律行为的法律效果对被代理人发生效力

在代理活动中，代理人不因其所实施的民事法律行为直接取得任何个人利益，由代理行为产生的权利和义务应由被代理人本人承受。

（二）代理的种类

根据我国《民法典》的规定，代理包括委托代理和法定代理。

1. 委托代理

基于被代理人授权的意思表示而发生的代理为委托代理，又称意定代理。委托代理是基于被代理人授权的意思表示而发生，因此委托代理的被代理人在授权时必须具有相应的民事行为能力。委托代理授权采用书面形式的，授权委托书应当载明代理人的姓名或者名称、代理事项、权限和期间，并由被代理人签名或者盖章。代理人知道或者应当知道代理事项违法仍然实施代理行为，或者被代理人知道或者应当知道代理人的代理行为违法未做反对表示的，被代理人和代理人应当承担连带责任。

2. 法定代理

法定代理是依据法律规定而当然发生的代理。它是为无民事行为能力人和限制民事行为能力人设立的代理方式。未成年人的父母是未成年人的监护人，无民事行为能力人和限制民事行为能力人的监护人是其法定代理人。因此，未成年人的父母根据其监护人身份成为未成年人的法定代理人。

（三）代理权

1. 代理权概述

代理权是能够据之进行代理并使行为的效力直接归属于被代理人的权限。在代理关系中，代理权最为重要，不仅代理人的地位取决于它，而且代理人代理民事法律行为的范围也取决于它。代理权是基于一定的授权而产生的。在各种代理关系中，授权行为有不同的表现形式：委托代理人的授权人是被代理人，法定代理人则是基于法律的直接规定获得代理权。

2. 代理权行使

根据《民法典》和有关司法解释的规定，代理人在行使代理权的过程中应当遵循以下原则：

（1）代理人应在代理权限范围内行使代理权。代理人只有在代理权限范围内进行的民事活动，才能被看作被代理人的行为，由被代理人承担代理行为的法律后果。

（2）代理人应亲自行使代理权，不得任意转托他人代理。在委托代理中，代理人与被代理人之间，通常具有人身信赖关系。在通常情况下，代理人应亲自行使代理权，不得任意转托他人代理；在法定代理中，代理人与被代理人之间多为亲属关系或者监护关系，亦应亲自行使代理权，不得任意转托他人代理；代理人需要转委托第三人代理的，应当取得被代理人的同意或者追认。转委托代理未经被代理人同意或者追认的，代理人应当对转委托的第三人的行为承担责任，但是在紧急情况下代理人为了维护被代理人的利益需要转委托第三人代理的除外。

（3）代理人应积极行使代理权，尽勤勉和谨慎的义务。代理人只有积极行使代理权，尽勤勉和谨慎的义务，才能实现和保护被代理人的利益。

3. 代理权的滥用

代理权的滥用是指代理人利用享有代理权的方便条件，做出损害被代理人利益的行为。滥用代理权主要有三种情况：

（1）自己代理。代理人不得以被代理人的名义与自己实施民事法律行为，但是被代理人同意或者追认的除外。

（2）双方代理。代理人不得以被代理人的名义与自己同时代理的其他人实施民事法律行为，但是被代理的双方同意或者追认的除外。

（3）代理人和第三人恶意串通。代理人和相对人恶意串通，损害被代理人合法权益的，代理人和相对人应当承担连带责任。

（四）无权代理

1. 无权代理的概念

无权代理是指没有代理权而以他人名义进行的民事行为。行为人没有代理权、超越代理权或者代理权终止后，仍然实施代理行为，未经被代理人追认的，对被代理人不发生效力。

无权代理有广义和狭义之分。广义的包括表见代理和表见代理以外的无权代理。狭义的仅指表见代理以外的无权代理。在我国，无权代理一般指后者，即狭义的无权代理。无权代理包括三种情况：一是没有代理权的代理，二是超越代理权的代理，三是代理权终止后而为的代理。

2. 无权代理的法律后果

在无权代理行为中，被代理人往往是受害人，应对其不发生法律效力。无权代理情形下，一般发生无权代理人对被代理人和第三人的赔偿责任。但是为了各方实际利益，法律规定被代理人有追认权，相对人有催告权，善意相对人有撤销权。

《民法典》第171条规定，相对人可以催告被代理人自收到通知之日起三十日内予以追认。被代理人未作表示的，视为拒绝追认。行为人实施的行为被追认前，善意相对人有撤销的权利。撤销应当以通知的方式作出。

行为人实施的行为未被追认的，善意相对人有权请求行为人履行债务或者就其受到的损害请求行为人赔偿，但是赔偿的范围不得超过被代理人追认时相对人所能获得的利益。

相对人知道或者应当知道行为人无权代理的，相对人和行为人按照各自的过错承担责任。

（五）表见代理

1. 表见代理的概念

表见代理是指行为人虽无代理权，但由于本人的行为，造成了足以使善意第三人相信其有代理权的表象，而与善意第三人进行的、由本人承担法律后果的代理行为。表见代理实质上是无权代理，是广义无权代理的一种。

2. 表见代理的法律要件

表见代理要发生有效代理的效果，自然要符合代理的一般要件，如须有三方当事人、代理为合法行为等。这里主要说明作为表见代理的特别法律要件。

（1）以本人名义实施民事法律行为。包括以本人名义实施意思表示或受领意思表示。因为如果不是以本人名义实施民事法律行为，即使有为本人利益的意思，只能适用无因管理或隐名代理的规定，表见代理只是适用于显名代理。

（2）行为人无代理权。表见代理是广义的无权代理，行为人若有代理权，适用有权代理的规定。

（3）客观上有使相对人相信无权代理人具有代理权的情形。这一点是表见代理与狭义无权代理最大的不同，也是表见代理之所以发生有权代理效果的根本理由。在实践中，通常表现为：交付印章于行为人保管，或把盖有印章的空白合同交付行为人，行为人以本人名义与第三人订立合同时，第三人根据行为人握有本人印章的事实，即可相信行为人有代理权；无权代理人此前曾被授予代理权，且代理期限尚未结束，但实施代理行为时代理权已经终止。

（4）需相对人为善意。即相对人在与行为人实施民事法律行为时，并不知其无代理权，且无从得知。如果相对人有过错，则不能适用表见代理；若相对人有恶意，明知行为人无代理权还要与之为民事法律行为，则由行为人与相对人对本人负连带赔偿责任。

3. 表见代理的效果

（1）发生有权代理的效果。即因行为人之行为，在本人与相对人之间发生权利义务关系，本人不得行使无权代理之撤销权和其他抗辩权，对行为人表见代理的效果按有权代理承受。

《民法典》第172条规定：行为人没有代理权、超越代理权或者代理权终止后，仍然实施代理行为，相对人有理由相信行为人有代理权的，代理行为有效。

（2）相对人有撤销权。表见代理旨在保护相对人的利益，相对人对于表见代理应享有选择权。既可以按狭义无权代理，享有撤销权；又可按表见代理，接受与本人的民事法律行为，与本人之间发生权利义务关系。

案例思考1-1

2018年10月，某书画装裱店与某美术学院著名书法家赵某签订了一份委托书法作品创作合同。双方约定，赵某在2019年2月以前交付装裱店一套十二生肖画作品，装裱店支付赵某5 000元报酬。2018年12月，赵某因不慎跌倒致使右臂受伤，不能创作，于是他委托自己的儿子代为创作了全套的十二生肖画，以此交付装裱店，装裱店支付了全部报酬。但是，不久装裱店感到作品风格与赵某不同，遂请专家做鉴定，结果发现属他人作品。

问题：

（1）赵某能否委托他的儿子代理其创作？

（2）赵某儿子的行为是否属于无权代理？

三、诉讼时效制度

（一）诉讼时效的概念

诉讼时效是指权利人经过法定期限不行使自己的权利，依法律规定其胜诉权便归于消灭的制度。民法上建立诉讼时效制度，目的在于维护社会经济秩序的稳定、避免时间过长导致举证困难，同时也有利于督促权利人及时行使权利。

诉讼时效消灭的是一种请求权，而不是消灭实体权利。诉讼时效具有强制性，任何时效都由法律、法规强制规定，任何单位或个人对时效的延长、缩短、放弃等约定都是无效的。《民法典》第 197 条规定：诉讼时效的期间、计算方法以及中止、中断的事由由法律规定，当事人约定无效。当事人对诉讼时效利益的预先放弃无效。

诉讼时效与除斥期间不同。除斥期间是指法律规定的某种权利的存续期间，如《民法典》第 152 条规定：当事人自知道或者应当知道撤销事由之日起一年内、重大误解的当事人自知道或者应当知道撤销事由之日起三个月内没有行使撤销权，撤销权消灭；当事人受胁迫，自胁迫行为终止之日起一年内没有行使撤销权，撤销权消灭。

这里的一年和三个月时间就属于除斥期间。除斥期间规定的是权利存续期间，也称为不变期间，其不适用中断、中止和延长。

（二）诉讼时效期间和起算

1. 诉讼时效期间

《民法典》第 188 条第一款规定：向人民法院请求保护民事权利的诉讼时效期间为三年。法律另有规定的，依照其规定。

2. 诉讼时效起算

由于诉讼时效的法律后果是消灭权利人请求人民法院保护的权利，因此，诉讼时效期间的开始时间就直接关系到权利人的切身权益。《民法典》第 188 条第二款规定：诉讼时效期间自权利人知道或者应当知道权利受到损害以及义务人之日起计算。法律另有规定的，依照其规定。但是自权利受到损害之日起超过二十年的，人民法院不予保护；有特殊情况的，人民法院可以根据权利人的申请决定延长。

诉讼时效的起算从权利人知道或者应当知道权利受到损害以及知道义务人之日起计算。

为更有效地保护权利人的权利，《民法典》第 189 条规定：当事人约定同一债务分期履行的，诉讼时效期间自最后一期履行期限届满之日起计算。第 190 条规定：无民事行为能力人或者限制民事行为能力人对其法定代理人的请求权的诉讼时效期间，自该法定代理终止之日起计算。第 191 条规定：未成年人遭受性侵害的损害赔偿请求权的诉讼时效期间，自受害人年满十八周岁之日起计算。

（三）诉讼时效的中止、中断和延长

1. 诉讼时效的中止

诉讼时效的中止是指在诉讼时效期间的最后六个月内，因一定的法定事由产生而使权利人无法行使请求权，暂停计算诉讼时效期间。《民法典》第 194 条规定：在诉讼时效期

间的最后六个月内，因下列障碍，不能行使请求权的，诉讼时效中止：

（1）不可抗力；

（2）无民事行为能力人或者限制民事行为能力人没有法定代理人，或者法定代理人死亡、丧失民事行为能力、丧失代理权；

（3）继承开始后未确定继承人或者遗产管理人；

（4）权利人被义务人或者其他人控制；

（5）其他导致权利人不能行使请求权的障碍。

自中止时效的原因消除之日起满六个月，诉讼时效期间届满。

2. 诉讼时效的中断

诉讼时效的中断是指在诉讼时效期间进行中，因发生一定的法定事由，致使已经经过的时效期间统归无效，诉讼时效期间重新起算。

《民法典》第195条规定，有下列情形之一的，诉讼时效中断，从中断、有关程序终结时起，诉讼时效期间重新计算：

（1）权利人向义务人提出履行请求；

（2）义务人同意履行义务；

（3）权利人提起诉讼或者申请仲裁；

（4）与提起诉讼或者申请仲裁具有同等效力的其他情形。

3. 诉讼时效的延长

诉讼时效的延长是指人民法院对已经完成的诉讼时效，根据特殊情况而予以延长。这是法律赋予司法机关的一种自由裁量权，至于何为特殊情况，则由人民法院判定。

案例思考1-2

2017年12月20日，甲厂购买乙厂10万元货物，依合同约定买方甲厂应在12月31日前付款，但迟迟未付。2019年5月17日，乙厂向法院起诉，请求甲厂支付货款。法院受理后查明乙厂曾于2018年2月9日向对方索要过货款。

问题：

（1）甲、乙二厂之间的货款纠纷适用何种诉讼时效？其时效期间为多长？从何日起到何日止？

（2）乙厂于2018年2月9日向甲厂索要货款产生了什么法律后果？新的诉讼时效期间从何日起到何日止？

（3）对乙厂的诉讼请求法院应否支持？为什么？

自测练习

一、单项选择题

1. 下列具有法人资格的是（　　）。

A. 某旅行社设立的分社　　B. 河南省人民医院

C. 中国银行河南省分行　　D. 河南大学教务处

2. 诉讼时效期间届满，当事人丧失（　　）。

A. 实体权利　　B. 胜诉权

C. 起诉权　　D. 起诉权和实体权利

3. 张某是某企业的销售人员，随身携带盖有该企业公章的空白合同书，便于对外签约。后张某因收取回扣被企业除名，但空白合同书未被该企业收回。张某以此合同书与他人签订购销协议。该购销协议的性质应如何认定？（　　）

A. 不成立　　B. 无效　　C. 可撤销　　D. 成立并生效

4. 在诉讼时效期间的最后6个月内，因不可抗力或者其他障碍致使权利人不能行使请求权的，则诉讼时效期间计算适用的情形是（　　）。

A. 诉讼时效期间的计算不受影响，继续计算

B. 诉讼时效期间暂停计算，自中止时效的原因消除之日满6个月，诉讼时效期间届满

C. 已经过的诉讼时效期间归于无效

D. 权利人可请求法院延长诉讼时效期间

5. 下列有关诉讼时效的表述中，正确的是（　　）。

A. 诉讼时效期间从权利人的权利被侵害之日起计算

B. 权利人提起诉讼是诉讼时效中止的法定事由之一

C. 只有在诉讼时效期间的最后6个月内发生诉讼时效中止的法定事由，才能中止时效的进行

D. 诉讼时效中止的法定事由发生之后，已经经过的时效期间统归无效

二、多项选择题

1. 下列关于法人的说法正确的是（　　）。

A. 法人享有独立财产权

B. 法人的民事权利能力和民事行为能力和自然人相同

C. 营利法人可以独立承担责任，其他法人无法独立承担责任

D. 法人可以独立承担民事责任

2. 下列各项中，属于限制民事行为能力人的有（　　）。

A. 小李今年6周岁，智力超群

B. 小王今年17周岁，靠父母供养在大学就读

C. 小周今年20周岁，腿部残疾但精神状态正常

D. 小赵今年10周岁，精神状态正常

3. 甲委托乙购买一部二手电脑，恰好丙委托乙出售一部二手电脑。请问乙的下列行为属于滥用代理权的是（　　）。

A. 乙代理甲购买了自己的二手电脑，未经甲同意或者追认

B. 乙代理甲购买了丙的二手电脑，未经甲同意或者追认

C. 乙代理甲从丁处购得一台新电脑

D. 乙代理甲从戊处购得一部质次价高的二手电脑，乙从中收取回扣

4. 乙以甲公司的名义采取下列方式与他人订立的合同，法律效果归属于甲公司的有（　　）。

A. 乙使用偷盗的甲公司合同专用章，与善意的丙公司订立的合同

B. 乙使用伪造的甲公司合同专用章，与善意的丁公司订立的合同

C. 乙使用甲公司交给的合同专用章，超越甲公司授权范围与善意的戊公司订立的合同

D. 乙使用甲公司交给的合同专用章，在代理权终止后，与善意的庚公司订立的合同

5. 在下列各项中能引起诉讼时效中断的是（　　）。

A. 发生不可抗力

B. 向仲裁机构申请仲裁

C. 向法院提起诉讼

D. 债权人向债务人提出请求

三、案例分析题

甲商场业务员乙到丙公司采购空调，见丙公司生产的浴室防水暖风机小巧实用，在北方没有供暖之前，以及停止供暖之后的一段时间内对普通家庭非常实用，遂自行决定购买一批该公司生产的暖风机。货运到后，甲商场即对外销售该暖风机。后因该市提前供应暖气，暖风机的销量大减。甲商场这时想到乙是自作主张购买暖风机，商场有权拒绝支付货款。丙公司因收不回货款而诉至法院。

问题：本案中甲商场应否支付货款？为什么？

第二章
企业法

“大众创业、万众创新”，国家鼓励个人和企业要勇于创业创新，而创业中企业是重要的载体。企业作为现代市场经济社会的重要主体，是投资者进行投资的工具，同时为我们提供产品和服务，也为广大的劳动者提供就业岗位。从法律的角度来讲，企业是依法成立，具有一定的组织形式，独立从事商品生产经营、服务活动的经济组织。通过学习企业法，理解和掌握企业的设立、组织形式、管理和运行，从而为以后从事企业投资、企业管理打下法律基础。

第一节 个人独资企业法

学习目标

- 熟悉独资企业的概念、特征。
- 掌握独资企业的设立要求。
- 理解并掌握独资企业的事务管理规定和清算程序。

案例导入

小王大学毕业后，想设立一家个人独资企业进行创业活动，但他不知道设立独资企业需要具备的条件和程序，以及相应的法律风险。

问题：你能否为小王解答这个难题？

一、个人独资企业的概念和特征

（一）个人独资企业的概念

个人独资企业，是指依照《中华人民共和国个人独资企业法》（以下简称《个人独资企业法》）在中国境内设立，由一个自然人投资，财产为投资人个人所有，投资人以其个人财产对企业债务承担无限责任的经营实体。

（二）个人独资企业的特征

1. 个人独资企业是由一个自然人投资的企业

它的特点表现在投资主体和投资形式上，对投资主体的要求为必须是自然人，对于投资形式的要求为只能是一个自然人的投资，根据《个人独资企业法》的规定，“外商独资企业不适用本法”。所以，《个人独资企业法》所指的自然人只能是中国公民。

2. 个人独资企业的财产为投资人个人所有

个人独资企业投资人对所投资企业的财产享有占有、使用、收益和处分的权利。个人独资企业投资人对所投资企业的财产，与其个人的财产并无实质上的区别，个人独资企业的全部财产权利归属于投资人一个人。

3. 个人独资企业的投资人以其个人财产对企业债务承担无限责任

个人独资企业的投资人要以其全部个人财产对其所投资的个人独资企业债务承担责任。同时《个人独资企业法》规定，个人独资企业投资人在申请企业设立登记时明确以其家庭共有财产作为个人出资的，应当依法以家庭共有财产对企业债务承担无限责任。

4. 个人独资企业不具有法人资格

我国《民法典》规定，法人是具有民事权利能力和民事行为能力，依法独立享有民事权利和承担民事义务的组织。《个人独资企业法》规定，个人独资企业的财产属于投资人个人所有，投资人对于个人独资企业的债务承担无限责任，因此，个人独资企业不具有法人的资格。但是个人独资企业是独立的民事主体，可以以自己的名义从事民事活动。

二、个人独资企业法的概念和基本原则

（一）个人独资企业法的概念

广义的个人独资企业法是指国家关于个人独资企业的各种法律规范的总称。狭义的个人独资企业法仅指 1999 年 8 月 30 日第九届全国人民代表大会常务委员会第十一次会议通过，自 2000 年 1 月 1 日起施行的《个人独资企业法》。

（二）个人独资企业法的基本原则

(1) 个人独资企业从事经营活动必须遵守法律、行政法规，遵守诚实信用原则，不得损害社会公共利益。

(2) 个人独资企业应当依法履行纳税义务。根据《国务院关于个人独资企业和合伙企业征收所得税问题的通知》，自 2000 年 1 月 1 日起，对个人独资企业和合伙企业停止征收企业所得税，其投资者的生产经营所得，比照个体工商户的生产、经营所得征收个人所得税。

(3) 国家依法保护个人独资企业的财产和其他合法权益。个人独资企业可以依法申请贷款、取得土地使用权，并享有法律、行政法规规定的其他权利。

(4) 个人独资企业应当依法招用职工。个人独资企业招用职工的，应当依法与职工签订劳动合同，保障职工的劳动安全，按时、足额发放职工工资。个人独资企业应当按照国家规定参加社会保险，为职工缴纳社会保险费。

(5) 职工的合法权益受法律保护。个人独资企业的职工享有基本的劳动权利，并且有权依法组建和参加工会。

三、个人独资企业的设立

（一）设立个人独资企业的条件

根据《个人独资企业法》的规定，设立个人独资企业应该具备如下条件：

(1) 投资人为一个自然人，且只能是中国公民。

(2) 有合法的企业名称。企业名称应当由行政区划、字号、行业、组织形式依次组成，个人独资企业的名称应当与其责任形式及从事的营业相符合，个人独资企业的名称不得使用“有限”“有限责任”或者“公司”字样。

(3) 有投资人申报的出资。出资的数额由投资人申报，在法律上没有规定出资的最低限额，投资人的资金既可以是自己的，也可以是家庭共有的，出资的形式灵活多样，可以是现金，也可以是实物，还可以是其他的财产权利。

(4) 有固定的生产经营场所和必要的生产经营条件。个人独资企业作为一个经营实

体，应当具备与所经营项目相适应的人力、物力、财力条件。

（5）有必要的从业人员。

（二）设立个人独资企业的程序

1. 提出设立申请

应当由投资人或者其委托的代理人向个人独资企业所在地的登记机关提出设立申请。投资人申请设立个人独资企业，应当向登记机关提交下列文件。

（1）设立申请书。设立申请书应当载明的事项有：企业的名称和住所、投资人的姓名和居所、投资人的出资方式、经营范围及方式。个人独资企业投资人以个人财产出资或者以其家庭共有财产作为个人出资的，应当在设立申请书中予以明确。

（2）投资人身份证明。

（3）企业住所证明和生产经营场所使用证明等文件。

委托代理人申请设立登记的，应当提交投资人的委托书和代理人的身份证明或者资格证明。

个人独资企业不得从事法律、行政法规禁止经营的业务；从事法律、行政法规规定须报经有关部门审批的业务，应当在申请设立登记时提交有关部门的批准文件。

2. 登记机关核准登记

登记机关应当在收到设立申请文件之日起15日内，对符合《个人独资企业法》规定条件的予以登记，发给营业执照；对不符合《个人独资企业法》规定条件的，不予登记，并发给企业登记驳回通知书。个人独资企业的营业执照签发日期，为个人独资企业成立日期；在领取个人独资企业营业执照前，投资人不得以个人独资企业名义从事经营活动。

3. 分支机构登记

个人独资企业的分支机构是指个人独资企业在住所地以外设立的从事业务活动的办事机构。

个人独资企业设立分支机构，应当由投资人或者其委托的代理人向分支机构所在地的登记机关申请设立登记，领取营业执照。分支机构经核准登记后，应将登记情况报该分支机构隶属的个人独资企业的登记机关备案。分支机构的民事责任由设立该分支机构的个人独资企业承担。

4. 变更登记

个人独资企业存续期间登记事项发生变更的，应当在作出变更决定之日起的15日内依法向登记机关申请办理变更登记。

四、个人独资企业的投资人及事务管理

（一）个人独资企业的投资人

1. 投资人的条件

法律、行政法规禁止从事营利性活动的人，不得作为投资人申请设立个人独资企业。

例如：公务员、法官、检察官、人民警察等。

2. 投资人的财产权利

个人独资企业投资人对本企业的财产依法享有所有权，其财产权利可以依法进行转让或继承。

3. 投资人的责任

《个人独资企业法》规定，个人独资企业的投资人以其个人财产对企业债务承担无限责任。个人独资企业投资人在申请企业设立登记时明确以其家庭共有财产作为个人出资的，应当依法以家庭共有财产对企业债务承担无限责任。

（二）个人独资企业的事务管理

1. 管理方式

个人独资企业投资人可以自行管理企业事务，也可以委托或者聘用其他具有民事行为能力的人负责企业的事务管理。投资人委托或者聘用他人管理个人独资企业事务，应当与受托人或者被聘用的人签订书面合同，明确委托的具体内容和授予的权利范围。受托人或者被聘用的人员应当履行诚信、勤勉义务，按照与投资人签订的合同负责个人独资企业的事务管理。投资人对受托人或者被聘用的人员职权的限制，不得对抗善意第三人。

2. 受托人或被聘用人员的禁止行为

投资人委托或者聘用的管理个人独资企业事务的人员不得有下列行为：(1) 利用职务上的便利，索取或者收受贿赂；(2) 利用职务或者工作上的便利侵占企业财产；(3) 挪用企业的资金归个人使用或者借贷给他人；(4) 擅自将企业资金以个人名义或者以他人名义开立账户储存；(5) 擅自以企业财产提供担保；(6) 未经投资人同意，从事与本企业相竞争的业务；(7) 未经投资人同意，同本企业订立合同或者进行交易；(8) 未经投资人同意，擅自将企业商标或者其他知识产权转让给他人使用；(9) 泄露本企业的商业秘密；(10) 法律、行政法规禁止的其他行为。

五、个人独资企业的解散和清算

（一）个人独资企业的解散

个人独资企业有下列情形之一时，应当解散：(1) 投资人决定解散；(2) 投资人死亡或者被宣告死亡，无继承人或者继承人决定放弃继承；(3) 被依法吊销营业执照；(4) 法律、行政法规规定的其他情形。

（二）个人独资企业的清算

1. 清算方式

个人独资企业解散，由投资人自行清算或者由债权人申请人民法院指定清算人进行清算。投资人自行清算的，应当在清算前 15 日内书面通知债权人，无法通知的，应当予以公告。债权人应当在接到通知之日起 30 日内，未接到通知的应当在公告之日起 60 日内，向投资人申报其债权。

2. 清算顺序

个人独资企业解散的，财产应当按照下列顺序清偿：(1) 所欠职工工资和社会保险费用；(2) 所欠税款；(3) 其他债务。

清算期间，个人独资企业不得开展与清算目的无关的经营活动。在按前条规定清偿债务前，投资人不得转移、隐匿财产。

3. 责任承担

个人独资企业财产不足以清偿债务的，投资人应当以其个人的其他财产予以清偿。个人独资企业解散后，原投资人对个人独资企业存续期间的债务仍应承担偿还责任，但债权人在5年内未向债务人提出偿债请求的，该责任消灭。

4. 注销登记

个人独资企业清算结束后，投资人或者人民法院指定的清算人应当编制清算报告，并于15日内到登记机关办理注销登记。

案例思考2-1

张某年满十八周岁，是某高校的毕业生，2016年8月以个人财产登记出资3万元，设立一家个人独资企业，取名为"味好美餐饮服务有限公司"。该独资企业在经营过程中聘用员工3名，张某认为自己开办的是个人独资企业，并不需要与员工签订劳动合同。后来该独资企业因经营不善导致对外负债8万元，并欠税款3 000元。2018年10月，张某决定自行解散企业，但因为企业财产不足以清偿债务而被企业债权人、员工诉诸法院。

问题：

(1) 该企业的设立是否存在违法之处？

(2) 张某不与员工签订劳动合同的理由是否成立？

(3) 张某能否自行解散企业？

(4) 该独资企业的债务如何清偿？

第二节 合伙企业法

学习目标

- 了解和掌握合伙企业的分类和设立程序。
- 理解和掌握普通合伙企业与有限合伙企业的规定。
- 掌握合伙企业的解散和清算程序。

案例导入

小张大学毕业后，与几个同学自主创业，开设了一家从事餐饮服务的普通合伙企业，开始生意比较红火，但由于在企业成立时合伙人对于合伙事务的执行、决议方式以及利润分配约定得不够明确、合理，在合伙人内部出现了矛盾，企业逐渐陷入僵持状态。

问题：如何从法律的角度预防此类问题的出现?

一、合伙企业的概念和分类

（一）合伙企业的概念

合伙企业是指自然人、法人和其他组织依照《中华人民共和国合伙企业法》（以下简称《合伙企业法》）在中国境内设立的普通合伙企业和有限合伙企业。

（二）合伙企业的分类

我国《合伙企业法》将合伙企业分为两种类型：一种是普通合伙企业，一种是有限合伙企业。普通合伙企业由普通合伙人组成，合伙人对合伙企业债务承担无限连带责任。有限合伙企业由普通合伙人和有限合伙人组成，普通合伙人对合伙企业债务承担无限连带责任，有限合伙人以其认缴的出资额为限对合伙企业债务承担责任。

二、合伙企业的设立和变更

（一）合伙企业的设立

1. 设立申请

申请设立合伙企业，应当向企业登记机关提交登记申请书、合伙协议书、合伙人身份证明等文件。合伙企业的经营范围中有属于法律、行政法规规定在登记前须经批准的项目的，该项经营业务应当依法经过批准，并在登记时提交批准文件。

2. 设立登记

申请人提交的登记申请材料齐全、符合法定形式，企业登记机关能够当场登记的，应予当场登记，发给营业执照。除前款规定情形外，企业登记机关应当自受理申请之日起 20 日内，作出是否登记的决定。予以登记的，发给营业执照；不予登记的，应当给予书面答复，并说明理由。

合伙企业的营业执照签发日期，为合伙企业成立日期。合伙企业领取营业执照前，合伙人不得以合伙企业名义从事合伙业务。

3. 分支机构设立

合伙企业设立分支机构，应当向分支机构所在地的企业登记机关申请登记，领取营业执照。

（二）合伙企业的变更

合伙企业登记事项发生变更的，执行合伙事务的合伙人应当自作出变更决定或者发生变更事由之日起15日内，向企业登记机关申请办理变更登记。

三、普通合伙企业

（一）设立条件

1. 有两个以上合伙人

合伙人为自然人的，应当具有完全民事行为能力；国有独资公司、国有企业、上市公司以及公益性的事业单位、社会团体不得成为普通合伙人。

2. 有书面合伙协议

合伙协议依法由全体合伙人协商一致、以书面形式订立，订立合伙协议、设立合伙企业，应当遵循自愿、平等、公平、诚实信用原则。合伙协议应当载明下列事项：

（1）合伙企业的名称和主要经营场所的地点；

（2）合伙目的和合伙经营范围；

（3）合伙人的姓名或者名称、住所；

（4）合伙人的出资方式、数额和缴付期限；

（5）利润分配、亏损分担方式；

（6）合伙事务的执行；

（7）入伙与退伙；

（8）争议解决办法；

（9）合伙企业的解散与清算；

（10）违约责任。

合伙协议经全体合伙人签名、盖章后生效。合伙人按照合伙协议享有权利，履行义务。修改或者补充合伙协议，应当经全体合伙人一致同意；但是，合伙协议另有约定的除外。合伙协议未约定或者约定不明确的事项，由合伙人协商决定；协商不成的，依照《合伙企业法》和其他有关法律、行政法规的规定处理。

3. 有合伙人认缴或者实际缴付的出资

合伙人可以用货币、实物、知识产权、土地使用权或者其他财产权利出资，也可以用劳务出资。合伙人以实物、知识产权、土地使用权或者其他财产权利出资，需要评估作价的，可以由全体合伙人协商确定，也可以由全体合伙人委托法定评估机构评估。合伙人以劳务出资的，其评估办法由全体合伙人协商确定，并在合伙协议中载明。合伙人应当按照合伙协议约定的出资方式、数额和缴付期限，履行出资义务。以非货币财产出资的，依照法律、行政法规的规定，需要办理财产权转移手续的，应当依法办理。

4. 有合伙企业的名称和生产经营场所

合伙企业名称中应当标明“普通合伙”字样。

此外，符合法律、行政法规规定的其他条件，也可以设立普通合伙企业。

（二）合伙企业财产

《合伙企业法》规定，合伙人的出资、以合伙企业名义取得的收益和依法取得的其他财产，均为合伙企业的财产。

1. 合伙企业财产的性质

合伙企业的财产属于全体合伙人共有。《合伙企业法》规定，合伙人在合伙企业清算前，不得请求分割合伙企业的财产。同时为了维护交易安全，《合伙企业法》又规定，合伙人在合伙企业清算前私自转移或者处分合伙企业财产的，合伙企业不得以此对抗善意第三人。

2. 合伙人在合伙企业财产份额的转让

（1）除合伙协议另有约定外，合伙人向合伙人以外的人转让其在合伙企业中的全部或者部分财产份额时，须经其他合伙人一致同意。

（2）合伙人之间转让在合伙企业中的全部或者部分财产份额时，应当通知其他合伙人。

（3）合伙人向合伙人以外的人转让其在合伙企业中的财产份额的，在同等条件下，其他合伙人有优先购买权；但是，合伙协议另有约定的除外。

（4）合伙人以外的人依法受让合伙人在合伙企业中的财产份额的，经修改合伙协议即成为合伙企业的合伙人，依照《合伙企业法》和修改后的合伙协议享有权利，履行义务。

3. 合伙人在合伙企业财产份额的出质

合伙人以其在合伙企业中的财产份额出质的，须经其他合伙人一致同意；未经其他合伙人一致同意，其行为无效，由此给善意第三人造成损失的，由行为人依法承担赔偿责任。

（三）合伙事务执行

1. 合伙事务执行方式

（1）全体合伙人共同执行合伙事务。合伙人对执行合伙事务享有同等的权利。合伙协议未约定或者全体合伙人未决定委托执行事务合伙人的，全体合伙人均有执行合伙事务的权利。

（2）委托执行合伙事务。按照合伙协议的约定或者经全体合伙人决定，可以委托一个或者数个合伙人对外代表合伙企业，执行合伙事务。作为合伙人的法人、其他组织执行合伙事务的，由其委派的代表执行。

委托一个或者数个合伙人执行合伙事务的，其他合伙人不再执行合伙事务。不执行合伙事务的合伙人有权监督执行事务合伙人执行合伙事务的情况。由一个或者数个合伙人执行合伙事务的，执行事务合伙人应当定期向其他合伙人报告事务执行情况以及合伙企业的经营和财务状况，其执行合伙事务所产生的收益归合伙企业，所产生的费用和亏损由合伙企业承担。合伙人为了解合伙企业的经营状况和财务状况，有权查阅合伙企业会计账簿等财务资料。受委托执行合伙事务的合伙人不按照合伙协议或者全体合伙人的决定执行事务的，其他合伙人可以决定撤销该委托。

（3）合伙人共同执行合伙事务。合伙人分别执行合伙事务的，执行事务合伙人可以对其他合伙人执行的事务提出异议。提出异议时，应当暂停该项事务的执行。如果发生争议，按照合伙协议约定的表决办法办理。合伙协议未约定或者约定不明确的，实行合伙人一人一票并经全体合伙人过半数通过的表决办法。

2. 合伙事务的决定

合伙人对合伙企业有关事项作出决议，按照合伙协议约定的表决办法办理。合伙协议未约定或者约定不明确的，实行合伙人一人一票并经全体合伙人过半数通过的表决办法。《合伙企业法》对合伙企业的表决办法另有规定的，从其规定。

除合伙协议另有约定外，合伙企业的下列事项应当经全体合伙人一致同意：

（1）改变合伙企业的名称。

（2）改变合伙企业的经营范围、主要经营场所的地点。

（3）处分合伙企业的不动产。

（4）转让或者处分合伙企业的知识产权和其他财产权利。

（5）以合伙企业名义为他人提供担保。

（6）聘任合伙人以外的人担任合伙企业的经营管理人员。被聘任的合伙企业的经营管理人员应当在合伙企业授权范围内履行职务。被聘任的合伙企业的经营管理人员，超越合伙企业授权范围履行职务，或者在履行职务过程中因故意或者重大过失给合伙企业造成损失的，依法承担赔偿责任。

3. 竞业禁止和自我交易限制

（1）合伙人不得自营或者同他人合作经营与本合伙企业相竞争的业务。

（2）除合伙协议另有约定或者经全体合伙人一致同意外，合伙人不得同本合伙企业进行交易。

（3）合伙人不得从事损害本合伙企业利益的活动。

4. 合伙企业的利润分配和亏损分担

合伙企业的利润分配、亏损分担，按照合伙协议的约定办理；合伙协议未约定或者约定不明确的，由合伙人协商决定；协商不成的，由合伙人按照实缴出资比例分配、分担；无法确定出资比例的，由合伙人平均分配、分担。

合伙协议不得约定将全部利润分配给部分合伙人或者由部分合伙人承担全部亏损。

（四）合伙企业与第三人的关系

1. 合伙企业与善意第三人的关系

合伙企业对合伙人执行合伙事务以及对外代表合伙企业权利的限制，不得对抗善意第三人。

2. 合伙企业与其债权人的关系

合伙企业对其债务，应先以其全部财产进行清偿。合伙企业不能清偿到期债务的，合伙人承担无限连带责任。合伙人由于承担无限连带责任，清偿数额超过其亏损分担比例的，有权向其他合伙人追偿。

3. 合伙企业与合伙人的债权人的关系

合伙人发生与合伙企业无关的债务，相关债权人不得以其债权抵销其对合伙企业的债务，也不得代位行使合伙人在合伙企业中的权利。合伙人的自有财产不足清偿其与合伙企业无关的债务的，该合伙人可以以其从合伙企业中分取的收益用于清偿；债权人也可以依法请求人民法院强制执行该合伙人在合伙企业中的财产份额用于清偿。

人民法院强制执行合伙人的财产份额时，应当通知全体合伙人，其他合伙人有优先购买权；其他合伙人未购买，又不同意将该财产份额转让给他人的，依照《合伙企业法》的规定为该合伙人办理退伙结算，或者办理削减该合伙人相应财产份额的结算。

（五）入伙、退伙

1. 入伙

（1）入伙条件。入伙是指在合伙企业存续期间，合伙人以外的第三人加入合伙企业并取得合伙人资格的行为。

新合伙人入伙，除合伙协议另有约定外，应当经全体合伙人一致同意，并依法订立书面入伙协议。订立入伙协议时，原合伙人应当向新合伙人如实告知原合伙企业的经营状况和财务状况。

（2）入伙人的权利和责任。入伙的新合伙人与原合伙人享有同等权利，承担同等责任。入伙协议另有约定的，从其约定。新合伙人对入伙前合伙企业的债务承担无限连带责任。

2. 退伙

退伙是指合伙企业存续期间，合伙人退出合伙企业，从而丧失合伙人资格的行为。

（1）退伙原因：

1）协议退伙。合伙协议约定合伙期限的，在合伙企业存续期间，有下列情形之一的，合伙人可以退伙：a. 合伙协议约定的退伙事由出现；b. 经全体合伙人一致同意；c. 发生合伙人难以继续参加合伙的事由；d. 其他合伙人严重违反合伙协议约定的义务。

2）通知退伙。合伙协议未约定合伙期限的，合伙人在不给合伙企业事务执行造成不利影响的情况下，可以退伙，但应当提前30日通知其他合伙人。

3）当然退伙。合伙人有下列情形之一的，当然退伙：a. 作为合伙人的自然人死亡或者被依法宣告死亡；b. 个人丧失偿债能力；c. 作为合伙人的法人或者其他组织依法被吊销营业执照、责令关闭、撤销，或者被宣告破产；d. 法律规定或者合伙协议约定合伙人必须具有相关资格而丧失该资格；e. 合伙人在合伙企业中的全部财产份额被人民法院强制执行。当然退伙以退伙事由实际发生之日为退伙生效日。

合伙人被依法认定为无民事行为能力人或者限制民事行为能力人的，经其他合伙人一致同意，可以依法转为有限合伙人，普通合伙企业依法转为有限合伙企业。其他合伙人未能一致同意的，该无民事行为能力或者限制民事行为能力的合伙人退伙。

4）除名退伙。《合伙企业法》规定，合伙人有下列情形之一的，经全体合伙人一致同意，可以决议将其除名：a. 未履行出资义务；b. 因故意或者重大过失给合伙企业造成损失；c. 执行合伙事务时有不正当行为；d. 发生合伙协议约定的事由。

对合伙人的除名决议应当书面通知被除名人。被除名人接到除名通知之日，除名生效，被除名人退伙。被除名人对除名有异议的，可以自接到除名通知之日起30日内，向人民法院起诉。

（2）退伙的后果：

合伙人死亡或者被依法宣告死亡的，对该合伙人在合伙企业中的财产份额享有合法继承权的继承人，按照合伙协议的约定或者经全体合伙人一致同意，从继承开始之日起，取得该合伙企业的合伙人资格。有下列情形之一的，合伙企业应当向合伙人的继承人退还被继承合伙人的财产份额：1）继承人不愿意成为合伙人；2）法律规定或者合伙协议约定合伙人必须具有相关资格，而该继承人未取得该资格；3）合伙协议约定不能成为合伙人的其他情形。合伙人的继承人为无民事行为能力人或者限制民事行为能力人的，经全体合伙人一致同意，可以依法成为有限合伙人，普通合伙企业依法转为有限合伙企业。全体合伙人未能一致同意的，合伙企业应当将被继承合伙人的财产份额退还该继承人。

合伙人退伙，其他合伙人应当与该退伙人按照退伙时的合伙企业财产状况进行结算，退还退伙人的财产份额。退伙人对给合伙企业造成的损失负有赔偿责任的，相应扣减其应当赔偿的数额。退伙时有未了结的合伙企业事务的，待该事务了结后进行结算。退伙人在合伙企业中财产份额的退还办法，由合伙协议约定或者由全体合伙人决定，可以退还货币，也可以退还实物。

退伙人对基于其退伙前的原因发生的合伙企业债务，承担无限连带责任。合伙人退伙时，合伙企业财产少于合伙企业债务的，退伙人应当依照《合伙企业法》第33条第1款的规定分担亏损。

四、特殊的普通合伙企业

（一）特殊的普通合伙企业的概念

以专业知识和专门技能为客户提供有偿服务的专业服务机构，可以设立为特殊的普通合伙企业。这种合伙企业主要是指专业服务机构，以自己的专业知识提供特定咨询等方面服务的组织。

（二）特殊的普通合伙企业的特别规定

1. 名称要求

特殊的普通合伙企业名称中应当标明“特殊普通合伙”字样。

2. 责任承担

（1）一个合伙人或者数个合伙人在执业活动中因故意或者重大过失造成合伙企业债务的，应当承担无限责任或者无限连带责任，其他合伙人以其在合伙企业中的财产份额为限承担责任。

（2）合伙人在执业活动中非因故意或者重大过失造成的合伙企业债务以及合伙企业的其他债务，由全体合伙人承担无限连带责任。

3. 赔偿责任

合伙人执业活动中因故意或者重大过失造成的合伙企业债务，以合伙企业财产对外承担责任后，该合伙人应当按照合伙协议的约定对给合伙企业造成的损失承担赔偿责任。

案例思考2-2

张三、李四、王五、赵六四人共同投资设立一家会计师事务所，该会计师事务所注册登记为一家特殊的普通合伙企业，在2018年发生了下列事项：

(1) 李四对甲上市公司的年度会计报告提供审计服务的过程中，接受甲公司贿赂，作出虚假的审计报告，致甲公司债权人利益受到重大损失。

(2) 赵六在为乙公司提供验资服务过程中因一般过失，出具了不实的验资报告，该报告直接给乙公司的债权人造成了一定的损失。

问题：

(1) 对于甲公司债权人的损失，各合伙人应如何承担责任？

(2) 对于乙公司债权人的损失，各合伙人应如何承担责任？

五、有限合伙企业

(一) 有限合伙企业设立的特别规定

1. 企业人数要求

有限合伙企业由2个以上50个以下合伙人设立；但是，法律另有规定的除外。有限合伙企业至少应当有一个普通合伙人。

2. 企业名称要求

有限合伙企业名称中应当标明“有限合伙”字样。

3. 合伙协议要求

有限合伙企业的合伙协议除应载明普通合伙企业合伙协议所应载明的事项外，还应当载明下列事项：(1) 普通合伙人和有限合伙人的姓名或者名称、住所；(2) 执行事务合伙人应具备的条件和选择程序；(3) 执行事务合伙人权限与违约处理办法；(4) 执行事务合伙人的除名条件和更换程序；(5) 有限合伙人入伙、退伙的条件、程序以及相关责任；(6) 有限合伙人和普通合伙人相互转变程序。

4. 出资要求

有限合伙人可以用货币、实物、知识产权、土地使用权或者其他财产权利作价出资。有限合伙人不得以劳务出资。有限合伙人应当按照合伙协议的约定按期足额缴纳出资；未按期足额缴纳的，应当承担补缴义务，并对其他合伙人承担违约责任。

(二) 有限合伙企业事务执行的特别规定

1. 事务执行权

(1) 有限合伙人不执行合伙事务，不得对外代表有限合伙企业。

(2) 有限合伙人的下列行为，不视为执行合伙事务：

参与决定普通合伙人入伙、退伙；

对企业的经营管理提出建议；

参与选择承办有限合伙企业审计业务的会计师事务所；

获取经审计的有限合伙企业财务会计报告；

对涉及自身利益的情况，查阅有限合伙企业财务会计账簿等财务资料；

在有限合伙企业中的利益受到侵害时，向有责任的合伙人主张权利或者提起诉讼；

执行事务合伙人怠于行使权利时，督促其行使权利或者为了本企业的利益以自己的名义提起诉讼；

依法为本企业提供担保。

（3）第三人有理由相信有限合伙人为普通合伙人并与其交易的，该有限合伙人对该笔交易承担与普通合伙人同样的责任。

（4）有限合伙人未经授权以有限合伙企业名义与他人进行交易，给有限合伙企业或者其他合伙人造成损失的，该有限合伙人应当承担赔偿责任。

2. 利润分配

有限合伙企业不得将全部利润分配给部分合伙人；但是，合伙协议另有约定的除外。

（三）有限合伙人的财产权利

（1）有限合伙人可以同本有限合伙企业进行交易；但是，合伙协议另有约定的除外。

（2）有限合伙人可以自营或者同他人合作经营与本有限合伙企业相竞争的业务；但是，合伙协议另有约定的除外。

（3）有限合伙人可以将其在有限合伙企业中的财产份额出质；但是，合伙协议另有约定的除外。

（4）有限合伙人可以按照合伙协议的约定向合伙人以外的人转让其在有限合伙企业中的财产份额，但应当提前30日通知其他合伙人。

（四）有限合伙人的个人债务清偿

有限合伙人的自有财产不足清偿其与合伙企业无关的债务的，该合伙人可以以其从有限合伙企业中分取的收益用于清偿；债权人也可以依法请求人民法院强制执行该合伙人在有限合伙企业中的财产份额用于清偿。

人民法院强制执行有限合伙人的财产份额时，应当通知全体合伙人。在同等条件下，其他合伙人有优先购买权。

（五）有限合伙人的入伙、退伙

1. 入伙

新入伙的有限合伙人对入伙前有限合伙企业的债务，以其认缴的出资额为限承担责任。

2. 退伙

（1）当然退伙。有限合伙人有下列情形之一的，当然退伙：作为合伙人的自然人死亡或者被依法宣告死亡；作为合伙人的法人或者其他组织依法被吊销营业执照、责令关闭、撤销，或者被宣告破产；法律规定或者合伙协议约定合伙人必须具有相关资格而丧失该资格；合伙人在合伙企业中的全部财产份额被人民法院强制执行。当然退伙以退伙事由实际发生之日为退伙生效日。

作为有限合伙人的自然人在有限合伙企业存续期间丧失民事行为能力的，其他合伙人不得因此要求其退伙。

(2) 资格继承。作为有限合伙人的自然人死亡、被依法宣告死亡或者作为有限合伙人的法人及其他组织终止时，其继承人或者权利承受人可以依法取得该有限合伙人在有限合伙企业中的资格。

(3) 退伙责任。有限合伙人退伙后，对基于其退伙前的原因发生的有限合伙企业债务，以其退伙时从有限合伙企业中取回的财产承担责任。

（六）合伙人身份、责任转变

除合伙协议另有约定外，普通合伙人转变为有限合伙人，或者有限合伙人转变为普通合伙人，应当经全体合伙人一致同意。

有限合伙人转变为普通合伙人的，对其作为有限合伙人期间有限合伙企业发生的债务承担无限连带责任。普通合伙人转变为有限合伙人的，对其作为普通合伙人期间合伙企业发生的债务承担无限连带责任。

六、合伙企业的解散、清算

（一）合伙企业的解散

合伙企业有下列情形之一的，应当解散：(1) 合伙期限届满，合伙人决定不再经营；(2) 合伙协议约定的解散事由出现；(3) 全体合伙人决定解散；(4) 合伙人已不具备法定人数满 30 天；(5) 合伙协议约定的合伙目的已经实现或者无法实现；(6) 依法被吊销营业执照、责令关闭或者被撤销；(7) 法律、行政法规规定的其他原因。

（二）合伙企业的清算

1. 清算人的确定

合伙企业解散，应当由清算人进行清算。清算人由全体合伙人担任；经全体合伙人过半数同意，可以自合伙企业解散事由出现后 15 日内指定一个或者数个合伙人，或者委托第三人担任清算人。自合伙企业解散事由出现之日起 15 日内未确定清算人的，合伙人或者其他利害关系人可以申请人民法院指定清算人。

2. 清算事务

清算人在清算期间执行下列事务：(1) 清理合伙企业财产，分别编制资产负债表和财产清单；(2) 处理与清算有关的合伙企业未了结事务；(3) 清缴所欠税款；(4) 清理债权、债务；(5) 处理合伙企业清偿债务后的剩余财产；(6) 代表合伙企业参加诉讼或者仲裁活动。

3. 通知公告债权人

清算人自被确定之日起10日内将合伙企业解散事项通知债权人，并于60日内在报纸上公告。债权人应当自接到通知书之日起30日内，未接到通知书的自公告之日起45日内，向清算人申报债权。债权人申报债权，应当说明债权的有关事项，并提供证明材料。清算人应当对债权进行登记。清算期间，合伙企业存续，但不得开展与清算无关的经营活动。

4. 清偿顺序及剩余财产分配

合伙企业财产在支付清算费用和职工工资、社会保险费用、法定补偿金以及缴纳所欠税款、清偿债务后的剩余财产，依照合伙协议的约定办理；合伙协议未约定或者约定不明确的，由合伙人协商决定；协商不成的，由合伙人按照实缴出资比例分配；无法确定出资比例的，由合伙人平均分配。

5. 注销登记

清算结束，清算人应当编制清算报告，经全体合伙人签名、盖章后，在15日内向企业登记机关报送清算报告，申请办理合伙企业注销登记。

合伙企业注销后，原普通合伙人对合伙企业存续期间的债务仍应承担无限连带责任。

6. 合伙企业的破产清算

合伙企业不能清偿到期债务的，债权人可以依法向人民法院提出破产清算申请，也可以要求普通合伙人清偿。合伙企业依法被宣告破产的，普通合伙人对合伙企业债务仍应承担无限连带责任。

自测练习

一、单项选择题

1. 下列关于个人独资企业法律特征的表述中，正确的是（　　）。

A. 个人独资企业是独立的民事主体

B. 个人独资企业具有法人资格

C. 个人独资企业的投资人对企业债务承担有限责任

D. 个人独资企业的投资人可以是中国公民，也可以是外国公民

2. 甲、乙、丙拟设立普通合伙企业，出资比例为4∶4∶2。合伙协议约定的利润分配和亏损分担的下列表述中，不符合《合伙企业法》规定的是（　　）。

A. 按4∶4∶2的比例分配损益

B. 在合伙人之间平均分配损益

C. 按3∶3∶4的比例分配损益

D. 利润按3∶3∶4的比例分配，亏损由丙承担

3. 某普通合伙企业的合伙人甲不能偿还合伙人以外的乙的到期债务60万元，根据《合伙企业法》的规定，乙可以（　　）。

A. 对甲的债权60万元抵销乙对合伙企业的债务

B. 乙代位行使甲在合伙企业中的权利

C. 自行接管甲在合伙企业中的财产份额

D. 如果甲的个人财产不足清偿对乙的债务，甲可以将其从合伙企业中分取的收益用于清偿，乙可以依法请求人民法院强制执行甲在合伙企业中的财产份额用于清偿

4. 依照《合伙企业法》的规定，下列情形中，不属于普通合伙人被除名的情形是（　　）。

A. 甲合伙人在执行合伙事务中有贪污合伙企业财产的行为

B. 乙合伙人认缴的出资没有按约定缴付

C. 丙因重大过失给合伙企业造成损失

D. 丁丧失偿债能力

5. A有限合伙企业有三个合伙人，其中甲和乙为有限合伙人，丙为普通合伙人，由丙执行合伙企业事务。某日，甲未经丙同意，代表A有限合伙企业与B公司签订一份合同，B公司有理由相信甲为普通合伙人。如果该合同给A有限合伙企业造成巨大损失，下列说法正确的是（　　）。

A. 该损失普通合伙人丙不承担责任

B. 该损失仅由普通合伙人丙承担责任

C. 该损失由甲以其对合伙企业的出资额承担有限责任

D. 该损失由甲承担与普通合伙人同样的责任

二、多项选择题

1. 按照我国法律，不得作为个人独资企业投资人的是（　　）。

A. 国家公务员　　B. 警官　　C. 法官　　D. 退休职工王某

2. 下列有关有限合伙人的表述中，符合《合伙企业法》规定的有（　　）。

A. 有限合伙人经全体合伙人协商一致可以劳务出资

B. 有限合伙人不执行合伙事务

C. 有限合伙人可以将其在有限合伙企业中的财产份额出质

D. 有限合伙人可以按照合伙协议的约定向合伙人以外的人转让其在有限合伙企业中的财产份额，但应当提前30日通知其他合伙人

3. 有限合伙人实施的下列行为中，不视为执行合伙企业事务的是（　　）。

A. 参与决定普通合伙人入伙、退伙

B. 获取经审计的有限合伙企业财务会计报告

C. 依法为本企业提供担保

D. 对企业的经营管理提出建议

4. 下列关于有限合伙企业和普通合伙企业的区别，说法正确的有（　　）。

A. 普通合伙企业中有2个以上的合伙人，有限合伙企业中有2个以上50个以下的合伙人

B. 普通合伙人可以用劳务出资，而有限合伙人不得用劳务出资

C. 普通合伙人执行企业事务，有限合伙人不执行合伙企业事务

D. 普通合伙人对合伙企业债务承担无限连带责任，有限合伙人以其认缴的出资额为限对合伙企业债务承担责任

5. 根据合伙企业法律制度的规定，下列各项中，可以导致合伙企业解散的情形有（　　）。

A. 2/3合伙人决定解散

B. 合伙人已不具备法定人数满30天

C. 合伙企业被依法吊销营业执照

D. 合伙协议约定的合伙目的无法实现

三、案例分析题

甲、乙、丙共同设立一普通合伙企业。合伙协议约定：甲以现金5万元出资，乙以房屋作价8万元出资，丙以劳务作价4万元出资；各合伙人按相同比例分配盈利、分担亏损。合伙企业成立后，为扩大经营，向银行贷款5万元，期限为1年。合伙企业成立后的第7个月，甲提出退伙，鉴于当时合伙企业盈利，乙、丙表示同意。同月，甲办理了退伙结算手续。合伙企业成立后的第8个月，丁入伙。丁入伙后，因经营环境变化，企业严重亏损。合伙企业成立后的第13个月，乙、丙、丁决定解散合伙企业，并将合伙企业现有财产价值3万元予以分配，但对未到期的银行贷款未予清偿。合伙企业成立后的第19个月，银行贷款到期后，银行找合伙企业清偿债务，发现该企业已经解散，遂向甲要求偿还全部贷款，甲称自己早已退伙，不负责清偿债务。银行向丁要求偿还全部贷款，丁称该笔贷款是在自己入伙前发生的，不负责清偿。银行向乙要求偿还全部贷款，乙表示只按照合伙协议约定的比例清偿相应数额。银行向丙要求偿还全部贷款，丙则表示自己是以劳务出资的，不承担偿还贷款义务。

要求：根据以上事实，回答下列问题：

(1) 甲、乙、丙、丁各自的主张能否成立，并说明理由。

(2) 合伙企业所欠银行贷款应如何清偿？

(3) 在银行贷款清偿后，甲、乙、丙、丁内部之间应如何分担清偿责任？

四、实训题

根据背景材料模拟设立一家合伙企业，草拟一份合伙协议书。

背景材料及要求：在自己所在的城市商业区设立一家合伙企业。组员为合伙人，明确合伙经营项目、合伙人的出资、合伙事务执行、利润分配、亏损分担、入伙、退伙及合伙违约责任等相关的合伙事项，同学们进行可行性分析及法律点评，最后根据研讨的内容每一小组起草一份合伙协议书。

第三章
公司法

公司的出现被称作“人类的成就”，尤其是股份公司惊人的崛起，创造了全世界大部分的财富。近些年，我国公司凭借强劲的发展势头走上世界舞台，华为、阿里巴巴、京东等公司成为全球经济的重要参与者。学习公司法知识，对于我们熟悉公司的设立、运营、变更和终止以及创业具有重要意义。

第一节 公司法概述

学习目标

- 理解公司的概念和特征。
- 熟悉公司和股东的权利。
- 掌握公司的种类。
- 了解公司法的概念和效力范围。

案例导入

甲有限责任公司向乙银行贷款50万元，因经营不善，到期不能还贷。乙银行就将该公司的两个股东起诉到法院，让他们还本付息。

问题：法院会支持乙银行的诉讼请求吗？

一、公司的概念和特征

（一）公司的概念

公司种类众多，各国立法和学说对公司的认识又不一致，因此很难给公司下一个统一的定义。根据《中华人民共和国公司法》（以下简称《公司法》）的规定，公司是指由股东出资设立的，股东以其认缴的出资额或者认购的股份为限对公司承担责任，公司以其全部财产对公司的债务承担责任的企业法人。

（二）公司的特征

1. 依法设立

这是指公司必须依法定条件和法定程序设立。一方面要求公司的章程、资本、组织机构等必须符合法律规定，另一方面公司设立必须经过法定程序，进行商事登记。公司通常要依据《公司法》和《公司登记管理条例》设立，特殊的公司还要依据其他法律规定，例如《商业银行法》《保险法》《证券法》等。

2. 以营利为目的

以营利为目的，是指公司设立以经营并获取利润为目的，而且要求公司有盈利时应当分配给股东。某些具有营利性活动的组织，获得的盈利用于社会公益等其他目的，而不分配给投资者，则属于公益法人，这种组织不能称之为公司。此外，公司的营利活动应当具有连续性和稳定性，一次性、间歇性的营利行为不能界定为公司的营利活动。

3. 公司具有法人资格

公司作为独立的企业法人，是企业的一种组织形式，是依照法定程序成立，具有公司章程和组织机构，拥有独立的财产，能够独立享有民事权利和独立承担民事责任的组织。《公司法》第 3 条规定："公司是企业法人，有独立的法人财产，享有法人财产权。公司以其全部财产对公司的债务承担责任。有限责任公司的股东以其认缴的出资额为限对公司承担责任；股份有限公司的股东以其认购的股份为限对公司承担责任。"

二、公司的种类

（一）根据股东对公司承担的责任不同划分

根据股东对公司承担的责任不同划分，公司分为无限责任公司、有限责任公司、两合公司、股份有限公司。这是大陆法系对公司的分类。

无限责任公司是指由两个以上的股东组成，全体股东对公司债务负无限连带责任的公司。有限责任公司是指股东以其认缴的出资额为限对公司承担责任，公司以其全部财产对公司债务承担责任的公司。两合公司是由负无限责任的股东和负有限责任的股东组成，无限责任股东对公司债务负无限连带责任，有限责任股东仅就其认缴的出资额为限对公司债务承担责任的公司。股份有限公司是指将公司的全部资本划分为等额股份，股东按其所认购的股份为限对公司债务承担责任的公司。

（二）根据公司间的控制与依附关系划分

根据公司间的控制与依附关系划分，公司分为母公司、子公司。

我国《公司法》规定，公司可以设立子公司，子公司具有法人资格，依法独立承担民事责任。所谓母公司，是指拥有另一个公司一定数量的股权并控制其经营管理的公司；所谓子公司，是指被母公司控制的公司。

（三）根据公司的管辖关系划分

根据公司的管辖关系划分，公司分为总公司、分公司。

总公司，又称"本公司"，是指按照《公司法》的规定设立的具有法人资格的公司。《公司法》第 14 条第 1 款规定："公司可以设立分公司。设立分公司，应当向公司登记机关申请登记，领取营业执照。分公司不具有法人资格，其民事责任由公司承担。"分公司是指总公司在其住所以外设立的不具有法人资格但独立从事经营活动的机构。分公司虽然不具有法人资格，但却具有营业资格，可以自己的名义对外从事经营活动。

（四）根据公司国籍的不同划分

根据公司国籍的不同划分，公司分为本国公司、外国公司、跨国公司。

我国以注册登记地为标准，凡依照中国法律在中国境内登记成立的公司为中国公司，否则为外国公司。跨国公司，主要指以本国为基地，在其他国家或地区设立分支机构或子公司，从事国际性生产和经营活动的经济组织。

案例思考3-1

甲公司新设立了一个子公司乙公司和一个分公司丙公司。

问题：

（1）甲公司和乙公司之间是什么关系？乙公司的民事责任由谁承担？

（2）甲公司和丙公司之间是什么关系？丙公司的民事责任由谁承担？

三、公司法的概念和效力范围

（一）公司法的概念

公司法是调整公司在其设立、经营、变更、终止过程中所发生的社会关系的法律规范的总称。

《公司法》于 1993 年 12 月 29 日由第八届全国人民代表大会常务委员会第五次会议通过，自 1994 年 7 月 1 日起施行。以后经过 1999 年、2005 年、2013 年、2018 年四次修改。

阅读资料

《公司法》第三次修改的亮点

2013 年 12 月 28 日，第十二届全国人民代表大会常务委员会第六次会议通过对《中华人民共和国公司法》所作的修改，自 2014 年 3 月 1 日起施行。本次修改的亮点如下：

亮点一：取消对公司注册资本最低限额的限制。根据本次修改的规定，除法律、行政法规以及国务院决定对有限责任公司或者股份有限公司的注册资本最低限额另有规定外，取消有限责任公司最低注册资本 3 万元、一人有限责任公司最低注册资本 10 万元、股份有限公司最低注册资本 500 万元的限制。

亮点二：取消对公司注册资本实缴的限制。根据本次修改的规定，除法律、行政法规以及国务院决定对有限责任公司或者股份有限公司的注册资本实缴另有规定外，取消有限责任公司股东和发起设立的股份有限公司的发起人的首次出资比例和最长缴足期限的限制。

亮点三：取消对公司货币出资的比例限制。本次修改删去《公司法》第二十七条第三款“全体股东的货币出资金额不得低于有限责任公司注册资本的百分之三十”。

亮点四：取消公司登记提交验资证明的要求，公司营业执照不再记载“实收资本”事项。本次修改删去第七条第二款中的“实收资本”，删去《公司法》第二十九条“股东缴纳出资后，必须经依法设立的验资机构验资并出具证明”。将《公司法》第三十条改为第二十九条，修改为：“股东认足公司章程规定的出资后，由全体股东指定的代表或者共同委托的代理人向公司登记机关报送公司登记申请书、公司章程等文件，申请设立登记。”删去第三十三条第三款中的“及其出资额”。

（二）公司法的效力范围

《公司法》第 2 条规定：“本法所称公司是指依照本法在中国境内设立的有限责任公司

和股份有限公司。"《公司法》第 217 条规定："外商投资的有限责任公司和股份有限公司适用本法；有关外商投资的法律另有规定的，适用其规定。"

四、公司、股东的权利

（一）公司的权利

1. 公司法人财产权

《公司法》第 3 条规定，公司是企业法人，有独立的法人财产，享有法人财产权。公司的财产虽然源于股东投资，但股东一旦将财产投入公司，便丧失对该财产的直接支配权利，只享有对公司的股权，由公司享有对该财产的支配权利，即法人财产权。

2. 公司的转投资和担保

《公司法》第 15 条规定："公司可以向其他企业投资；但是，除法律另有规定外，不得成为对所投资企业的债务承担连带责任的出资人。"

《公司法》第 16 条规定："公司向其他企业投资或者为他人提供担保，依照公司章程的规定，由董事会或者股东会、股东大会决议；公司章程对投资或者担保的总额及单项投资或者担保的数额有限额规定的，不得超过规定的限额。

公司为公司股东或者实际控制人提供担保的，必须经股东会或者股东大会决议。

前款规定的股东或者受前款规定的实际控制人支配的股东，不得参加前款规定事项的表决。该项表决由出席会议的其他股东所持表决权的过半数通过。"

实际控制人是指虽不是公司股东，但通过投资关系、协议或者其他安排，能够实际控制公司行为的人。

（二）股东的权利

《公司法》第 4 条规定："公司股东依法享有资产收益、参与重大决策和选择管理者等权利。"

《公司法》第 20 条规定："公司股东应当遵守法律、行政法规和公司章程，依法行使股东权利，不得滥用股东权利损害公司或者其他股东的利益；不得滥用公司法人独立地位和股东有限责任损害公司债权人的利益。公司股东滥用股东权利给公司或者其他股东造成损失的，应当依法承担赔偿责任。公司股东滥用公司法人独立地位和股东有限责任，逃避债务，严重损害公司债权人利益的，应当对公司债务承担连带责任。"

第二节 有限责任公司

学习目标

- 理解有限责任公司的概念和特征。
- 掌握有限责任公司的设立和组织机构。

- 了解一人有限责任公司和国有独资公司。
- 熟悉股权转让和股权回购。
- 具有设立有限责任公司的基本能力。

案例导入

甲有限责任公司因资不抵债被法院宣告破产。破产管理人乙会计师事务所查明，该公司的股东之一丙在公司章程中认缴的出资为100万元，已缴纳70万元，剩下的30万元尚未到缴纳期限。

问题：破产管理人能否让丙缴纳余下的30万元？

一、有限责任公司的概念和特征

（一）有限责任公司的概念

有限责任公司是指依照《公司法》设立的，股东以其认缴的出资额为限对公司承担责任，公司以其全部资产对公司的债务承担责任的企业法人。

根据《公司法》的规定，我国的有限责任公司可以分为：一般的有限责任公司、一人有限责任公司和国有独资公司。一般的有限责任公司是指由2～50个股东共同出资设立的有限责任公司。一人有限责任公司是指由一名股东（自然人或者法人）持有公司的全部股权的有限责任公司。国有独资公司是指国家单独出资，由国务院或者地方人民政府授权本级人民政府国有资产监督管理机构履行出资人职责的有限责任公司。

（二）有限责任公司的特征

1. 股东责任的有限性

股东责任的有限性，即股东以其认缴的出资额为限对公司承担责任，对公司债务只承担有限责任。

2. 公司资本的封闭性

公司的资本只能由全体股东认缴，不能向社会公开募集股份。

3. 设立程序简单、组织结构设置灵活

有限责任公司的设立方式只有发起设立而无募集设立，设立程序因此较为简化。有限责任公司的机构设置具有一定的随意性，其组织结构设置相对比较灵活。

4. 公司不能发行股票

有限责任公司的资本不分为等额股份，每个股东只有一份出资，出资额可以不同。

5. 资合性与人合性的统一

有限责任公司是一种资合公司，同时也具有人合公司的特点。其资合性表现在：公司偿债能力强弱主要取决于公司资本数额，而与股东出资额以外的个人财产无关。其人合性表现在：股东是基于相互间的信任而集合在一起的，股东间的关系较为紧密，向股东以外的人转让股权，须征得其他股东的过半数同意。

二、有限责任公司的设立

(一) 设立条件

1. 股东符合法定人数

有限责任公司应由 50 个以下股东共同出资设立。

2. 有符合公司章程规定的全体股东认缴的出资额

有限责任公司的注册资本为在公司登记机关登记的全体股东认缴的出资额。法律、行政法规以及国务院决定对有限责任公司注册资本实缴、注册资本最低限额另有规定的，从其规定。

股东可以用货币出资，也可以用实物、知识产权、土地使用权等可以用货币估价并可以依法转让的非货币财产作价出资；但是，法律、行政法规规定不得作为出资的财产除外。对作为出资的非货币财产应当评估作价，核实财产，不得高估或者低估作价。法律、行政法规对评估作价有规定的，从其规定。

3. 股东共同制定公司章程

公司章程是记载公司组织、活动基本准则的公开性法律文件。设立有限责任公司，必须由股东共同依法制定公司章程。股东应当在公司章程上签名、盖章。公司章程对公司、股东、董事、监事、高级管理人员具有约束力。高级管理人员，是指公司的经理、副经理、财务负责人，上市公司董事会秘书和公司章程规定的其他人员。有限责任公司章程应当载明下列事项：(1) 公司名称和住所；(2) 公司经营范围；(3) 公司注册资本；(4) 股东的姓名或者名称；(5) 股东的出资方式、出资额和出资时间；(6) 公司的机构及其产生办法，职权、议事规则；(7) 公司法定代表人；(8) 股东会会议认为需要规定的其他事项。公司的法定代表人依照公司章程规定，由董事长、执行董事或者经理担任。

4. 有公司名称，建立符合有限责任公司要求的组织机构

公司的名称是公司的标志，必须符合法律、法规的规定。公司的名称必须符合法律、法规的规定，并应当经过登记管理机关进行预先核准登记。依照《公司法》设立的有限责任公司，必须在公司名称中标明“有限责任公司”或者“有限公司”字样。公司应当设立符合有限责任公司要求的组织机构，即股东会、董事会或者执行董事、监事会或者监事。

5. 有公司住所

公司以其主要办事机构所在地为住所。

阅读资料

企业名称的组成

《企业名称登记管理规定》第 7 条规定，企业名称应当由以下部分依次组成：字号（或者商号）、行业或者经营特点、组织形式。企业名称应当冠以企业所在地省（包括自治区、直辖市）或者市（包括州）或者县（包括市辖区）行政区划名称。经国家工商行政管理局核准，下列企业的企业名称可以不冠以企业所在地行政区划名称：(1) 本规定第十三条所列企业；(2) 历史悠久、字号驰名的企业；(3) 外商投资企业。

《企业名称登记管理规定》第13条规定，下列企业，可以申请在企业名称中使用“中国”“中华”或者冠以“国际”字词：(1) 全国性公司；(2) 国务院或其授权的机关批准的大型进出口企业；(3) 国务院或其授权的机关批准的大型企业集团；(4) 国家工商行政管理局规定的其他企业。

（二）设立程序

1. 订立公司章程

股东设立有限责任公司，必须先订立公司章程，将要设立的公司基本情况以及各方面的权利义务加以明确规定。

2. 股东缴纳出资

股东应当按期足额缴纳公司章程中规定的各自所认缴的出资额。股东以货币出资的，应当将货币出资足额存入有限责任公司在银行开设的账户；以非货币财产出资的，应当依法办理其财产权的转移手续。股东不按照前述规定缴纳出资的，除应当向公司足额缴纳外，还应当向已按期足额缴纳出资的股东承担违约责任。

3. 申请设立登记

股东认足公司章程规定的出资后，由全体股东指定的代表或者共同委托的代理人向公司登记机关报送公司登记申请书、公司章程等文件，申请设立登记。公司经核准登记后，领取公司营业执照，公司企业法人营业执照签发日期为公司成立日期。

有限责任公司成立后，发现作为设立公司出资的非货币财产的实际价额显著低于公司章程所定价额的，应当由交付该出资的股东补足其差额；公司设立时的其他股东承担连带责任。

有限责任公司成立后，应当向股东签发出资证明书。

案例思考3-2

陈某、华某、黄某三人为某电缆厂的失业工人，下岗后欲设立一家有限责任公司经营日用品。2019年1月，三人商量后决定：(1) 公司取名为“三友商贸公司”（简称三友公司）；(2) 三人各出资5 000元；(3) 租用陈某临街的一间房子作为公司的营业场所。三人达成一致意见后，2019年3月18日，未经注册登记的三友公司开业迎宾，由于陈某的房子在闹市区，三友公司的生意还不错。可是第二天，市场监督管理机关的工作人员就来了，指出了三人的违法行为。

问题： 三人设立“三友商贸公司”过程中有哪些不合法之处？

三、有限责任公司的组织机构

有限责任公司的组织机构包括股东会、董事会或者执行董事、监事会或者监事。

（一）股东会

股东会是由有限责任公司的全体股东组成、决定公司重大问题的机构。

1. 股东会的职权

《公司法》规定，股东会是公司的权力机构，行使下列职权：（1）决定公司的经营方针和投资计划；（2）选举和更换非由职工代表担任的董事、监事，决定有关董事、监事的报酬事项；（3）审议批准董事会的报告；（4）审议批准监事会或者监事的报告；（5）审议批准公司的年度财务预算方案、决算方案；（6）审议批准公司的利润分配方案和弥补亏损方案；（7）对公司增加或者减少注册资本作出决议；（8）对发行公司债券作出决议；（9）对公司合并、分立、解散、清算或者变更公司形式作出决议；（10）修改公司章程；（11）公司章程规定的其他职权。对上述事项股东以书面形式一致表示同意的，可以不召开股东会会议，直接作出决定，并由全体股东在决定文件上签名、盖章。

2. 股东会的形式

股东会会议分为定期会议和临时会议。定期会议应当按照公司章程的规定按时召开。代表1/10以上表决权的股东、1/3以上的董事，监事会或者不设监事会的公司的监事提议召开临时会议的，应当召开临时会议。

3. 股东会的召开

首次股东会会议由出资最多的股东召集和主持，依法行使职权。以后的股东会会议，公司设立董事会的，由董事会召集，董事长主持；董事长不能履行职务或者不履行职务的，由副董事长主持；副董事长不能履行职务或者不履行职务的，由半数以上董事共同推举一名董事主持。公司不设董事会的，股东会会议由执行董事召集和主持。董事会或者执行董事不能履行或者不履行召集股东会会议职责的，由监事会或者不设监事会的公司的监事召集和主持；监事会或者监事不召集和主持的，代表1/10以上表决权的股东可以自行召集和主持。

召开股东会会议，应当于会议召开15日以前通知全体股东；但是，公司章程另有规定或者全体股东另有约定的除外。股东会应当对所议事项的决定作成会议记录，出席会议的股东应当在会议记录上签名。

4. 股东会的决议

股东会会议由股东按照出资比例行使表决权；但是，公司章程另有规定的除外。股东会的议事方式和表决程序，除《公司法》另有规定的外，由公司章程规定。

股东会会议作出修改公司章程、增加或者减少注册资本的决议，以及公司合并、分立、解散或者变更公司形式的决议，必须经代表2/3以上表决权的股东通过。

（二）董事会或者执行董事

董事会是执行有限责任公司股东会决议或者股份有限公司股东大会决议的机构。股东人数较少或者规模较小的有限责任公司，可以设一名执行董事，不设立董事会。

1. 董事会的组成

有限责任公司设董事会，其成员为 3～13 人。执行董事可以兼任公司经理。两个以上的国有企业或者两个以上的其他国有投资主体投资设立的有限责任公司，其董事会成员中应当有公司职工代表；其他有限责任公司董事会成员中可以有公司职工代表。董事会中的职工代表由公司职工通过职工代表大会、职工大会或者其他形式民主选举产生。董事会设董事长一人，可以设副董事长。董事长、副董事长的产生办法由公司章程规定。

董事任期由公司章程规定，但每届任期不得超过 3 年。董事任期届满，连选可以连任。董事任期届满未及时改选，或者董事在任期内辞职导致董事会成员低于法定人数的，在改选出的董事就任前，原董事仍应当依照法律、行政法规和公司章程的规定，履行董事职务。

2. 董事会的职权

董事会对股东会负责，行使下列职权：（1）召集股东会会议，并向股东会报告工作；（2）执行股东会的决议；（3）决定公司的经营计划和投资方案；（4）制定公司的年度财务预算方案、决算方案；（5）制定公司的利润分配方案和弥补亏损方案；（6）制定公司增加或者减少注册资本以及发行公司债券的方案；（7）制定公司合并、分立、解散或者变更公司形式的方案；（8）决定公司内部管理机构的设置；（9）决定聘任或者解聘公司经理及其报酬事项，并根据经理的提名决定聘任或者解聘公司副经理、财务负责人及其报酬事项；（10）制定公司的基本管理制度；（11）公司章程规定的其他职权。

3. 董事会会议

董事会会议由董事长召集和主持；董事长不能履行职务或者不履行职务的，由副董事长召集和主持；副董事长不能履行职务或者不履行职务的，由半数以上董事共同推举一名董事召集和主持。

董事会的议事方式和表决程序，除《公司法》另有规定的外，由公司章程规定。董事会决议的表决，实行一人一票。董事会应当对所议事项的决定作成会议记录，出席会议的董事应当在会议记录上签名。

4. 经理

经理是负责公司日常经营管理的高级职员。有限责任公司可以设经理，由董事会决定聘任或者解聘。经理对董事会负责，行使下列职权：（1）主持公司的生产经营管理工作，组织实施董事会决议；（2）组织实施公司年度经营计划和投资方案；（3）拟订公司内部管理机构设置方案；（4）拟订公司的基本管理制度；（5）制定公司的具体规章；（6）提请聘任或者解聘公司副经理、财务负责人；（7）决定聘任或者解聘除应由董事会决定聘任或者解聘以外的负责管理人员；（8）董事会授予的其他职权。公司章程对经理职权另有规定的，从其规定。经理列席董事会会议。

（三）监事会或者监事

监事会是对公司执行机构进行专门监督的机构。股东人数较少或者规模较小的有限责任公司，可以设1～2名监事，不设监事会。

1. 监事会的组成

有限责任公司设立监事会，其成员不得少于3人。监事会应当包括股东代表和适当比例的公司职工代表，其中职工代表的比例不得低于1/3，具体比例由公司章程规定。监事会中的职工代表由公司职工通过职工代表大会、职工大会或者其他形式民主选举产生。

董事、高级管理人员不得兼任监事。

监事会设主席一人，由全体监事过半数选举产生。监事会主席召集和主持监事会会议；监事会主席不能履行职务或者不履行职务的，由半数以上监事共同推举一名监事召集和主持监事会会议。监事的任期每届为3年。监事任期届满，连选可以连任。

2. 监事会的职权

监事会、不设监事会的公司的监事行使下列职权：（1）检查公司财务；（2）对董事、高级管理人员执行公司职务的行为进行监督，对违反法律、行政法规、公司章程或者股东会决议的董事、高级管理人员提出罢免的建议；（3）当董事、高级管理人员的行为损害公司的利益时，要求董事、高级管理人员予以纠正；（4）提议召开临时股东会会议，在董事会不履行《公司法》规定的召集和主持股东会会议职责时召集和主持股东会会议；（5）向股东会会议提出提案；（6）依照《公司法》第151条的规定，对董事、高级管理人员提起诉讼；（7）公司章程规定的其他职权。

监事可以列席董事会会议，并对董事会决议事项提出质询或者建议。监事会、不设监事会的公司的监事发现公司经营情况异常，可以进行调查；必要时，可以聘请会计师事务所等协助其工作，费用由公司承担。

3. 监事会会议

监事会每年度至少召开一次会议，监事可以提议召开临时监事会会议。监事会的议事方式和表决程序，除《公司法》另有规定的外，由公司章程规定。监事会决议应当经半数以上监事通过。监事会应当对所议事项的决定作成会议记录，出席会议的监事应当在会议记录上签名。

监事会、不设监事会的公司的监事行使职权所必需的费用，由公司承担。

四、一人有限责任公司

一人有限责任公司是指只有一个自然人股东或者一个法人股东的有限责任公司。《公司法》对一人有限责任公司的特别规定的主要内容如下：

（1）一个自然人只能投资设立一个一人有限责任公司。该一人有限责任公司不能投资设立新的一人有限责任公司。

（2）一人有限责任公司应当在公司登记中注明自然人独资或者法人独资，并在公司营业执照中载明。

（3）一人有限责任公司章程由股东制定。一人有限责任公司公司不设股东会。

（4）一人有限责任公司应当在每一会计年度终了时编制财务会计报告，并经会计师事务所审计。

（5）一人有限责任公司的股东不能证明公司财产独立于股东自己的财产的，应当对公司债务承担连带责任。

五、国有独资公司

国有独资公司是指国家单独出资、由国务院或者地方人民政府授权本级人民政府国有资产监督管理机构履行出资人职责的有限责任公司。《公司法》对国有独资公司的特别规定如下：

（1）国有独资公司章程由国有资产监督管理机构制定，或者由董事会制定报国有资产监督管理机构批准。

（2）国有独资公司不设股东会，由国有资产监督管理机构行使股东会职权。国有资产监督管理机构可以授权公司董事会行使股东会的部分职权，决定公司的重大事项，但公司的合并、分立、解散、增加或者减少注册资本和发行公司债券，必须由国有资产监督管理机构决定；其中，重要的国有独资公司合并、分立、解散、申请破产的，应当由国有资产监督管理机构审核后，报本级人民政府批准。前述所称重要的国有独资公司，按照国务院的规定确定。

（3）国有独资公司设立董事会，依照《公司法》关于有限责任公司董事会的职权规定行使职权。董事每届任期不得超过3年。董事会成员中应当有公司职工代表。董事会成员由国有资产监督管理机构委派；但是，董事会成员中的职工代表由公司职工代表大会选举产生。董事会设董事长一人，可以设副董事长。董事长、副董事长由国有资产监督管理机构从董事会成员中指定。

（4）国有独资公司设经理，由董事会聘任或者解聘。经理依照《公司法》关于有限责任公司经理的职权规定行使职权。经国有资产监督管理机构同意，董事会成员可以兼任经理。国有独资公司的董事长、副董事长、董事、高级管理人员，未经国有资产监督管理机构同意，不得在其他有限责任公司、股份有限公司或者其他经济组织兼职。

（5）国有独资公司监事会成员不得少于5人，其中职工代表的比例不得低于1/3，具体比例由公司章程规定。监事会成员由国有资产监督管理机构委派；但是，监事会成员中的职工代表由公司职工代表大会选举产生。监事会主席由国有资产监督管理机构从监事会成员中指定。

（6）监事会的职权有：检查公司财务；对董事、高级管理人员执行公司职务的行为进行监督，对违反法律、行政法规、公司章程或者股东会决议的董事、高级管理人员提出罢免的建议；当董事、高级管理人员的行为损害公司的利益时，要求董事、高级管理人员予以纠正；国务院规定的其他职权。

六、有限责任公司的股权转让和股权回购

（一）股权转让

1. 股东之间转让股权

有限责任公司的股东之间可以相互转让其全部或者部分股权。

2. 股东向股东以外的人转让股权

股东向股东以外的人转让股权，应当经其他股东过半数同意。股东应就其股权转让事项书面通知其他股东征求同意，其他股东自接到书面通知之日起满30日未答复的，视为同意转让。其他股东半数以上不同意转让的，不同意的股东应当购买该转让的股权；不购买的，视为同意转让。经股东同意转让的股权，在同等条件下，其他股东有优先购买权。两个以上股东主张行使优先购买权的，协商确定各自的购买比例；协商不成的，按照转让时各自的出资比例行使优先购买权。公司章程对股权转让另有规定的，从其规定。

3. 人民法院强制转让股权

人民法院依照法律规定的强制执行程序转让股东的股权时，应当通知公司及全体股东，其他股东在同等条件下有优先购买权。其他股东自人民法院通知之日起满20日不行使优先购买权的，视为放弃优先购买权。

转让股权后，公司应当注销原股东的出资证明书，向新股东签发出资证明书，并相应修改公司章程和股东名册中有关股东及其出资额的记载。对公司章程的该项修改不需再由股东会表决。

（二）股权回购

有下列情形之一的，对股东会该项决议投反对票的股东可以请求公司按照合理的价格收购其股权：（1）公司连续5年不向股东分配利润，而公司该5年连续盈利，并且符合《公司法》规定的分配利润条件的；（2）公司合并、分立、转让主要财产的；（3）公司章程规定的营业期限届满或者章程规定的其他解散事由出现，股东会会议通过决议修改章程使公司存续的。

自股东会会议决议通过之日起60日内，股东与公司不能达成股权收购协议的，股东可以自股东会会议决议通过之日起90日内向人民法院提起诉讼。

第三节 股份有限公司

学习目标

- 理解股份有限公司的概念和特征。
- 熟悉发起人的义务和责任、股份发行和转让。
- 掌握股份有限公司的设立和组织机构。
- 具有设立股份有限公司的基本能力。

案例导入

五位发起人准备采取募集设立方式设立一股份有限公司，拟发行股份800万股，其中发起人认购的股份为240万股，发起人中两人在中国境内有住所，股东大会由发起人组成，董事会成员为4人。

问题：该公司的设立有何违法之处？

一、股份有限公司的概念及特征

（一）股份有限公司的概念

股份有限公司，是指依照《公司法》在中国境内设立的，其全部资本分为等额股份，股东以其认购股份为限对公司承担责任，公司以其全部资产对公司的债务承担责任的企业法人。

（二）股份有限公司的特征

1. 股东人数具有广泛性

股份有限公司通过发行股票来筹集资本，任何投资者只要依法认购股票和支付股款，都可成为股份有限公司的股东，这使得股份有限公司的股东人数具有广泛性的特点。

2. 股东的出资具有股份性

股份有限公司的全部资本划分为金额相等的股份，股份是构成公司资本的最小单位。

3. 股东责任具有有限性

股份有限公司的股东对公司债务仅以其认购的股份为限承担责任。

4. 公司信用基础的资合性

股份有限公司的信用基础在于其公司资本和资产，这与股东的有限责任是联系在一起的。

二、股份有限公司的设立

（一）设立方式

股份有限公司有发起设立和募集设立两种方式。

发起设立，是指由发起人认购公司应发行的全部股份而设立公司。募集设立，是指由发起人认购公司应发行股份的一部分，其余部分向社会公开募集或者向特定对象募集而设立公司。

（二）设立条件

1. 发起人符合法定人数

设立股份有限公司，应当有2人以上200人以下为发起人，其中须有半数以上的发起人在中国境内有住所。股份有限公司发起人承担公司筹办事务。发起人应当签订发起人协议，明确各自在公司设立过程中的权利和义务。

2. 有符合公司章程规定的全体发起人认购的股本总额或者募集的实收股本总额

股份有限公司采取发起设立方式设立的，注册资本为在公司登记机关登记的全体发起人认购的股本总额。在发起人认购的股份缴足前，不得向他人募集股份。股份有限公司采取募集方式设立的，注册资本为在公司登记机关登记的实收股本总额。法律、行政法规以及国务院决定对股份有限公司注册资本实缴、注册资本最低限额另有规定的，从其规定。

3. 股份发行、筹办事项符合法律规定

股份发行、筹办事项应符合法律的规定。

4. 发起人制定公司章程，采用募集方式设立的经创立大会通过

股份有限公司章程应当载明下列事项：（1）公司名称和住所；（2）公司经营范围；（3）公司设立方式；（4）公司股份总数、每股金额和注册资本；（5）发起人的姓名或者名称、认购的股份数、出资方式和出资时间；（6）董事会的组成、职权和议事规则；（7）公司法定代表人；（8）监事会的组成、职权和议事规则；（9）公司利润分配办法；（10）公司的解散事由与清算办法；（11）公司的通知和公告办法；（12）股东大会会议认为需要规定的其他事项。

5. 有公司名称，建立符合股份有限责任公司要求的组织机构

依照《公司法》设立的股份有限公司，必须在公司名称中标明“股份有限公司”或者“股份公司”字样。

6. 有公司住所

股份有限公司应有公司住所。

（三）设立程序

1. 发起设立程序

（1）发起人书面认足公司章程规定其认购的股份。

（2）缴纳出资。发起人应当按照公司章程规定缴纳出资。发起人以非货币财产出资的，应当依法进行评估作价，核实财产，办理其财产权的转移手续。发起人不按照规定缴纳出资的，应当按照发起人协议的约定承担违约责任。

（3）选举董事会和监事会。

（4）申请设立登记。由董事会向公司登记机关报送公司章程以及法律、行政法规规定的其他文件，申请设立登记。

2. 募集设立程序

（1）发起人认购股份。发起人认购的股份不得少于公司股份总数的35%；但是，法律、行政法规另有规定的，从其规定。

（2）向社会公开募集股份。发起人向社会公开募集股份，必须公告招股说明书，并制作认股书。发起人向社会公开募集股份，应当由依法设立的证券公司承销，签订承销协议。发起人向社会公开募集股份，应当同银行签订代收股款协议。

（3）验资。发行股份的股款缴足后，必须经依法设立的验资机构验资并出具证明。

（4）召开创立大会。发起人应当自股款缴足之日起30日内主持召开公司创立大会。创立大会由发起人、认股人组成。发行的股份超过招股说明书规定的截止期限尚未募足的，或者发行股份的股款缴足后，发起人在30日内未召开创立大会的，认股人可以按照所缴股款并加算银行同期存款利息，要求发起人返还。

发起人应当在创立大会召开15日前将会议日期通知各认股人或者予以公告。创立大会应有代表股份总数过半数的发起人、认股人出席，方可举行。创立大会行使下列职权：1）审议发起人关于公司筹办情况的报告；2）通过公司章程；3）选举董事会成员；4）选举监事会成员；5）对公司的设立费用进行审核；6）对发起人用于抵作股款的财产的作价进行审核；7）发生不可抗力或者经营条件发生重大变化直接影响公司设立的，可以作出不设立公司的决议。创立大会对上述事项作出决议，必须经出席会议的认股人所持表决权过半数通过。

发起人、认股人缴纳股款或者交付抵作股款的出资后，除未按期募足股份、发起人未按期召开创立大会或者创立大会决议不设立公司的情形外，不得抽回其股本。

（5）申请设立登记。董事会应于创立大会结束后30日内，向公司登记机关报送有关文件，申请设立登记。

三、发起人的义务和责任

股份有限公司的发起人应当承担下列责任：（1）公司不能成立时，对设立行为所产生的债务和费用负连带责任；（2）公司不能成立时，对认股人已缴纳的股款，负返还股款并加算银行同期存款利息的连带责任；（3）在公司设立过程中，由于发起人的过失致使公司利益受到损害的，应当对公司承担赔偿责任。

股份有限公司成立后，发起人未按照公司章程的规定缴足出资的，应当补缴；其他发起人承担连带责任。股份有限公司成立后，发现作为设立公司出资的非货币财产的实际价额显著低于公司章程所定价额的，应当由交付该出资的发起人补足其差额；其他发起人承担连带责任。

四、股份有限公司的组织机构

股份有限公司的组织机构包括股东大会、董事会和监事会。

（一）股东大会

股东大会是由股份有限公司全体股东组成的、决定公司重大问题的机构。股东大会是股份有限公司的权力机构，依法行使职权，其职权范围与有限责任公司股东会相同。

1. 股东大会的会议形式

股东大会分为年会与临时大会。股东大会年会应当每年召开一次。

有下列情形之一的，应当在2个月内召开临时股东大会：董事人数不足《公司法》规定人数或者公司章程所定人数的2/3时；公司未弥补的亏损达实收股本总额1/3时；单独或者合计持有公司10%以上股份的股东请求时；董事会认为必要时；监事会提议召开时；公司章程规定的其他情形。

2. 股东大会会议的召集和主持

股东大会会议由董事会召集，董事长主持；董事长不能履行职务或者不履行职务的，由副董事长主持；副董事长不能履行职务或者不履行职务的，由半数以上董事共同推举一名董事主持。董事会不能履行或者不履行召集股东大会会议职责的，监事会应当及时召集和主持；监事会不召集和主持的，连续 90 日以上单独或者合计持有公司 10%以上股份的股东可以自行召集和主持。

3. 股东大会会议的通知和公告

召开股东大会会议，应当将会议召开的时间、地点和审议的事项于会议召开 20 日前通知各股东；临时股东大会应当于会议召开 15 日前通知各股东；发行无记名股票的，应当于会议召开 30 日前公告会议召开的时间、地点和审议事项。

单独或者合计持有公司 3%以上股份的股东，可以在股东大会召开 10 日前提出临时提案并书面提交董事会；董事会应当在收到提案后 2 日内通知其他股东，并将该临时提案提交股东大会审议。临时提案的内容应当属于股东大会职权范围，并有明确议题和具体决议事项。股东大会不得对向股东通知中未列明的事项作出决议。无记名股票持有人出席股东大会会议的，应当于会议召开 5 日前至股东大会闭会时将股票交存于公司。

4. 股东大会会议的表决

股东出席股东大会会议，所持每一股份有一表决权。但是，公司持有的本公司股份没有表决权。股东大会作出决议，必须经出席会议的股东所持表决权过半数通过。但是，股东大会作出修改公司章程、增加或者减少注册资本的决议，以及公司合并、分立、解散或者变更公司形式的决议，必须经出席会议的股东所持表决权的 2/3 以上通过。

《公司法》和公司章程规定公司转让、受让重大资产或者对外提供担保等事项必须经股东大会作出决议的，董事会应当及时召集股东大会会议，由股东大会就上述事项进行表决。

股东大会选举董事、监事，可以依照公司章程的规定或者股东大会的决议，实行累积投票制。累积投票制，是指股东大会选举董事或者监事时，每一股份拥有与应选董事或者监事人数相同的表决权，股东拥有的表决权可以集中使用。

5. 表决权代理和股东大会会议记录

股东可以委托代理人出席股东大会会议，代理人应当向公司提交股东授权委托书，并在授权范围内行使表决权。

股东大会应当对所议事项的决定作成会议记录，主持人、出席会议的董事应当在会议记录上签名。会议记录应当与出席股东的签名册及代理出席的委托书一并保存。

（二）董事会

1. 董事会的组成和职权

股份有限公司设董事会，其成员为 5～19 人。董事会成员中可以有公司职工代表。董事会中的职工代表由公司职工通过职工代表大会、职工大会或者其他形式民主选举产生。

股份有限公司董事的任期、董事会的职权与有限责任公司相同。

2. 董事会会议的召集和主持

董事会设董事长一人，可以设副董事长。董事长和副董事长由董事会以全体董事的过半数选举产生。董事长召集和主持董事会会议，检查董事会决议的实施情况。副董事长协助董事长工作，董事长不能履行职务或者不履行职务的，由副董事长履行职务；副董事长不能履行职务或者不履行职务的，由半数以上董事共同推举一名董事履行职务。

3. 董事会会议的召开

董事会每年度至少召开两次会议，每次会议应当于会议召开10日前通知全体董事和监事。代表1/10以上表决权的股东、1/3以上董事或者监事会，可以提议召开董事会临时会议。董事长应当自接到提议后10日内，召集和主持董事会会议。董事会召开临时会议，可以另定召集董事会的通知方式和通知时限。

董事会会议应有过半数的董事出席方可举行。董事会作出决议必须经全体董事的过半数通过。董事会决议的表决实行一人一票。董事会会议应由董事本人出席，董事因故不能出席，可以书面委托其他董事代为出席，委托书中应载明授权范围。

4. 会议记录

董事会应当对会议所议事项的决定作成会议记录，出席会议的董事应当在会议记录上签名。董事应当对董事会的决议承担责任。董事会的决议违反法律、行政法规或者公司章程、股东大会决议，致使公司遭受严重损失的，参与决议的董事对公司负赔偿责任。但经证明在表决时曾表明异议并记载于会议记录的，该董事可以免除责任。

5. 经理

股份有限公司设经理，由董事会决定聘任或者解聘，其职权与有限责任公司经理相同。公司董事会可以决定由董事会成员兼任经理。

（三）监事会

股份有限公司设立监事会，其成员不得少于3人。监事会应当包括股东代表和适当比例的公司职工代表，其中职工代表的比例不得低于1/3，具体比例由公司章程规定。监事会中的职工代表由公司职工通过职工代表大会、职工大会或者其他形式民主选举产生。

董事、高级管理人员不得兼任监事。

监事会设主席一人，可以设副主席。监事会主席和副主席由全体监事过半数选举产生。监事会主席召集和主持监事会会议；监事会主席不能履行职务或者不履行职务的，由监事会副主席召集和主持监事会会议；监事会副主席不能履行职务或者不履行职务的，由半数以上监事共同推举一名监事召集和主持监事会会议。

股份有限公司监事的任期、监事会的职权与有限责任公司相同。监事会行使职权所必需的费用，由公司承担。

监事会每6个月至少召开一次会议。监事可以提议召开临时监事会会议。监事会的议事方式和表决程序，除法律有规定的外，由公司章程规定。监事会应当对所议事项的决定作成会议记录，出席会议的监事应当在会议记录上签名。

案例思考3-3

某房地产股份有限公司实收股本总额为2亿元。后来由于房地产市场不景气，公司年底出现了无法弥补的经营亏损，亏损总额为7 000万元。某股东据此请求召开临时股东大会。公司决定于次年2月10日召开临时股东大会，并于1月30日向所有股东发出了会议通知。通知确定的会议议程包括以下事项：(1) 选举更换部分董事，选举更换董事长；(2) 选举更换全部监事；(3) 更换公司总经理；(4) 就发行公司债券作出决议；(5) 就公司与另一房地产公司合并作出决议。在股东大会上，前述各事项均经出席大会的股东所持表决权的过半数通过。

问题：

(1) 公司发生亏损后，在股东请求时，应否召开临时股东大会？为什么？

(2) 公司在临时股东大会的召集、召开过程中，有无与法律规定不相符的地方？如有，请指出，并说明理由。

五、上市公司组织机构的特别规定

上市公司，是指其股票在证券交易所上市交易的股份有限公司。

关于上市公司的特别规定：

(1) 上市公司在一年内购买、出售重大资产或者担保金额超过公司资产总额30%的，应当由股东大会作出决议，并经出席会议的股东所持表决权的2/3以上通过。

(2) 上市公司设立独立董事，具体办法由国务院规定。

(3) 上市公司设立董事会秘书，负责公司股东大会和董事会会议的筹备、文件保管以及公司股东资料的管理，办理信息披露事务等事宜。

(4) 上市公司董事与董事会会议决议事项所涉及的企业有关联关系的，不得对该项决议行使表决权，也不得代理其他董事行使表决权。该董事会会议由过半数的无关联关系董事出席即可举行，董事会会议所作决议须经无关联关系董事过半数通过。出席董事会的无关联关系董事人数不足3人的，应将该事项提交上市公司股东大会审议。

六、股份有限公司的股份发行和转让

(一) 股份的发行

股份有限公司的股份是指按照相等金额或相同比例，平均划分公司资本的基本计量单位。股份有限公司的股份采取股票的形式。股票是公司签发的证明股东所持股份的凭证。

1. 股份发行的概念

股份发行是股份有限公司为了募集股本而出售或分配自己的股份的行为。

2. 股份发行的原则

股份发行必须坚持实行公平、公正的原则，同种类的每一股份应当具有同等权利。同次发行的同种类股票，每股的发行条件和价格应当相同；任何单位或者个人所认购的股份，每股应当支付相同价额。

3. 股份发行的价格

股票发行价格可以按票面金额，也可以超过票面金额，但不得低于票面金额。

4. 记名股票和无记名股票的发行

公司向发起人、法人发行的股票，应当为记名股票，并应当记载该发起人、法人的名称或者姓名，不得另立户名或者以代表人姓名记名。向社会公众发行的股票，可以为记名股票，也可以为无记名股票。公司发行记名股票的，应当置备股东名册，记载下列事项：股东的姓名或者名称及住所；各股东所持股份数；各股东所持股票的编号；各股东取得股份的日期。发行无记名股票的，公司应当记载其股票数量、编号及发行日期。

（二）股份的转让

1. 股东转让股份的权利和转让限制

股东持有的股份可以依法转让。

发起人持有的本公司股份，自公司成立之日起1年内不得转让。公司公开发行股份前已发行的股份，自公司股票在证券交易所上市交易之日起1年内不得转让。

公司董事、监事、高级管理人员应当向公司申报所持有的本公司的股份及其变动情况，在任职期间每年转让的股份不得超过其所持有本公司股份总数的25%；所持本公司股份自公司股票上市交易之日起1年内不得转让。前述人员离职后半年内，不得转让其所持有的本公司股份。公司章程可以对公司董事、监事、高级管理人员转让其所持有的本公司股份作出其他限制性规定。

2. 股份转让的场所和转让方式

股东转让其股份，应当在依法设立的证券交易场所进行或者按照国务院规定的其他方式进行。

记名股票，由股东以背书方式或者法律、行政法规规定的其他方式转让；转让后由公司将受让人的姓名或者名称及住所记载于股东名册。股东大会召开前20日内或者公司决定分配股利的基准日前5日内，不得进行股东名册的变更登记。但是，法律对上市公司股东名册变更登记另有规定的，从其规定。

无记名股票的转让，由股东将该股票交付给受让人后即发生转让的效力。

3. 公司收购本公司的股份

公司不得收购本公司股份。但是，有下列情形之一的除外：（1）减少公司注册资本；（2）与持有本公司股份的其他公司合并；（3）将股份用于员工持股计划或者股权激励；（4）股东因对股东大会作出的公司合并、分立决议持异议，要求公司收购其股份的；（5）将股份用于转换上市公司发行的可转换为股票的公司债券；（6）上市公司为维护公司价值及股东权益所必需。

公司因上述第（1）项、第（2）项情形收购本公司股份的，应当经股东大会决议。公司因上述第（3）项、第（5）、第（6）项情形收购本公司股份的，可以依照公司章程的规定或者股东大会的授权，经 2/3 以上的董事出席的董事会会议决议。

公司依照上述规定收购本公司股份后，属于第（1）项情形的，应当在 10 日内注销；属于第（2）项、第（4）项情形的，应当在 6 个月内转让或者注销；属于第（3）项、第（5）、第（6）项情形的，公司合计持有的本公司股份数不得超过本公司已发行股份总额的 10%，并应当在 3 年内转让或者注销。

上市公司收购本公司股份的，应当依照《中华人民共和国证券法》的规定履行信息披露义务。上市公司因上述第（3）项、第（5）、第（6）项情形收购本公司股份的，应当通过公开的集中交易方式进行。

公司不得接受本公司的股票作为质押权的标的。

阅读资料

有限责任公司和股份有限公司的区别

（1）设立方式不同。有限责任公司只能以发起方式设立。股份有限公司既可以发起设立，也可以募集设立。

（2）股东人数上下限规定不同。有限责任公司的股东人数无下限规定，仅作了 50 人以下的上限规定，允许设立一人有限责任公司和国有独资公司。股份有限公司的股东为 2 人以上。

（3）股权的表现形式不同。有限责任公司股东以出资证明书作为股权表现形式。股份有限公司股东以股票作为股权表现形式。

（4）股权转让方式不同。有限责任公司的股东转让其股权受到一定法律限制。股份有限公司的股票以自由转让为原则，股票还可以依法在证券交易所上市交易。

（5）组织机构不同。有限责任公司的组织机构设置较股份有限公司更为灵活，如公司股东人数较少或者规模较小，可以不设董事会，只设一名执行董事；可以不设监事会，只设 1 至 2 名监事。股份有限公司必须设置股东大会、董事会、监事会，依法规范运作。

第四节 公司董事、监事、高级管理人员的资格和义务

学习目标

- 熟悉公司董事、监事、高级管理人员的资格和义务。
- 掌握股东代表诉讼。
- 了解股东直接诉讼。
- 具有运用相关知识分析问题的基本能力。

案例导入

刘某是甲有限责任公司（该公司设有监事会）的董事。任职期间，多次利用职务之便，指示公司会计将资金借贷给一家主要由刘某的儿子投资设立的乙公司。对此，持有公司股权0.5%的股东王某自行直接向法院对刘某提起股东代表诉讼。

问题：王某的做法合法吗？

一、公司董事、监事、高级管理人员的资格

公司董事、监事、高级管理人员在公司中处于重要的地位并具有法定的职权，因此需要对其任职资格作一些限制性的规定，以保证其具有正确履行职责的能力和条件。

《公司法》规定，有下列情形之一的，不得担任公司的董事、监事、高级管理人员：

（1）无民事行为能力或者限制民事行为能力；

（2）因贪污、贿赂、侵占财产、挪用财产或者破坏社会主义市场经济秩序，被判处刑罚，执行期满未逾5年，或者因犯罪被剥夺政治权利，执行期满未逾5年；

（3）担任破产清算的公司、企业的董事或者厂长、经理，对该公司、企业的破产负有个人责任的，自该公司、企业破产清算完结之日起未逾3年；

（4）担任因违法被吊销营业执照、责令关闭的公司、企业的法定代表人，并负有个人责任的，自该公司、企业被吊销营业执照之日起未逾3年；

（5）个人所负数额较大的债务到期未清偿。

公司违反上述规定选举、委派董事、监事或者聘任高级管理人员的，该选举、委派或者聘任无效。董事、监事、高级管理人员在任职期间出现上述情形的，公司应当解除其职务。

案例思考3-4

甲公司于2018年7月依法成立，现有数名推荐的董事人选：

（1）王某，因担任企业负责人犯重大责任事故罪于2001年6月被判处3年有期徒刑，2004年刑满释放；

（2）张某，与他人共同投资设立一家有限责任公司，持股70%，该公司长期经营不善，负债累累，于2006年被宣告破产；

（3）徐某，2013年向他人借款100万元，为期2年，但因资金被股市套住至今未清偿；

（4）赵某，曾任某音像公司董事长和法定代表人，该公司因未经著作权人许可大量复制音像制品于2016年5月被工商部门吊销营业执照，赵某负有个人责任。

问题：依照《公司法》的规定，上述人员中，不能担任公司董事的是谁？为什么？

二、公司董事、监事、高级管理人员的义务

《公司法》规定，公司董事、监事、高级管理人员应当遵守法律、行政法规和公司章

程，对公司负有忠实义务和勤勉义务。公司董事、监事、高级管理人员不得利用职权收受贿赂或者其他非法收入，不得侵占公司的财产。

公司董事、高级管理人员不得有下列行为：（1）挪用公司资金；（2）将公司资金以其个人名义或者以其他个人名义开立账户存储；（3）违反公司章程的规定，未经股东会、股东大会或者董事会同意，将公司资金借贷给他人或者以公司财产为他人提供担保；（4）违反公司章程的规定或者未经股东会、股东大会同意，与本公司订立合同或者进行交易；（5）未经股东会或者股东大会同意，利用职务便利为自己或者他人谋取属于公司的商业机会，自营或者为他人经营与所任职公司同类的业务；（6）接受他人与公司交易的佣金归为己有；（7）擅自披露公司秘密；（8）违反对公司忠实义务的其他行为。公司董事、高级管理人员违反上述规定所得的收入应当归公司所有。

公司董事、监事、高级管理人员执行公司职务时违反法律、行政法规或者公司章程的规定，给公司造成损失的，应当承担赔偿责任。

公司股东会或者股东大会要求董事、监事、高级管理人员列席会议的，董事、监事、高级管理人员应当列席并接受股东的质询。董事、高级管理人员应当如实向公司监事会或者不设监事会的有限责任公司的监事提供有关情况和资料，不得妨碍监事会或者监事行使职权。

三、股东诉讼

（一）股东代表诉讼

股东代表诉讼，也称股东间接诉讼，是指当董事、监事、高级管理人员或者他人的违反法律、行政法规或者公司章程的行为给公司造成损失，公司拒绝或者怠于向该违法行为人请求损害赔偿时，具备法定资格的股东代表公司提起诉讼，请求违法行为人赔偿公司损失的行为。股东代表诉讼是为了公司的利益和股东整体利益。

股东代表诉讼的程序如下：

1. 书面请求公司监事会或者监事、董事会或者执行董事提起诉讼

董事、高级管理人员执行公司职务时违反法律、行政法规或者公司章程的规定，给公司造成损失的，有限责任公司的股东、股份有限公司连续180日以上单独或者合计持有公司1%以上股份的股东，可以书面请求监事会或者不设监事会的有限责任公司的监事向人民法院提起诉讼；监事执行公司职务时违反法律、行政法规或者公司章程的规定，给公司造成损失的，前述股东可以书面请求董事会或者不设董事会的有限责任公司的执行董事向人民法院提起诉讼。

2. 股东直接提起诉讼

监事会、不设监事会的有限责任公司的监事，或者董事会、执行董事收到上述股东书面请求后拒绝提起诉讼，或者自收到请求之日起30日内未提起诉讼，或者情况紧急、不立即提起诉讼将会使公司利益受到难以弥补的损害的，上述股东有权为了公司的利益以自己的名义直接向人民法院提起诉讼。

他人侵犯公司合法权益，给公司造成损失的，上述股东可以依照上述规定向人民法院提起诉讼。

（二）股东直接诉讼

股东直接诉讼是指股东对董事、高级管理人员损害股东利益行为提起的诉讼。《公司法》规定，公司董事、高级管理人员违反法律、行政法规或者公司章程的规定，损害股东利益的，股东可以依法向人民法院提起诉讼。

第五节 公司债券与财务会计

学习目标

- 熟悉公司债券。
- 掌握公司财务会计。
- 具有分析相关问题的能力。

案例导入

某股份有限公司注册资本为3 000万元，公司现有法定公积金1 000万元、任意公积金500万元，现该公司拟以公积金转增资本。

问题： 该公司转增资本的最大数额是多少？

一、公司债券

（一）公司债券的含义

公司债券是指公司依照法定程序发行、约定在一定期限还本付息的有价证券。

（二）公司债券与公司股票的区别

1. 性质不同

公司债券表示发行者与投资者之间的债权债务关系，股票表示投资者对发行股票的公司拥有股东的一系列权利。

2. 收益不同

公司债券是到期还本付息，股票收益则在公司有盈利时才能分红。

3. 风险不同

公司债券的利息通常是固定的，股票的收益可能较高或者较低，风险比债券大。

4. 优先权不同

债券持有人在公司解散或者破产的情况下，优先于股东得到债务清偿。

（三）公司债券的种类

1. 记名公司债券和无记名公司债券

记名公司债券是指在公司债券上记载债权人姓名或者名称的债券。无记名公司债券是指在公司债券上不记载债权人姓名或者名称的债券。

2. 可转换公司债券和不可转换公司债券

可转换公司债券是指可以转换为公司股票的公司债券。不可转换公司债券是指不能转换为公司股票的公司债券。

（四）公司债券的发行

公司发行公司债券应当符合《证券法》规定的发行条件。发行公司债券的申请经国务院授权的部门核准后，应当公告公司债券募集办法。上市公司经股东大会决议可以发行可转换为股票的公司债券，并在公司债券募集办法中规定具体的转换办法。上市公司发行可转换为股票的公司债券，应当报国务院证券监督管理机构核准。发行可转换为股票的公司债券，应当在债券上标明可转换公司债券字样，并在公司债券存根簿上载明可转换公司债券的数额。

（五）公司债券的转让

公司债券可以转让，转让价格由转让人与受让人约定。

公司债券在证券交易所上市交易的，按照证券交易所的交易规则转让。记名公司债券，由债券持有人以背书方式或者法律、行政法规规定的其他方式转让；转让后由公司将受让人的姓名或者名称及住所记载于公司债券存根簿。无记名公司债券的转让，由债券持有人将该债券交付给受让人后即发生转让的效力。

二、公司财务会计

（一）公司财务会计制度和报告

公司应当依照法律、行政法规和国务院财政部门的规定建立本公司的财务、会计制度。

公司应当在每一会计年度终了时编制财务会计报告，并依法经会计师事务所审计。财务会计报告应当依照法律、行政法规和国务院财政部门的规定制作。有限责任公司应当按照公司章程规定的期限将财务会计报告送交各股东。股份有限公司的财务会计报告应当在召开股东大会年会的 20 日前置备于本公司，供股东查阅；公开发行股票的股份有限公司必须公告其财务会计报告。

（二）公积金

1. 公积金的概念和种类

公积金分为盈余公积金和资本公积金。盈余公积金是从公司税后利润中提取的公积金，分为法定公积金和任意公积金两种。法定公积金是依照法律规定提取的盈余公积金，任意公积金是根据股东会或者股东大会决议提取的盈余公积金。

资本公积金是直接由资本原因形成的公积金。股份有限公司以超过股票票面金额的发行价格发行股份所得的溢价款以及国务院财政部门规定列入资本公积金的其他收入，应当列为公司资本公积金。

2. 公积金的提取

公司分配当年税后利润时，应当提取利润的10%列入公司法定公积金。公司法定公积金累计额为公司注册资本的50%以上的，可以不再提取。公司的法定公积金不足以弥补以前年度亏损的，在依照前述规定提取法定公积金之前，应当先用当年利润弥补亏损。公司从税后利润中提取法定公积金后，经股东会或者股东大会决议，还可以从税后利润中提取任意公积金。

3. 公积金的用途

公司的公积金用于弥补公司的亏损、扩大公司生产经营或者转为增加公司资本。但是，资本公积金不得用于弥补公司的亏损。法定公积金转为资本时，所留存的该项公积金不得少于转增前公司注册资本的25%。

（三）向股东分配利润

公司弥补亏损和提取公积金后所余税后利润，有限责任公司按照股东实缴的出资比例分配红利，但全体股东约定不按照出资比例分配的除外；股份有限公司按照股东持有的股份比例分配，但股份有限公司章程规定不按持股比例分配的除外。

公司股东会、股东大会或者董事会违反上述规定，在公司弥补亏损和提取法定公积金之前向股东分配利润的，股东必须将违反规定分配的利润退还公司。公司持有本公司股份不得分配利润。

案例思考3-5

2019年3月2日，重庆某商贸有限责任公司股东会临时会议通过一项决议：为每位股东配发一部电脑。该公司董事长起诉到法院，请求确认该项决议无效，法院支持了他的诉讼请求。法院认为：公司为股东配发电脑，是在弥补亏损和提取公积金之前向股东分配利润，违反了《公司法》的规定，因而股东会该项决议无效。

问题：法院的判决正确吗？

第六节 公司的合并、分立、解散和清算

学习目标

- 熟悉公司的合并、分立。

■ 掌握公司的解散和清算。
■ 能够分析和解决相关问题。

案例导入

甲公司将两个业务部门分出设立乙公司和丙公司，并在公司分立决议中明确，甲公司以前所负的债务由新设的乙公司承担。分立前甲公司欠丁企业贷款 12 万元，现丁企业要求偿还。

问题：丁企业可要求谁清偿债务？为什么？

一、公司合并

公司合并是指两个以上的公司依照法定程序变为一个公司的行为。其形式有两种：一是吸收合并，二是新设合并。吸收合并是指一个公司吸收其他公司加入本公司，被吸收的公司解散。新设合并是指两个以上公司合并设立一个新的公司，合并各方解散。

公司合并，应当由合并各方签订合并协议，并编制资产负债表及财产清单。公司应当自作出合并决议之日起 10 日内通知债权人，并于 30 日内在报纸上公告。债权人自接到通知书之日起 30 日内，未接到通知书的自公告之日起 45 日内，可以要求公司清偿债务或者提供相应的担保。公司合并时，合并各方的债权、债务，应当由合并后存续的公司或者新设的公司承继。

二、公司分立

公司分立是指一个公司依法分为两个以上的公司。

公司分立，其财产作相应的分割。公司分立，应当编制资产负债表及财产清单。公司应当自作出分立决议之日起 10 日内通知债权人，并于 30 日内在报纸上公告。公司分立前的债务由分立后的公司承担连带责任。但是，公司在分立前与债权人就债务清偿达成的书面协议另有约定的除外。

公司合并或者分立，登记事项发生变更的，应当依法向公司登记机关办理变更登记；公司解散的，应当依法办理公司注销登记；设立新公司的，应当依法办理公司设立登记。

三、公司的解散和清算

（一）公司的解散

公司的解散是指已经成立的公司，因章程或法律规定的特定事项发生，而使公司法人资格归于消灭。

根据《公司法》的规定，有下列情形之一时，应予解散：（1）公司章程规定的营业期限届满或者公司章程规定的其他解散事由出现；（2）股东会或者股东大会决议解散；（3）因公司合并或者分立需要解散；（4）依法被吊销营业执照、责令关闭或者被撤销；（5）人民法院依照《公司法》的规定予以解散。

公司有上述第（1）项情形的，可以通过修改公司章程而存续。依照上述规定修改公司章程，有限责任公司须经持有2/3以上表决权的股东通过，股份有限公司须经出席股东大会会议的股东所持表决权的2/3以上通过。

公司经营管理发生严重困难，继续存续会使股东利益受到重大损失，通过其他途径不能解决的，持有公司全部股东表决权10%以上的股东，可以请求人民法院解散公司。

案例思考3-6

甲为某有限责任公司的股东，持有该公司15%的表决权。甲与公司的另外两个股东长期意见不合，该公司已有3年未召开股东会，公司经营管理发生严重困难，继续存续会使股东利益受到重大损失，而且通过其他途径不能解决。

问题：甲可以请求法院解散公司吗？

（二）公司的清算

1. 清算组

公司因上述第（1）项、第（2）项、第（4）项、第（5）项规定而解散的，应当在解散事由出现之日起15日内成立清算组，开始清算。有限责任公司的清算组由股东组成，股份有限公司的清算组由董事或者股东大会确定的人员组成。逾期不成立清算组进行清算的，债权人可以申请人民法院指定有关人员组成清算组进行清算。人民法院应当受理该申请，并及时组织清算组进行清算。

清算组在清算期间行使下列职权：（1）清理公司财产，分别编制资产负债表和财产清单；（2）通知、公告债权人；（3）处理与清算有关的公司未了结的业务；（4）清缴所欠税款以及清算过程中产生的税款；（5）清理债权、债务；（6）处理公司清偿债务后的剩余财产；（7）代表公司参与民事诉讼活动。

2. 清算程序

清算组应当自成立之日起10日内通知债权人，并于60日内在报纸上公告。债权人应当自接到通知书之日起30日内，未接到通知书的自公告之日起45日内，向清算组申报其债权。债权人申报债权，应当说明债权的有关事项，并提供证明材料。清算组应当对债权进行登记。在申报债权期间，清算组不得对债权人进行清偿。

清算组在清理公司财产、编制资产负债表和财产清单后，应当制定清算方案，并报股东会、股东大会或者人民法院确认。

公司财产在分别支付清算费用、职工的工资、社会保险费用和法定补偿金，缴纳所欠税款，清偿公司债务后的剩余财产，有限责任公司按照股东的出资比例分配，股份有限公司按照股东持有的股份比例分配。清算期间，公司存续，但不得开展与清算无关的经营活动。公司财产在未按上述规定清偿前，不得分配给股东。

公司清算结束后，清算组应当制作清算报告，报股东会、股东大会或者人民法院确认，并报送公司登记机关，申请注销公司登记，公告公司终止。

清算组在清理公司财产、编制资产负债表和财产清单后，发现公司财产不足清偿债务的，应当依法向人民法院申请宣告破产。公司经人民法院裁定宣告破产后，清算组应当将清算事务移交给人民法院。公司被依法宣告破产的，依照有关企业破产的法律实施破产清算。

自测练习

一、单项选择题

1. 根据《公司法》的规定，有限责任公司由（　　）个股东出资设立。

A. 1～50　　B. 2～50　　C. 1～100　　D. 2～200

2. 根据《公司法》的规定，有限责任公司设董事会的，其成员为（　　）人。

A. 2～12　　B. 3～13　　C. 4～14　　D. 5～19

3. 根据《公司法》的规定，下列有关公司成立日期的表述中，正确的是（　　）。

A. 股东协议签订之日　　B. 向公司登记管理机关申请登记之日

C. 公司营业执照签发之日　　D. 公司营业执照领取之日

4. 下列有关有限责任公司监事会组成的表述中，符合《公司法》规定的是（　　）。

A. 监事会成员必须全部由股东会选举产生

B. 监事会中必须有职工代表

C. 公司董事可以兼任监事

D. 监事会成员任期为 3 年，不得连选连任

5. 下列公司中不具有法人资格的是（　　）。

A. 母公司　　B. 子公司　　C. 总公司　　D. 分公司

6. 根据《公司法》的规定，下列人员中，可以担任有限责任公司监事的是（　　）。

A. 公司董事　　B. 公司股东

C. 公司财务负责人　　D. 公司经理

7. 有限责任公司的设立条件不包括（　　）。

A. 股东符合法定人数为 1～50 人

B. 有限责任公司的注册资本是 10 万元

C. 股东共同制定公司章程

D. 有公司的名称

8. 有限责任公司的权力机构是（　　）。

A. 工会　　B. 股东会　　C. 董事会　　D. 监事会

9. 股份有限公司的表决采用的是（　　）。

A. 每个股东拥有一项表决权　　B. 股东所持每一股份有一项表决权

C. 每个股东只有一项表决权　　D. 每个股东只有两项表决权

二、多项选择题

1. 下列属于我国《公司法》调整的公司类型有（　　）。

A. 有限责任公司　　B. 合伙企业

C. 个人独资企业　　D. 股份有限公司

2. 具有法人资格并且可以对外独立承担民事责任的公司有（　　）。

A. 某有限责任公司的分公司　　B. 某有限责任公司的子公司

C. 某股份有限公司　　D. 某有限责任公司

3. 关于有限责任公司股东向股东以外的人转让股权，下列说法正确的是（　　）。

A. 应当经其他股东过半数同意

B. 股东应就其股权转让事项书面通知其他股东征求同意

C. 其他股东半数以上不同意转让的，不同意转让的股东应当购买该转让的股权

D. 不同意又不购买的视为同意转让

4. 根据《公司法》的规定，公司的高级管理人员是指（　　）。

A. 经理　　B. 财务负责人

C. 副经理　　D. 上市公司董事会秘书

5. 根据公司法律制度的规定，某股份有限公司董事会由9名董事组成，下列情形中，能使董事会决议得以顺利通过的有（　　）。

A. 5名董事出席会议，一致同意　　B. 7名董事出席会议，4名同意

C. 5名董事出席会议，4名同意　　D. 9名董事出席会议，5名同意

6. 根据《公司法》的规定，有限责任公司下列人员中，可以提议召开股东会临时会议的有（　　）。

A. 总经理　　B. 董事长

C. 40%的董事　　D. 代表30%表决权的股东

7. 根据《公司法》的规定，有限责任公司股东会作出的下列决议中，必须经代表2/3以上表决权的股东通过的有（　　）。

A. 公司合并　　B. 公司解散

C. 公司拟转为股份有限公司　　D. 修改公司章程

三、案例分析题

1. 甲、乙、丙、丁等20人拟共同出资设立某有限责任公司，股东共同制定了公司章程。在公司章程中，对董事、监事会组成、股权转让规则等事项作了如下规定：（1）公司董事任期为4年；（2）公司设立监事会，监事会成员为7人，其中包括2名职工代表；（3）股东向股东以外的人转让股权，必须经其他股东2/3以上同意。

请依据《公司法》的规定，回答下列问题：

（1）公司章程中关于董事任期的规定是否合法？为什么？

（2）公司章程中关于监事会职工代表人数的规定是否合法？为什么？

（3）公司章程中关于股权转让的规定是否合法？为什么？

2. 甲、乙、丙、丁、戊拟发起设立某股份有限公司，初步拟订的公司章程包括以下内容：第一，公司注册资本100万元。其中，甲以货币出资50万元，乙以实物作价出资20万元，丙以其专利技术作价出资10万元，丁以厂房作价出资10万元，戊以劳务作价出资10万元。第二，公司不设董事会，由甲任执行董事，乙担任经理；公司不设监事会，

由乙兼任公司的监事。第三，股东大会应当每年召开一次年会，会议由执行董事召集和主持，执行董事不能召集和主持的，经理应当负责召集和主持。

问题：

(1) 甲、乙、丙、丁、戊的出资是否符合《公司法》的规定？为什么？

(2) 公司的组织机构设置是否符合《公司法》的规定？为什么？

(3) 股东大会会议召集制度是否符合《公司法》的规定？为什么？

四、实训题

参考以下格式，拟订一份有限责任公司章程。

________有限责任公司章程

第一章　总　　则

第一条　依据《中华人民共和国公司法》（以下简称《公司法》）及有关法律、法规的规定，由____________等________方共同出资，设立__________有限责任公司（以下简称公司），特制定本章程。

第二条　本章程中的各项条款与法律、法规、规章不符的，以法律、法规、规章的规定为准。

第二章　公司名称和住所

第三条　公司名称：____________________。

第四条　住所：____________________。

第三章　公司经营范围

第五条　公司经营范围：

第四章　公司注册资本及股东的姓名（名称）、出资方式、出资额、出资时间

第六条　公司注册资本：________万元。

第七条　股东的姓名（名称）、认缴的出资额、出资时间、出资方式如下表所示：

股东姓名或名称	认缴情况		首次缴付			第二次缴付		
	出资数额	出资方式	出资数额	出资时间	出资方式	出资数额	出资时间	出资方式
合计								

第五章　公司的机构及其产生办法、职权、议事规则

第八条　股东会由全体股东组成，是公司的权力机构，行使下列职权：

（一）决定公司的经营方针和投资计划；

（二）选举和更换非由职工代表担任的董事、监事，决定有关董事、监事的报酬事项；

（三）审议批准董事会（或执行董事）的报告；

（四）审议批准监事会或监事的报告；

（五）审议批准公司的年度财务预算方案、决算方案；

（六）审议批准公司的利润分配方案和弥补亏损的方案；

（七）对公司增加或者减少注册资本作出决议；

（八）对发行公司债券作出决议；

（九）对公司合并、分立、解散、清算或者变更公司形式作出决议；

（十）修改公司章程；

（十一）其他职权。（注：由股东自行确定，如股东不作具体规定应将此条删除）

第九条　股东会的首次会议由出资最多的股东召集和主持。

第十条　股东会会议由股东按照出资比例行使表决权。（注：此条可由股东自行确定按照何种方式行使表决权）

第十一条　股东会会议分为定期会议和临时会议。

召开股东会会议，应当于会议召开十五日以前通知全体股东。（注：此条可由股东自行确定时间）

定期会议________召开。代表十分之一以上表决权的股东，三分之一以上的董事，监事会或者监事（不设监事会时）提议召开临时会议的，应当召开临时会议。

第十二条　股东会会议由董事会召集，董事长主持；董事长不能履行职务或者不履行职务的，由副董事长主持；副董事长不能履行职务或者不履行职务的，由半数以上董事共同推举一名董事主持。（注：有限责任公司不设董事会的，股东会会议由执行董事召集和主持）

董事会或者执行董事不能履行或者不履行召集股东会会议职责的，由监事会或者不设监事会的公司的监事召集和主持；监事会或者监事不召集和主持的，代表十分之一以上表决权的股东可以自行召集和主持。

第十三条　股东会会议作出修改公司章程、增加或者减少注册资本的决议，以及公司合并、分立、解散或者变更公司形式的决议，必须经代表三分之二以上表决权的股东通过。（注：股东会的其他议事方式和表决程序可由股东自行确定）

第十四条　公司设董事会，成员为________人，由________产生。董事任期________年，任期届满，可连选连任。

董事会设董事长一人，副董事长________人，由________产生。（注：股东自行确定董事长、副董事长的产生方式）

第十五条　董事会（或者执行董事）行使下列职权：

（一）负责召集股东会，并向股东会议报告工作；

（二）执行股东会的决议；

（三）审定公司的经营计划和投资方案；

（四）制定公司的年度财务预算方案、决算方案；

（五）制定公司的利润分配方案和弥补亏损方案；

（六）制定公司增加或者减少注册资本以及发行公司债券的方案；

（七）制定公司合并、分立、变更公司形式、解散的方案；

（八）决定公司内部管理机构的设置；

（九）决定聘任或者解聘公司经理及其报酬事项，并根据经理的提名决定聘任或者解聘公司副经理、财务负责人及其报酬事项；

（十）制定公司的基本管理制度；

（十一）其他职权。（注：由股东自行确定，如股东不作具体规定应将此条删除）

（注：股东人数较少或者规模较小的有限责任公司，可以设一名执行董事，不设董事会。执行董事的职权由股东自行确定）

第十六条　董事会会议由董事长召集和主持；董事长不能履行职务或者不履行职务的，由副董事长召集和主持；副董事长不能履行职务或者不履行职务的，由半数以上董事共同推举一名董事召集和主持。

第十七条　董事会决议的表决，实行一人一票。

董事会的议事方式和表决程序。（注：由股东自行确定）

第十八条　公司设经理，由董事会决定聘任或者解聘。经理对董事会负责，行使下列职权：

（一）主持公司的生产经营管理工作，组织实施董事会决议；

（二）组织实施公司年度经营计划和投资方案；

（三）拟订公司内部管理机构设置方案；

（四）拟订公司的基本管理制度；

（五）制定公司的具体规章；

（六）提请聘任或者解聘公司副经理、财务负责人；

（七）决定聘任或者解聘除应由董事会决定聘任或者解聘以外的负责管理人员；

（八）董事会授予的其他职权。（注：由股东自行确定，如股东不作具体规定应将此条删除）

经理列席董事会会议。

第十九条　公司设监事会，成员________人，监事会设主席一人，由全体监事过半数选举产生。监事会中股东代表监事与职工代表监事的比例为________：________。（注：由股东自行确定，但其中职工代表的比例不得低于三分之一）

监事的任期每届为三年，任期届满，可连选连任。（注：股东人数较少或者规模较小的有限责任公司可以设一至二名监事）

第二十条　监事会（或者监事）行使下列职权：

（一）检查公司财务；

（二）对董事、高级管理人员执行公司职务的行为进行监督，对违反法律、行政法规、公司章程或者股东会决议的董事、高级管理人员提出罢免的建议；

（三）当董事、高级管理人员的行为损害公司的利益时，要求董事、高级管理人员予以纠正；

（四）提议召开临时股东会会议，在董事会不履行《公司法》规定的召集和主持股东会会议职责时召集和主持股东会会议；

（五）向股东会会议提出提案；

（六）依照《公司法》第一百五十二条的规定，对董事、高级管理人员提起诉讼；

（七）其他职权。（注：由股东自行确定，如股东不作具体规定应将此条删除）

监事可以列席董事会会议。

第二十一条　监事会每年度至少召开一次会议，监事可以提议召开临时监事会会议。

第二十二条　监事会决议应当经半数以上监事通过。

监事会的议事方式和表决程序。（注：由股东自行确定）

第六章　公司的法定代表人

第二十三条　董事长为公司的法定代表人（注：也可是执行董事或经理），任期________年，由________选举产生，任期届满，可连选连任。（注：由股东自行确定）

第七章　股东会会议认为需要规定的其他事项

第二十四条　股东之间可以相互转让其部分或全部出资。

第二十五条　股东向股东以外的人转让股权，应当经其他股东过半数同意。股东应就其股权转让事项书面通知其他股东征求同意，其他股东自接到书面通知之日起满三十日未答复的，视为同意转让。其他股东半数以上不同意转让的，不同意的股东应当购买该转让的股权；不购买的，视为同意转让。

经股东同意转让的股权，在同等条件下，其他股东有优先购买权。两个以上股东主张行使优先购买权的，协商确定各自的购买比例；协商不成的，按照转让时各自的出资比例行使优先购买权。

（注：以上内容亦可由股东另行确定股权转让的办法）

第二十六条　公司的营业期限________年，自公司营业执照签发之日起计算。

第二十七条　有下列情形之一的，公司清算组应当自公司清算结束之日起30日内向原公司登记机关申请注销登记：

（一）公司被依法宣告破产；

（二）公司章程规定的营业期限届满或者公司章程规定的其他解散事由出现，但公司通过修改公司章程而存续的除外；

（三）股东会决议解散；

（四）依法被吊销营业执照、责令关闭或者被撤销；

（五）人民法院依法予以解散；

（六）法律、行政法规规定的其他解散情形。

（注：本章节内容除上述条款外，股东可根据《公司法》的有关规定，将认为需要记载的其他内容一并列明）

第八章　附　　则

第二十八条　公司登记事项以公司登记机关核定的为准。

第二十九条　本章程一式________份，并报公司登记机关一份。

全体股东签字、盖公章：

年　　月　　日

第四章
证券法

2019 年 12 月 28 日第十三届全国人民代表大会常务委员会第十五次会议第二次修订的《证券法》于 2020 年 3 月 1 日正式实施，全面推行证券发行注册制度，注册制终将会成为中国证券发行的未来。这一变化影响深远，有利于中国证券市场的成熟发展，说明了国家对于证券发行制度改革的决心和魄力。

第一节 证券法概述

学习目标

- 理解证券法的概念。
- 熟悉《证券法》的适用对象。
- 掌握证券法的基本原则并能分析相关问题。

案例导入

某股份有限公司的股票2007年在上海证券交易所上市交易。2019年，为扩大经营规模，该公司拟通过上海证券交易所发行可转换公司债券。

问题：该公司在境内发行可转换公司债券是否适用我国《证券法》的规定？

一、证券法的概念

证券法有广义和狭义之分。广义的证券法，是指调整证券经营关系和证券监管关系的法律规范的总和，包括证券法律、证券行政法规、证券地方性法规、证券司法解释等。

狭义的证券法，是指证券基本法律，即《中华人民共和国证券法》（以下简称《证券法》）。《证券法》于1998年12月29日由第九届全国人民代表大会常务委员会第六次会议通过，自1999年7月1日起施行。以后经过2004年、2005年、2013年、2014年、2019年五次修改。第五次修改后的《证券法》自2020年3月1日起施行。

二、《证券法》的适用对象

证券的范围非常广泛，各国证券法所适用的证券种类差别较大。我国《证券法》第2条规定了该法的适用对象：

（1）在中华人民共和国境内，股票、公司债券、存托凭证和国务院依法认定的其他证券的发行和交易，适用《证券法》；《证券法》未规定的，适用《公司法》和其他法律、行政法规的规定。存托凭证是指由存托人签发、以境外证券为基础在中国境内发行、代表境外基础证券权益的证券。

（2）政府债券、证券投资基金份额的上市交易，适用《证券法》；其他法律、行政法规另有规定的，适用其规定。政府债券，是指政府为了筹集财政资金或者建设资金，按照一定程序向社会公众发行的债券。证券投资基金份额，是指由基金托管人托管、由基金管理人管理和运用、用于证券投资的基金份额。

（3）资产支持证券、资产管理产品发行、交易的管理办法，由国务院依照《证券法》原则规定。资产支持证券是指由银行业金融机构作为发起机构，将信贷资产信托给受托机构，由受托机构发行的，以该财产所产生的现金支付其收益的收益证券。资产管理产品，是获得监管机构批准的公募基金管理公司或证券公司，向特定客户募集资金或者接受特定客户财产委托担任资产管理人，由托管机构担任资产托管人，为资产委托人的利益，运用委托财产进行投资的一种标准化金融产品。

（4）在中华人民共和国境外的证券发行和交易活动，扰乱中华人民共和国境内市场秩序，损害境内投资者合法权益的，依照《证券法》有关规定处理并追究法律责任。

三、证券法的基本原则

1. 公开、公平、公正原则

证券的发行、交易活动，必须实行公开、公平、公正的原则。

2. 自愿、有偿、诚实信用原则

证券发行、交易活动的当事人具有平等的法律地位，应当遵循自愿、有偿、诚实信用的原则。

3. 守法原则

证券的发行、交易活动，必须遵守法律、行政法规；禁止欺诈、内幕交易和操纵证券市场的行为。

4. 分业经营、分业管理原则

证券业和银行业、信托业、保险业实行分业经营、分业管理，证券公司与银行、信托、保险业务机构分别设立，国家另有规定的除外。

5. 集中统一监管原则

国务院证券监督管理机构依法对全国证券市场实行集中统一监督管理。国务院证券监督管理机构根据需要可以设立派出机构，按照授权履行监督管理职责。

案例思考4-1

甲、乙、丙均为某上市公司的股东，持有公司大量股票，同时，他们还都是公司的高级管理人员。2019 年 6 月，该公司在经营活动中巨额货款被骗，损失惨重，但根据甲、乙、丙的指示，公司在中期报告中未予披露。同年 9 月，甲、乙、丙将所持有的本公司股票的大部分卖出，平均价格为每股 25 元左右。同年 10 月，该公司向中国证监会和证券交易所提交的临时报告中披露了货款被骗事件，公司股票骤然降到每股 17 元左右。

问题：甲、乙、丙的行为违反了《证券法》的哪些原则？

第二节 证券发行

学习目标

- 理解证券发行的概念和分类。

- 熟悉证券发行的基本制度。
- 掌握股票和公司债券的发行。
- 具有分析和解决证券发行的初步能力。

案例导入

某科技股份有限公司有自己的核心技术，但因研发投资很大，近3年都处于亏损状态。为了公司的发展，该公司打算首次在科创板发行股票并上市。

问题：该公司能在科创板首次公开发行股票吗？

一、证券发行的概念和分类

证券发行是指证券发行人按照一定程序将证券出售给投资者或者无偿提供给原有股东的行为。由于发行的证券是初次面市，因此证券发行市场被称为“一级市场”，与此相对应，证券交易市场被称为“二级市场”，二者互为联系，相辅相成。

根据发行对象的不同，证券发行分为公开发行和非公开发行。公开发行是指向公众发行证券。非公开发行是指向少数特定投资者发行证券。《证券法》第10条规定，有下列情形之一的，为公开发行：（1）向不特定对象发行证券的；（2）向特定对象发行证券累计超过200人的，但依法实施员工持股计划的员工人数不计算在内；（3）法律、行政法规规定的其他发行行为。非公开发行证券，不得采用广告、公开劝诱和变相公开方式。

根据发行方式的不同，证券发行分为直接发行和间接发行。直接发行也叫自办发行，是指发行人不通过中介机构而由自己办理证券发行事宜的行为。间接发行是指发行人委托承销机构办理证券发行事宜的行为。《证券法》第26条规定：“发行人向不特定对象发行的证券，法律、行政法规规定应当由证券公司承销的，发行人应当同证券公司签订承销协议。证券承销业务采取代销或者包销方式。证券代销是指证券公司代发行人发售证券，在承销期结束时，将未售出的证券全部退还给发行人的承销方式。证券包销是指证券公司将发行人的证券按照协议全部购入或者在承销期结束时将售后剩余证券全部自行购入的承销方式。”

二、证券发行的基本制度

（一）注册制度

注册制度是指证券主管机关只负责审查证券发行申请人提供的与证券发行有关的信息和资料是否履行了信息披露义务，至于其拟公开发行证券的投资价值和风险由投资者自己判断的的一种制度。《证券法》第9条规定，公开发行证券，必须符合法律、行政法规规定的条件，并依法报经国务院证券监督管理机构或者国务院授权的部门注册。未经依法注册，任何单位和个人不得公开发行证券。证券发行注册制的具体范围、实施步骤，由国务院规定。

（二）保荐人制度

保荐人制度，是指证券发行人申请证券发行、上市交易，必须聘请依法取得保荐资格的保荐人为其出具保荐意见，确认其证券符合发行的制度。目的是通过保荐人对上市公司进行质量控制，督导其规范运作，保证证券的公开发行和交易符合法定条件，保护投资者权益。《证券法》第 10 条规定：“发行人申请公开发行股票、可转换为股票的公司债券，依法采取承销方式的，或者公开发行法律、行政法规规定实行保荐制度的其他证券的，应当聘请具有保荐资格的机构担任保荐人。保荐人应当遵守业务规则和行业规范，诚实守信，勤勉尽责，对发行人的申请文件和信息披露资料进行审慎核查，督导发行人规范运作。保荐人的资格及其管理办法由国务院证券监督管理机构规定。”

阅读资料

稳步推进证券公开发行注册制

2020 年 2 月 29 日国务院办公厅《关于贯彻实施修订后的证券法有关工作的通知》指出：证监会要会同有关方面依据修订后的《证券法》和《关于在上海证券交易所设立科创板并试点注册制的实施意见》的规定，进一步完善科创板相关制度规则，提高注册审核透明度，优化工作程序。研究制定在深圳证券交易所创业板试点股票公开发行注册制的总体方案，并及时总结科创板、创业板注册制改革经验，积极创造条件，适时提出在证券交易所其他板块和国务院批准的其他全国性证券交易场所实行股票公开发行注册制的方案。相关方案经国务院批准后实施。在证券交易所有关板块和国务院批准的其他全国性证券交易场所的股票公开发行实行注册制前，继续实行核准制，适用本次证券法修订前股票发行核准制度的规定。依据修订后的《证券法》规定，公开发行公司债券应当依法经证监会或者国家发展改革委注册。依法由证监会负责作出注册决定的公开发行公司债券申请，由证监会指定的证券交易所负责受理、审核。依法由国家发展改革委负责作出注册决定的公开发行公司债券申请，由国家发展改革委指定的机构负责受理、审核。

三、股票的发行

按照发行目的的不同，股票发行分为设立发行和增资发行。设立发行，是指为设立股份有限公司而发行股票。增资发行也叫新股发行，是指股份有限公司成立后为增加资本而发行股票。

设立股份有限公司公开发行股票，应当符合《公司法》规定的条件和经国务院批准的国务院证券监督管理机构规定的其他条件。

公司首次公开发行新股，应当符合下列条件：（1）具备健全且运行良好的组织机构；（2）具有持续经营能力；（3）最近 3 年财务会计报告被出具无保留意见审计报告；（4）发行人及其控股股东、实际控制人最近 3 年不存在贪污、贿赂、侵占财产、挪用财产或者破坏社会主义市场经济秩序的刑事犯罪；（5）经国务院批准的国务院证券监督管理机构规定的其他条件。

上市公司发行新股，应当符合经国务院批准的国务院证券监督管理机构规定的条件，具体管理办法由国务院证券监督管理机构规定。

公开发行存托凭证的，应当符合首次公开发行新股的条件以及国务院证券监督管理机构规定的其他条件。

公司对公开发行股票所募集资金，必须按照招股说明书所列资金用途使用。改变招股说明书所列资金用途，必须经股东大会作出决议。擅自改变用途而未作纠正的，或者未经股东大会认可的，不得公开发行新股。

四、公司债券的发行

公开发行公司债券，应当符合下列条件：

（1）具备健全且运行良好的组织机构；（2）最近3年平均可分配利润足以支付公司债券一年的利息；（3）国务院规定的其他条件。

公开发行公司债券筹集的资金，必须按照公司债券募集办法所列资金用途使用；改变资金用途，必须经债券持有人会议作出决议。公开发行公司债券筹集的资金，不得用于弥补亏损和非生产性支出。

上市公司发行可转换为股票的公司债券，除应当符合公开发行公司债券的条件外，还应当符合上市公司发行新股的条件。但是，按照公司债券募集办法，上市公司通过收购本公司股份的方式进行公司债券转换的除外。

有下列情形之一的，不得再次公开发行公司债券：（1）对已公开发行的公司债券或者其他债务有违约或者延迟支付本息的事实，仍处于继续状态；（2）违反《证券法》规定，改变公开发行公司债券所募资金的用途。

案例思考4-2

2020年4月，某有限责任公司的净资产为5 000万元，为补充流动资金的不足，该公司打算公开发行公司债券。

问题：该公司能公开发行公司债券吗？

第三节 证券交易

学习目标

- 理解证券交易的概念和分类。
- 熟悉证券交易的一般规定、信息披露。
- 掌握证券上市、禁止的交易行为。
- 了解上市公司收购。
- 具有证券交易的基本能力。

案例导入

甲上市公司副总经理乙买入该公司部分股票，在买入后两个月内卖出，获利30万元，该公司董事会知道后要求乙将获利交给公司，遭乙拒绝。

问题：公司收回乙的收益是否合法？

一、证券交易的概念和分类

证券交易是指证券的合法持有人对已经依法发行的证券有偿转让给其他投资者的行为。

根据证券交易场所的不同，证券交易分为场内交易和场外交易。场内交易是指通过证券交易所进行的证券交易。场外交易是指在证券交易所之外进行的证券交易，如在全国中小企业股份转让系统进行股票交易。

二、证券交易的一般规定

（一）证券交易的对象

证券交易当事人依法买卖的证券，必须是依法发行并交付的证券。非依法发行的证券，不得买卖。

（二）证券交易的限制性规定

（1）依法发行的证券，法律对其转让期限有限制性规定的，在限定的期限内不得买卖。

（2）证券交易所、证券公司和证券登记结算机构的从业人员、证券监督管理机构的工作人员以及法律、行政法规禁止参与股票交易的其他人员，在任期或者法定期限内，不得直接或者以化名、借他人名义持有、买卖股票或者其他具有股权性质的证券，也不得收受他人赠送的股票或者其他具有股权性质的证券。任何人在成为前述人员时，其原已持有的股票或者其他具有股权性质的证券，必须依法转让。实施股权激励计划或者员工持股计划的证券公司的从业人员，可以按照国务院证券监督管理机构的规定持有、卖出本公司股票或者其他具有股权性质的证券。

（3）为证券发行出具审计报告、资产评估报告或者法律意见书等文件的证券服务机构和人员，在该证券承销期内和期满后6个月内，不得买卖该种证券。除前述规定外，为发行人及其控股股东、实际控制人，或者收购人、重大资产交易方出具审计报告或者法律意见书等文件的证券服务机构和人员，自接受委托之日起至前述文件公开后5日内，不得买卖该证券。实际开展前述有关工作之日早于接受委托之日的，自实际开展前述有关工作之日起至前述文件公开后5日内，不得买卖该证券。

（4）上市公司、股票在国务院批准的其他全国性证券交易场所交易的公司持有上市公司股份5%以上的股东、董事、监事、高级管理人员，将其持有的该公司的股票或者其他具有股权性质的证券在买入后6个月内卖出，或者在卖出后6个月内又买入，由此所得收益归该公司所有，公司董事会应当收回其所得收益。但是，证券公司因包销购入售后剩余股票而持有5%以上股份，以及有国务院证券监督管理机构规定的其他情形的除外。前述所称董事、监事、高级管理人员、自然人股东持有的股票或者其他具有股权性质的证券，包括其配偶、父母、子女持有的及利用他人账户持有的股票或者其他具有股权性质的证券。

公司董事会不按照上述规定执行的，股东有权要求董事会在30日内执行。公司董事会未在该期限内执行的，股东有权为了公司的利益以自己的名义直接向人民法院提起诉讼。

公司董事会没有收回上述人员所得收益的，负有责任的董事依法承担连带责任。

三、证券上市

证券上市是指已依法发行的证券在证券交易所公开挂牌交易的行为。它是连接证券发行和证券交易的桥梁。

申请证券上市交易，应当向证券交易所提出申请，由证券交易所依法审核同意，并由双方签订上市协议。证券交易所根据国务院授权的部门的决定安排政府债券上市交易。

申请证券上市交易，应当符合证券交易所上市规则规定的上市条件。证券交易所上市规则规定的上市条件，应当对发行人的经营年限、财务状况、最低公开发行比例和公司治理、诚信记录等提出要求。

上市交易的证券，有证券交易所规定的终止上市情形的，由证券交易所按照业务规则终止其上市交易。证券交易所决定终止证券上市交易的，应当及时公告，并报国务院证券监督管理机构备案。

对证券交易所作出的不予上市交易、终止上市交易决定不服的，可以向证券交易所设立的复核机构申请复核。

四、信息披露

信息披露，是指证券发行人在证券发行前后依法或者自愿将其经营和财务信息予以披露，以供证券投资者作投资决策的制度。

（一）信息披露的内容

信息披露的内容主要包括发行报告、定期报告和临时报告。

1. 发行报告

证券发行申请经注册后，发行人应当依照法律、行政法规的规定，在证券公开发行前公告公开发行募集文件，并将该文件置备于指定场所供公众查阅。发行证券的信息依法公开前，任何知情人不得公开或者泄露该信息。发行人不得在公告公开发行募集文件前发行证券。

2. 定期报告

上市公司、公司债券上市交易的公司、股票在国务院批准的其他全国性证券交易场所交易的公司，应当按照国务院证券监督管理机构和证券交易场所规定的内容和格式编制定期报告，并按照以下规定报送和公告：(1) 在每一会计年度结束之日起 4 个月内，报送并公告年度报告，其中的年度财务会计报告应当经符合《证券法》规定的会计师事务所审计；(2) 在每一会计年度的上半年结束之日起 2 个月内，报送并公告中期报告。

3. 临时报告

发生可能对上市公司、股票在国务院批准的其他全国性证券交易场所交易的公司的股票交易价格产生较大影响的重大事件，投资者尚未得知时，公司应当立即将有关该重大事件的情况向国务院证券监督管理机构和证券交易场所报送临时报告，并予公告，说明事件的起因、目前的状态和可能产生的法律后果。该重大事件包括：(1) 公司的经营方针和经营范围的重大变化；(2) 公司的重大投资行为，公司在 1 年内购买、出售重大资产超过公司资产总额 30%，或者公司营业用主要资产的抵押、质押、出售或者报废一次超过该资产的百分之 30%；(3) 公司订立重要合同、提供重大担保或者从事关联交易，可能对公司的资产、负债、权益和经营成果产生重要影响；(4) 公司发生重大债务和未能清偿到期重大债务的违约情况；(5) 公司发生重大亏损或者重大损失；(6) 公司生产经营的外部条件发生的重大变化；(7) 公司的董事、1/3 以上监事或者经理发生变动，董事长或者经理无法履行职责；(8) 持有公司 5%以上股份的股东或者实际控制人持有股份或者控制公司的情况发生较大变化，公司的实际控制人及其控制的其他企业从事与公司相同或者相似业务的情况发生较大变化；(9) 公司分配股利、增资的计划，公司股权结构的重要变化，公司减资、合并、分立、解散及申请破产的决定，或者依法进入破产程序、被责令关闭；(10) 涉及公司的重大诉讼、仲裁，股东大会、董事会决议被依法撤销或者宣告无效；(11) 公司涉嫌犯罪被依法立案调查，公司的控股股东、实际控制人、董事、监事、高级管理人员涉嫌犯罪被依法采取强制措施；(12) 国务院证券监督管理机构规定的其他事项。公司的控股股东或者实际控制人对重大事件的发生、进展产生较大影响的，应当及时将其知悉的有关情况书面告知公司，并配合公司履行信息披露义务。

发生可能对上市交易公司债券的交易价格产生较大影响的重大事件，投资者尚未得知时，公司应当立即将有关该重大事件的情况向国务院证券监督管理机构和证券交易场所报送临时报告，并予公告，说明事件的起因、目前的状态和可能产生的法律后果。该重大事件包括：(1) 公司股权结构或者生产经营状况发生重大变化；(2) 公司债券信用评级发生变化；(3) 公司重大资产抵押、质押、出售、转让、报废；(4) 公司发生未能清偿到期债务的情况；(5) 公司新增借款或者对外提供担保超过上年末净资产的 20%；(6) 公司放弃债权或者财产超过上年末净资产的 10%；(7) 公司发生超过上年末净资产 10%的重大损失；(8) 公司分配股利，作出减资、合并、分立、解散及申请破产的决定，或者依法进入破产程序、被责令关闭；(9) 涉及公司的重大诉讼、仲裁；(10) 公司涉嫌犯罪被依法立案调查，公司的控股股东、实际控制人、董事、监事、高级管理人员涉嫌犯罪被依法采取强制措施；(11) 国务院证券监督管理机构规定的其他事项。

（二）信息披露的基本要求和民事责任

(1) 发行人及法律、行政法规和国务院证券监督管理机构规定的其他信息披露义务人，应当及时依法履行信息披露义务。信息披露义务人披露的信息，应当真实、准确、完整，简明清晰，通俗易懂，不得有虚假记载、误导性陈述或者重大遗漏。证券同时在境内境外公开发行、交易的，其信息披露义务人在境外披露的信息，应当在境内同时披露。

（2）依法披露的信息，应当在证券交易场所的网站和符合国务院证券监督管理机构规定条件的媒体发布，同时将其置备于公司住所、证券交易场所，供社会公众查阅。

（3）信息披露义务人未按照规定披露信息，或者公告的证券发行文件、定期报告、临时报告及其他信息披露资料存在虚假记载、误导性陈述或者重大遗漏，致使投资者在证券交易中遭受损失的，信息披露义务人应当承担赔偿责任；发行人的控股股东、实际控制人、董事、监事、高级管理人员和其他直接责任人员以及保荐人、承销的证券公司及其直接责任人员，应当与发行人承担连带赔偿责任，但是能够证明自己没有过错的除外。

（三）信息披露的监管

国务院证券监督管理机构对信息披露义务人的信息披露行为进行监督管理。

证券交易场所应当对其组织交易的证券的信息披露义务人的信息披露行为进行监督，督促其依法及时、准确地披露信息。

五、禁止的交易行为

《证券法》禁止的交易行为主要有内幕交易、利用未公开信息进行交易、操纵证券市场、扰乱证券市场和欺诈客户。

（一）内幕交易

内幕交易，是指证券交易内幕信息的知情人和非法获取内幕信息的人，在内幕信息公开前，买卖相关证券，或者泄露该信息，或者建议他人买卖该证券。

证券交易内幕信息的知情人包括：（1）发行人的董事、监事、高级管理人员；（2）持有公司5%以上股份的股东及其董事、监事、高级管理人员，公司的实际控制人及其董事、监事、高级管理人员；（3）发行人控股的公司及其董事、监事、高级管理人员；（4）由于所任公司职务或者因与公司业务往来可以获取公司有关内幕信息的人员；（5）上市公司收购人或者重大资产交易方及其控股股东、实际控制人、董事、监事和高级管理人员；（6）因职务、工作可以获取内幕信息的证券交易场所、证券公司、证券登记结算机构、证券服务机构的有关人员；（7）因职责、工作可以获取内幕信息的证券监督管理机构工作人员；（8）因法定职责对证券的发行、交易或者对上市公司及其收购、重大资产交易进行管理可以获取内幕信息的有关主管部门、监管机构的工作人员；（9）国务院证券监督管理机构规定的可以获取内幕信息的其他人员。

证券交易活动中，涉及发行人的经营、财务或者对该发行人证券的市场价格有重大影响的尚未公开的信息，为内幕信息。依照《证券法》规定应当临时报告的重大事件属于内幕信息。

持有或者通过协议、其他安排与他人共同持有公司5%以上股份的自然人、法人、非法人组织收购上市公司的股份，《证券法》另有规定的，适用其规定。

内幕交易行为给投资者造成损失的，应当依法承担赔偿责任。

（二）利用未公开信息进行交易

利用未公开信息进行交易，是指证券交易场所、证券公司、证券登记结算机构、证券服务机构和其他金融机构的从业人员、有关监管部门或者行业协会的工作人员，利用因职务便利获取的内幕信息以外的其他未公开的信息，违反规定，从事与该信息相关的证券交易活动，或者明示、暗示他人从事相关交易活动。

利用未公开信息进行交易给投资者造成损失的，应当依法承担赔偿责任。

（三）操纵证券市场

操纵证券市场，是指操纵人采用不正当手段，影响或者意图影响证券交易价格或者证券交易量，以诱导证券投资者盲目进行证券买卖，从而为自己谋取利益或者转嫁风险的行为。

以下列手段操纵证券市场，影响或者意图影响证券交易价格或者证券交易量的，为操纵证券市场行为：（1）单独或者通过合谋，集中资金优势、持股优势或者利用信息优势联合或者连续买卖；（2）与他人串通，以事先约定的时间、价格和方式相互进行证券交易；（3）在自己实际控制的账户之间进行证券交易；（4）不以成交为目的，频繁或者大量申报并撤销申报；（5）利用虚假或者不确定的重大信息，诱导投资者进行证券交易；（6）对证券、发行人公开作出评价、预测或者投资建议，并进行反向证券交易；（7）利用在其他相关市场的活动操纵证券市场；（8）操纵证券市场的其他手段。

操纵证券市场行为给投资者造成损失的，应当依法承担赔偿责任。

（四）扰乱证券市场

扰乱证券市场，是指编造、传播虚假信息或者误导性信息，扰乱证券市场的行为。

扰乱证券市场行为包括：（1）证券交易场所、证券公司、证券登记结算机构、证券服务机构及其从业人员，证券业协会、证券监督管理机构及其工作人员，在证券交易活动中作出虚假陈述或者信息误导；（2）传播媒介传播误导性证券市场信息；（3）其他单位或者个人编造、传播虚假信息或者误导性信息，扰乱证券市场。

编造、传播虚假信息或者误导性信息，扰乱证券市场，给投资者造成损失的，应当依法承担赔偿责任。

（五）欺诈客户

欺诈客户，是指证券公司及其从业人员从事违背客户真实意愿，损害客户利益的行为。

欺诈客户行为包括：（1）违背客户的委托为其买卖证券；（2）不在规定时间内向客户提供交易的书面确认文件；（3）未经客户的委托，擅自为客户买卖证券，或者假借客户的名义买卖证券；（4）为牟取佣金收入，诱使客户进行不必要的证券买卖；（5）其他违背客户真实意思表示，损害客户利益的行为。

欺诈客户行为给客户造成损失的，应当依法承担赔偿责任。

六、上市公司收购

（一）上市公司收购概述

上市公司收购，是指投资者通过购买一个上市公司的股份，以获得或者巩固对该上市公司控制权的行为。

上市公司收购，对于优化资源配置、完善公司法人治理结构具有重要意义。

投资者可以采取要约收购、协议收购及其他合法方式收购上市公司。

（二）要约收购

要约收购，是指收购人通过向目标公司的所有股东发出收购要约的方式进行收购。收购要约是收购人向目标公司股东发出的、愿意按照要约条件购买其所持有的上市公司股票的单方意思表示。

1. 大额持股报告制度

通过证券交易所的证券交易，投资者持有或者通过协议、其他安排与他人共同持有一个上市公司已发行的股份达到5%后，应当在该事实发生之日起3日内，向国务院证券监督管理机构、证券交易所作出书面报告，通知该上市公司，并予公告；在前述期限内，不得再行买卖该上市公司的股票，但国务院证券监督管理机构规定的情形除外。

投资者持有或者通过协议、其他安排与他人共同持有一个上市公司已发行的股份达到5%后，其所持该上市公司已发行的股份比例每增加或者减少5%，应当依照上述规定进行报告和公告。在该事实发生之日起至公告后3日内，不得再行买卖该上市公司的股票，但国务院证券监督管理机构规定的情形除外。

投资者持有或者通过协议、其他安排与他人共同持有一个上市公司已发行的有表决权股份达到百分之五后，其所持该上市公司已发行的有表决权股份比例每增加或者减少1%，应当在该事实发生的次日通知该上市公司，并予公告。

违反上述规定买入上市公司有表决权的股份的，在买入后的36个月内，对该超过规定比例部分的股份不得行使表决权。

依照上述规定所作的公告，应当包括下列内容：（1）持股人的名称、住所；（2）持有的股票的名称、数额；（3）持股达到法定比例或者持股增减变化达到法定比例的日期、增持股份的资金来源；（4）在上市公司中拥有表决权的股份变动的时间及方式。

2. 持股30%时的强制要约收购

投资者可以自愿发出收购要约，但通过证券交易所的证券交易，投资者持有或者通过协议、其他安排与他人共同持有一个上市公司已发行的股份达到30%时，继续进行收购的，应当依法向该上市公司所有股东发出收购上市公司全部或者部分股份的要约。

收购上市公司部分股份的收购要约应当约定，被收购公司股东承诺出售的股份数额超过预定收购的股份数额的，收购人按比例进行收购。

发出收购要约，收购人必须公告上市公司收购报告书，并载明下列事项：（1）收购人的名称、住所；（2）收购人关于收购的决定；（3）被收购的上市公司名称；（4）收购目的；（5）收购股份的详细名称和预定收购的股份数额；（6）收购期限、收购价格；（7）收购所需资金额及资金保证；（8）公告上市公司收购报告书时持有被收购公司股份数占该公司已发行的股份总数的比例。

3. 要约收购期限和收购条件

收购要约约定的收购期限不得少于30日，并不得超过60日。在收购要约确定的承诺期限内，收购人不得撤销其收购要约。收购人需要变更收购要约的，必须及时公告，载明具体变更事项，且不得存在下列情形：（1）降低收购价格；（2）减少预定收购股份数额；（3）缩短收购期限；（4）国务院证券监督管理机构规定的基他情形。

收购要约提出的各项收购条件，适用于被收购公司的所有股东。上市公司发行不同种类股份的，收购人可以针对不同种类股份提出不同的收购条件。

4. 收购期限内收购人买卖股票的限制

采取要约收购方式的，收购人在收购期限内，不得卖出被收购公司的股票，也不得采取要约规定以外的形式和超出要约的条件买入被收购公司的股票。

案例思考4-3

甲、乙公司为丙公司的控股子公司。甲、乙通过证券交易所的证券交易分别持有丁上市公司（其股本总额为39亿元）2%、3%的股份。甲、乙在法定期限内向中国证监会和证券交易所报告其持股比例后，依法继续在证券交易所进行交易。当分别持有丁上市公司股份10%、20%时，甲、乙决定为终止丁上市公司的上市地位而进行全面要约收购，收购要约约定的收购期限为40日。

问题：收购要约约定的收购期限是否符合规定？请说明理由。

（三）协议收购

协议收购是指收购人通过与目标公司股东进行私下协商的方式进行的收购。

1. 协议收购的报告和公告

以协议方式收购上市公司时，达成协议后，收购人必须在3日内将该收购协议向国务院证券监督管理机构及证券交易所作出书面报告，并予公告。在公告前不得履行收购协议。

2. 股份保管和资金存放

采取协议收购方式的，协议双方可以临时委托证券登记结算机构保管协议转让的股票，并将资金存放于指定的银行。

3. 协议收购转要约收购

采取协议收购方式的，收购人收购或者通过协议、其他安排与他人共同收购一个上市公司已发行的股份达到30%时，继续进行收购的，应当向该上市公司所有股东发出收购上市公司全部或者部分股份的要约。但是，经国务院证券监督管理机构免除发出要约的除外。

（四）收购完成后的要求

1. 终止上市

收购期限届满，被收购公司股权分布不符合上市条件的，该上市公司的股票应当由证券交易所依法终止上市交易；其余仍持有被收购公司股票的股东，有权向收购人以收购要约的同等条件出售其股票，收购人应当收购。

2. 变更企业形式

收购行为完成后，被收购公司不再具备股份有限公司条件的，应当依法变更企业形式。

3. 股票转让限制

在上市公司收购中，收购人持有的被收购的上市公司的股票，在收购行为完成后的18个月内不得转让。

4. 更换股票

收购行为完成后，收购人与被收购公司合并，并将该公司解散的，被解散公司的原有股票由收购人依法更换。

5. 报告和公告收购情况

收购行为完成后，收购人应当在15日内将收购情况报告国务院证券监督管理机构和证券交易所，并予公告。

阅读资料

“A吃A”重现！江西铜业并购恒邦股份“一石二鸟”

继年初收购烟台国兴铜业65%股权之后，江西铜业又看上了山东的另一家企业，这回是一家A股上市公司。

3月4日晚，江西铜业以及恒邦股份双双发布公告称，江西铜业将斥资29.76亿元收购恒邦股份29.99%股权。交易完成后，江西铜业将成为恒邦股份控股股东，江西省国资委将成为恒邦股份实际控制人。

这是近半年内A股市场出现的第二起上市公司收购上市公司的“A吃A”案例。此前，在2018年底，顾家家居公告将斥资不低于13.8亿元收购喜临门的控股权。东北证券研究总监付立春表示，随着不同行业、不同上市公司之间的发展分化，可以预计这类案例在2019年还会出现。

根据江西铜业公告，其将通过协议转让的方式收购恒邦股份控股股东烟台恒邦集团有限公司（以下简称“恒邦集团”）、实际控制人王信恩及一致行动人王家好、张吉学和高正林合计持有的2.73亿股恒邦股份，约占恒邦股份总股本的29.99%。此次交易转让单价为10.90元/股，较恒邦股份停牌前股价溢价9%，合计转让价格为29.76亿元。

江西铜业表示，公司取得恒邦股份控制权后，将以恒邦股份作为江铜集团未来黄金板块的发展平台，将公司及江铜集团旗下优质的黄金板块资产注入公司。

恒邦股份主要从事黄金探采选、冶炼及化工生产，其2018年半年报显示，公司拥有7条冶炼生产线，具备年产黄金50吨、白银700吨的能力，在冶炼过程中副产硫酸的能力达到100万吨。

过去几年恒邦股份的业绩表现一直较为稳健。数据显示，2016年和2017年，恒邦股份实现归属于上市公司股东净利润分别为2.03亿元及3.6亿元。2018年，恒邦股份预计实现营业收入212亿元，同比增长7.21%；归属于上市公司股东净利润4.04亿元，同比增长1.49%。

不过，恒邦股份控股股东恒邦集团及实际控制人王信恩的股权质押比例都相对较高。公告显示，截至2018年12月26日，恒邦集团累计质押的公司股份占其所持有公司股份数的97.37%；截至今年1月5日，王信恩累计质押的公司股份占其所持有公司股份数的100%。今年1月，王信恩曾为其所持的部分公司股份办理了质押延期购回，将原本于1月份到期的股份质押延期至7月份。

有分析人士表示，此次交易可以说是“一石二鸟”——恒邦股份的控股股东和实控人可以借此获得流动性支持，而江西铜矿则能进行产业整合，完善产业布局。

资料来源：黎灵希．“A吃A”重现！江西铜业并购恒邦股份“一石二鸟”．上海证券报，2019-03-06.

第四节 证券机构

学习目标

- 掌握证券交易场所、证券公司的相关知识。
- 熟悉证券服务机构。
- 了解证券登记结算机构、证券业协会、证券监督管理机构。

案例导入

某证券投资咨询有限公司指导客户炒股，为了招揽业务，私下与客户约定盈亏分配比例为7∶3，即客户为70%，公司为30%。

问题：这样做合法吗？

一、证券交易所

（一）证券交易场所的概念

《证券法》所称证券交易场所，是指为证券交易提供场所和设施的证券交易所、国务院批准的其他全国性证券交易场所和按照国务院规定设立的区域性股权市场。

证券交易所、国务院批准的其他全国性证券交易场所为证券集中交易提供场所和设施，组织和监督证券交易，实行自律管理，依法登记，取得法人资格，其设立、变更和解散由国务院决定。

按照国务院规定设立的区域性股权市场为非公开发行证券的发行、转让提供场所和设施，具体管理办法由国务院规定。

（二）证券交易所的主要职责

证券交易所是为证券集中交易提供场所和设施，组织和监督证券交易，实行自律管理的法人。证券交易所的主要职责有：

（1）证券交易所依照证券法律、行政法规制定上市规则、交易规则、会员管理规则和其他有关规则，并报国务院证券监督管理机构批准。

（2）证券交易所应当为组织公平的集中交易提供保障，公布证券交易即时行情，并按交易日制作证券市场行情表，予以公布。未经证券交易所许可，任何单位和个人不得发布证券交易即时行情。

（3）因不可抗力、意外事件、重大技术故障、重大人为差错等突发性事件而影响证券交易正常进行时，为维护证券交易正常秩序和市场公平，证券交易所可以按照业务规则采取技术性停牌、临时停市等处置措施，并应当及时向国务院证券监督管理机构报告。因前述突发性事件导致证券交易结果出现重大异常，按交易结果进行交收将对证券交易正常秩序和市场公平造成重大影响的，证券交易所按照业务规则可以采取取消交易、通知证券登记结算机构暂缓交收等措施，并应当及时向国务院证券监督管理机构报告并公告。

证券交易所对其依照上述规定采取措施造成的损失，不承担民事赔偿责任，但存在重大过错的除外。

（4）证券交易所对证券交易实行实时监控，并按照国务院证券监督管理机构的要求，对异常的交易情况提出报告。证券交易所根据需要，可以对出现重大异常交易情况的证券账户限制交易，并报国务院证券监督管理机构备案。

（5）证券交易所应当加强对证券交易的风险监测，出现重大异常波动的，证券交易所可以按照业务规则采取限制交易、强制停牌等处置措施，并向国务院证券监督管理机构报告；严重影响证券市场稳定的，证券交易所可以按照业务规则采取临时停市等处置措施并公告。

证券交易所对其依照上述规定采取措施造成的损失，不承担民事赔偿责任，但存在重大过错的除外。

（三）证券交易的主要规则

（1）进入实行会员制的证券交易所参与集中交易的，必须是证券交易所的会员。证券交易所不得允许非会员直接参与股票的集中交易。

（2）投资者应当与证券公司签订证券交易委托协议，并在证券公司实名开立账户，以书面、电话、自助终端、网络等方式，委托该证券公司代其买卖证券。

（3）证券公司根据投资者的委托，按照证券交易规则提出交易申报，参与证券交易所场内的集中交易，并根据成交结果承担相应的清算交收责任；证券登记结算机构根据成交结果，按照清算交收规则，与证券公司进行证券和资金的清算交收，并为证券公司客户办理证券的登记过户手续。

(4) 按照依法制定的交易规则进行的交易，不得改变其交易结果，但因突发性事件证券交易所按照业务规则采取取消交易、通知证券登记结算机构暂缓交收等措施的除外。对交易中违规交易者应负的民事责任不得免除；在违规交易中所获利益，依照有关规定处理。

(5) 证券交易所的负责人和其他从业人员在执行与证券交易有关的职务时，与其本人或者其亲属有利害关系的，应当回避。

二、证券公司

(一) 证券公司的概念

证券公司是指依照《公司法》和《证券法》规定设立的经营证券业务的有限责任公司或者股份有限公司。

(二) 证券公司的设立

设立证券公司，应当具备下列条件，并经国务院证券监督管理机构批准：(1) 有符合法律、行政法规规定的公司章程；(2) 主要股东及公司的实际控制人具有良好的财务状况和诚信记录，最近三年无重大违法违规记录；(3) 有符合《证券法》规定的注册资本；(4) 董事、监事、高级管理人员、从业人员具有符合《证券法》规定的条件；(5) 有完善的风险管理与内部控制制度；(6) 有合格的经营场所、业务设施和信息技术系统；(7) 法律、行政法规和经国务院批准的国务院证券监督管理机构规定的其他条件。

未经国务院证券监督管理机构批准，任何单位和个人不得以证券公司名义开展证券业务活动。

(三) 证券公司的业务范围和注册资本

经国务院证券监督管理机构批准，取得经营证券业务许可证，证券公司可以经营下列部分或者全部证券业务：(1) 证券经纪；(2) 证券投资咨询；(3) 与证券交易、证券投资活动有关的财务顾问；(4) 证券承销与保荐；(5) 证券融资融券；(6) 证券做市交易；(7) 证券自营；(8) 其他证券业务。

证券公司经营上述第 (1) 项至第 (3) 项业务的，注册资本最低限额为人民币 5 000 万元；经营第 (4) 项至第 (8) 项业务之一的，注册资本最低限额为人民币 1 亿元；经营第 (4) 项至第 (8) 项业务中两项以上的，注册资本最低限额为人民币 5 亿元。证券公司的注册资本应当是实缴资本。

国务院证券监督管理机构根据审慎监管原则和各项业务的风险程度，可以调整注册资本最低限额，但不得少于上述限额。

证券公司经营证券资产管理业务的，应当符合《中华人民共和国证券投资基金法》等法律、行政法规的规定。

除证券公司外，任何单位和个人不得从事证券承销、证券保荐、证券经纪和证券融资融券业务。

（四）证券公司从事证券经纪业务的禁止性规定

（1）证券公司办理经纪业务，不得接受客户的全权委托而决定证券买卖、选择证券种类、决定买卖数量或者买卖价格。证券公司不得允许他人以证券公司的名义直接参与证券的集中交易。

（2）证券公司不得以任何方式对客户证券买卖的收益或者赔偿证券买卖的损失作出承诺。

（3）证券公司及其从业人员不得未经过其依法设立的营业场所私下接受客户委托买卖证券。

三、证券登记结算机构

证券登记结算机构是为证券交易提供集中登记、存管与结算服务，不以营利为目的的法人。设立证券登记结算机构必须经国务院证券监督管理机构批准。

证券登记结算机构履行下列职能：（1）证券账户、结算账户的设立；（2）证券的存管和过户；（3）证券持有人名册登记；（4）证券交易所上市证券交易的清算和交收；（5）受发行人的委托派发证券权益；（6）办理与上述业务有关的查询；（7）国务院证券监督管理机构批准的其他业务。

在证券交易所和国务院批准的其他全国性证券交易场所交易的证券的登记结算，应当采取全国集中统一的运营方式。其他证券的登记、结算可以委托证券登记结算机构或者其他依法从事证券登记、结算业务的机构办理。

阅读资料

我国证券登记结算机构

我国证券登记结算机构，即中国证券登记结算有限公司。它是依据《证券法》和《公司法》组建的，公司总资本为人民币12亿元。上海、深圳证券交易所是公司的两个股东，各持50%的股权。公司总部设在北京，下设上海、深圳两个分公司。中国证监会是公司的主管部门。

四、证券服务机构

（一）证券服务机构的概念

证券服务机构，是指依法设立的从事证券服务业务的机构，包括会计师事务所、律师事务所以及从事证券投资咨询、资产评估、资信评级、财务顾问、信息技术系统服务的证券服务机构。

（二）市场准入

从事证券投资咨询服务业务，应当经国务院证券监督管理机构核准；未经核准，不得为证券的交易及相关活动提供服务。从事其他证券服务业务，应当报国务院证券监督管理机构和国务院有关主管部门备案。

（三）民事责任

证券服务机构为证券的发行、上市、交易等证券业务活动制作、出具审计报告、资产评估报告、财务顾问报告、资信评级报告或者法律意见书等文件，应当勤勉尽责，对所依据的文件资料内容的真实性、准确性、完整性进行核查和验证。其制作、出具的文件有虚假记载、误导性陈述或者重大遗漏，给他人造成损失的，应当与发行人、上市公司承担连带赔偿责任，但是能够证明自己没有过错的除外。

（四）投资咨询机构及其从业人员的禁止性行为

投资咨询机构及其从业人员从事证券服务业务不得有下列行为：（1）代理委托人从事证券投资；（2）与委托人约定分享证券投资收益或者分担证券投资损失；（3）买卖本咨询机构提供服务的上市公司股票；（4）法律、行政法规禁止的其他行为。有前述行为之一，给投资者造成损失的，应当依法承担赔偿责任。

案例思考4-4

一位投资者向证券监督管理机构举报某证券投资咨询机构及其从业人员在证券服务业务中有下列行为：（1）利用传播媒介向投资者推荐上市公司股票；（2）与委托人约定分享证券投资收益；（3）买卖本咨询机构提供服务的上市公司股票；（4）代理委托人从事证券投资。

问题：所举报的上述行为中哪些是非法的？

五、证券业协会

证券业协会是证券业的自律性组织，是社会团体法人。证券公司应当加入证券业协会。

证券业协会履行下列职责：（1）教育和组织会员及其从业人员遵守证券法律、行政法规，组织开展证券行业诚信建设，督促证券行业履行社会责任；（2）依法维护会员的合法权益，向证券监督管理机构反映会员的建议和要求；（3）督促会员开展投资者教育和保护活动，维护投资者合法权益；（4）制定和实施证券行业自律规则，监督、检查会员及其从业人员行为，对违反法律、行政法规、自律规则或者协会章程的，按照规定给予纪律处分或者实施其他自律管理措施；（5）制定证券行业业务规范，组织从业人员的业务培训；（6）组织会员就证券行业的发展、运作及有关内容进行研究，收集整理、发布证券相关信息，提供会员服务，组织行业交流，引导行业创新发展；（7）对会员之间、会员与客户之间发生的证券业务纠纷进行调解；（8）证券业协会章程规定的其他职责。

六、证券监督管理机构

国务院证券监督管理机构依法对证券市场实行监督管理，维护证券市场公开、公平、公正，防范系统性风险，维护投资者合法权益，促进证券市场健康发展。

国务院证券监督管理机构在对证券市场实施监督管理中履行下列职责：（1）依法制定有关证券市场监督管理的规章、规则，并依法进行审批、核准、注册，办理备案；（2）依法对证券的发行、上市、交易、登记、存管、结算等行为，进行监督管理；（3）依法对证券发行人、证券公司、证券服务机构、证券交易场所、证券登记结算机构的证券业务活动，进行监督管理；（4）依法制定从事证券业务人员的行为准则，并监督实施；（5）依法监督检查证券发行、上市、交易的信息披露；（6）依法对证券业协会的自律管理活动进行指导和监督；（7）依法监测并防范、处置证券市场风险；（8）依法开展投资者教育；（9）依法对证券违法行为进行查处；（10）法律、行政法规规定的其他职责。

国务院证券监督管理机构依法履行职责，有权采取下列措施：（1）对证券发行人、证券公司、证券服务机构、证券交易场所、证券登记结算机构进行现场检查；（2）进入涉嫌违法行为发生场所调查取证；（3）询问当事人和与被调查事件有关的单位和个人，要求其对与被调查事件有关的事项作出说明；或者要求其按照指定的方式报送与被调查事件有关的文件和资料；（4）查阅、复制与被调查事件有关的财产权登记、通讯记录等文件和资料；（5）查阅、复制当事人和与被调查事件有关的单位和个人的证券交易记录、登记过户记录、财务会计资料及其他相关文件和资料；对可能被转移、隐匿或者毁损的文件和资料，可以予以封存、扣押；（6）查询当事人和与被调查事件有关的单位和个人的资金账户、证券账户、银行账户以及其他具有支付、托管、结算等功能的账户信息，可以对有关文件和资料进行复制；对有证据证明已经或者可能转移或者隐匿违法资金、证券等涉案财产或者隐匿、伪造、毁损重要证据的，经国务院证券监督管理机构主要负责人或者其授权的其他负责人批准，可以冻结或者查封，期限为6个月；因特殊原因需要延长的，每次延长期限不得超过3个月，冻结、查封期限最长不得超过2年；（7）在调查操纵证券市场、内幕交易等重大证券违法行为时，经国务院证券监督管理机构主要负责人或者其授权的其他负责人批准，可以限制被调查的当事人的证券买卖，但限制的期限不得超过3个月；案情复杂的，可以延长3个月；（8）通知出境入境管理机关依法阻止涉嫌违法人员、涉嫌违法单位的主管人员和其他直接责任人员出境。

为防范证券市场风险，维护市场秩序，国务院证券监督管理机构可以采取责令改正、监管谈话、出具警示函等措施。

自测练习

一、单项选择题

1. 为证券发行出具审计报告、法律意见书等文件的证券服务机构和人员，在哪个期

间不得买卖该证券？（　　）

A. 在该证券承销期内

B. 在其审计报告、法律意见书等文件成为公开信息前

C. 在该证券承销期内及期满后 6 个月内

D. 上述文件公开后 5 个工作日内

2. 依照《证券法》，以下关于公司公开发行公司债券的条件的叙述，哪项是正确的？（　　）

A. 有限责任公司的净资产不低于人民币 3 000 万元

B. 累计债券余额不超过公司净资产的 40%

C. 最近三年平均可分配利润足以支付公司债券 1 年的利息

D. 公开发行公司债券筹集的资金，用于弥补亏损和非生产性支出

3. 依照《证券法》，下列有关要约收购的表述中，不正确的是（　　）。

A. 收购要约约定的收购期限不得少于 30 日，并不得超过 60 日

B. 在收购要约确定的承诺期限内，收购人不得撤销其收购要约

C. 收购人在收购期限内，不得卖出被收购公司的股票

D. 收购人在收购期限内，可以采取要约规定以外的形式和超出要约的条件买入被收购公司的股票

4. 证券公司以下行为或做法中，符合《证券法》规定的有（　　）。

A. 证券公司接受客户的全权委托而决定证券买卖、选择证券种类、决定买卖数量和买卖价格

B. 证券公司按照国家有关规定为客户买卖证券提供融资融券服务

C. 证券公司对客户证券买卖的收益或者赔偿证券买卖的损失作出承诺

D. 证券公司未经过其依法设立的营业场所私下接受客户委托买卖证券

5. 依照《证券法》，某上市公司发生的下列事项中，不属于重大事件的是（　　）。

A. 公司在一年内购买、出售重大资产超过公司资产总额 30%

B. 公司发生重大亏损或者重大损失

C. 公司的经理辞职

D. 公司财务负责人无法履行职责

6. 采取协议收购方式的，收购人收购或者通过协议、其他安排与他人共同收购一个上市公司已发行的股份达到（　　）时，继续进行收购的，应当向该上市公司所有股东发出收购上市公司全部或者部分股份的要约。但是经国务院证券监督管理机构免除发出要约的除外。

A. 20%　　B. 30%　　C. 40%　　D. 50%

7. 依照《证券法》，下列不属于证券交易内幕消息知情人员的是（　　）。

A. 发行人的董事、监事、高级管理人员

B. 持有公司 3%股份的股东的董事、监事、高级管理人员

C. 公司实际控制人的董事、监事、高级管理人员

D. 发行人实际控制的公司的董事、监事、高级管理人员

二、多项选择题

1. 下列各项中，适用《证券法》的有（　　）。

A. 股票、公司债券的发行和交易　　B. 存托凭证的发行和交易

C. 政府债券的上市交易　　D. 证券投资基金份额的上市交易

2. 根据《证券法》的规定，上市公司发生的下列情形，属于重大事件的有（　　）。

A. 公司涉嫌犯罪被依法立案调查

B. 公司的董事、监事、高级管理人员涉嫌犯罪被依法采取强制措施

C. 公司的控股股东涉嫌犯罪被依法采取强制措施

D. 公司的实际控制人涉嫌犯罪被依法采取强制措施

3. 持有一个股份有限公司已发行的股份的 5%的股东，如果将其持有的股票在买入后的 6 个月内卖出，引起的法律后果有（　　）。

A. 将获得差价收益　　B. 所得收益归该公司所有

C. 公司董事会有权收回该股东所得收益　　D. 该收益归国家所有

4. 公司首次公开发行新股，应当符合下列哪些条件?（　　）

A. 具备健全且运行良好的组织机构

B. 具有持续经营能力

C. 最近三年财务会计报告被出具无保留意见审计报告

D. 发行人及其控股股东、实际控制人最近三年不存在贪污、贿赂、侵占财产、挪用财产或者破坏社会主义市场经济秩序的刑事犯罪

5. 公开发行公司债券，应当符合下列哪些条件?（　　）

A. 股份有限公司的净资产不低于人民币 6 000 万元

B. 具备健全且运行良好的组织机构

C. 最近三年平均可分配利润足以支付公司债券一年的利息.

D. 国务院规定的其他条件

6. 根据《证券法》的规定，发生可能对上市交易公司债券的交易价格产生较大影响的重大事件，投资者尚未得知时，公司应当立即将有关该重大事件的情况向国务院证券监督管理机构和证券交易场所报送临时报告，并予公告。下列各项中，属于重大事件的有（　　）。

A. 公司股权结构或者生产经营状况发生重大变化

B. 公司债券信用评级发生变化

C. 公司发生未能清偿到期债务的情

D. 公司新增借款或者对外提供担保超过上年末净资产的 10%

7. 根据《证券法》的规定，信息披露义务人未按照规定披露信息，或者公告的证券发行文件、定期报告、临时报告及其他信息披露资料存在虚假记载、误导性陈述或者重大遗漏，致使投资者在证券交易中遭受损失的，信息披露义务人应当承担赔偿责任；（　　）如果不能证明自己没有过错，应当与发行人承担连带赔偿责任。

A. 发行人的控股股东、实际控制人

B. 发行人的董事、监事、高级管理人员

C. 保荐人

D. 承销的证券公司

三、案例分析题

1. 某股份有限公司（下称公司）于 2017 年 6 月在上海证券交易所上市。2018 年以来，公司发生了下列事项：

（1）2018 年 5 月，董事赵某将所持公司股份 20 万股中的 2 万股卖出；2019 年 3 月，董事钱某将所持公司股份 10 万股中的 2.5 万股卖出；董事孙某因出国定居，于 2018 年 7 月辞去董事职务，并于 2019 年 3 月将其所持公司股份 5 万股全部卖出。

（2）2020 年 5 月 12 日，公司发布年度报告。为该公司年报出具审计报告的注册会计师周某于同年 5 月 20 日购买该公司股票 1 万股。

要求：根据本题所述内容，分别回答下列问题：

（1）赵某、钱某和孙某卖出所持公司股票的行为是否符合法律规定？分别说明理由。

（2）周某买入公司股票的行为是否符合法律规定？说明理由。

2. 某上市公司副经理王某，于 2019 年 8 月 6 日了解到该公司当年中期分配方案为：每 10 股派发红利 2.8 元，并按每 10 股送红股 3 股。这个派送方案比预期要好得多。王某于 8 月 7 日将这一消息泄露给其亲属数人，并建议其好友李某买入该公司股票。8 月 10 日，王某本人买入该公司股票 3.2 万股，其亲属数人、好友李某也买入该公司数量不等的股票。至分配方案公布时，该公司股票价格大涨，王某及其亲属数人、好友李某适时抛出手中股票，获利甚丰。

问题：（1）本案中，证券交易内幕信息的知情人和非法获取内幕信息的人分别是谁？

（2）他们各自的内幕交易行为分别是什么？

四、实训题

资料：

2020 年 5 月 11 日，甲公司通过证券交易所的交易依法持有乙公司公开发行的股份比例超过 30%后，决定继续收购，并向乙公司所有股东发出收购要约。收购要约约定的收购期限为 50 天。

5 月 29 日，甲公司得知乙公司因火灾造成重大损失，即向国务院证券监督管理机构及证券交易所提出报告，申请撤销其收购要约，但未得到批准。甲公司决定对出售 1 万股以上的股民以要约中规定价格的 70%折价收购。

要求：根据以上事实，并结合相关法律规定，分别回答下列问题：

（1）甲公司公告的收购期限是否符合法律规定？说明理由。

（2）甲公司能否撤销其收购要约？说明理由。

（3）甲公司折价收购的决定是否符合法律规定？说明理由。

实训步骤：学生分组讨论；各组代表发言；老师点评、总结。

第五章
物权法

物权是关系国家建设发展和每个人切身利益的重要权利，它被称为“公民财产权利保障书”，它告诉我们物是谁的；物的所有者对这个物享有什么样的权利，其他相关人负什么样的义务；怎样保护物权，侵害物权的人要承担什么样的法律责任。物权能够帮助我们定分止争，通过确认物的归属，加强对物权的保护，以达到维护社会正常秩序的目的。

第一节 物权基本理论

学习目标

- 了解物和物权。
- 掌握不动产和动产物权变动的规则。

案例导入

黄某、李某为夫妻，共有一处房产无人居住，但房产证上及房产局的登记簿上均只记载了黄某一人的名字。现黄某和李某闹离婚。一日，黄某背着李某而与第三人王某签订了一份房屋买卖合同。王某将房款交与黄某，并与黄某一起办理了房产过户登记手续。过一段时间后李某才得知此事，诉至人民法院，要求王某返还房屋。

问题：王某能否取得房屋所有权？为什么？

一、物与物权

（一）物

1. 物的概念

民法上的物是指人们能够支配的物质实体和自然力。民法上的物具有以下法律特征：

（1）客观物质性。物必须是客观存在的物质实体或自然力。自身不具备物质性的财产或财产权利，虽然能给权利人带来物质利益，但不是民法上的物，如智力成果。能够被人们支配的自然力，如电、热、气、磁力等，虽然外表无形，但实际上都有一定的物质结构或形态，也是物。

（2）可支配性。能够被民事主体支配的物质实体和自然力才是民法上的物。物是物权的客体，但物权的客体不局限于物。《民法典》规定，在法律有规定的情况下，权利也可以作为物权的客体。

2. 物的种类

按照不同分类标准，对物可以作如下分类：

（1）动产与不动产。动产是能够移动并且不因移动而损害其价值的物，如沙发、椅子、冰箱等。不动产是指不能移动或虽可移动但移动会损害其价值的物，如房屋、土地、附着于土地的建筑物及其他定着物、建筑物的固定附属设备等。

（2）主物与从物。主物是指独立存在，与其他独立物结合使用，并在其中发挥主要效用的物。在两个独立物结合使用中处于附属地位、起辅助和配合作用的是从物。在法律或合同没有相反规定时，主物所有权转移时，从物所有权也随之转移。从物一定是一个独立的物，否则就不是从物。

（3）原物与孳息。原物是指依其自然属性或法律规定产生新物的物，如下蛋的母鸡、带来利息的存款等。孳息是指物或者权益而产生的收益，包括天然孳息和法定孳息。天然孳息是原物根据自然规律产生的物，如幼畜、摘下的苹果等。法定孳息是原物根据法律规定由一定法律关系产生的物，如储蓄存款的利息、房屋的租金等。

根据《民法典》的规定，天然孳息，由所有权人取得；既有所有权人，又有用益物权人的，由用益物权人取得。当事人另有约定的，按照约定。法定孳息，当事人有约定的，按照约定取得；没有约定或者约定不明确的，按照交易习惯取得。

（4）特定物与种类物。特定物是指具有独立特征或被权利人指定而不能以他物替代的物。包括独一无二的物和从一类物中指定而特定化的物。前者如一件古董、名人的一幅字迹等；后者如从一批机器设备中挑选出来的某一台等。种类物是指以品种、质量、规格或度量衡确定，不需具体指定的物。

（二）物权

1. 物权的概念和特征

《民法典》所称物权，是指权利人依法对特定的物享有直接支配和排他的权利，包括所有权、用益物权和担保物权。物权具有以下几方面的特征：

（1）支配性。物权的支配性表现在：物权人可以自主地对物加以支配，无须向他人做出请求或事先征得他人同意，即可以实现其对物之利益。

（2）绝对性。物权的绝对性表现在：第一，物权关系上的义务人是物权人以外的一切民事主体；第二，任何人对物权行使的不当妨碍，都将构成对物权的侵害，物权人可以对其主张物上请求权或其他请求权。

2. 物权的分类

（1）所有权。指财产所有人在法律规定的范围内，对自己财产依法享有的占有、使用、收益和处分的权利。所有权是物权中最完整、最充分的权利。

（2）用益物权。用益物权是指以物的使用收益为目的的物权，包括建设用地使用权、土地承包经营权、宅基地使用权、地役权等。

（3）担保物权。担保物权是指以保证债务的履行、债权的实现为目的而设立的物权，包括抵押权、质权、留置权等。

二、物权法基本原则

（一）平等保护原则

平等保护规定是指物权主体在法律地位上是平等的，其享有的所有权和其他物权在受到侵害以后，应当受到法律的平等保护。

《民法典》规定，国家、集体、私人的物权和其他权利人的物权受法律平等保护，任何组织或者个人不得侵犯。

国家坚持和完善公有制为主体、多种所有制经济共同发展，按劳分配为主体、多种分配方式并存，社会主义市场经济体制等社会主义基本经济制度。国家巩固和发展公有制经济，鼓励、支持和引导非公有制经济的发展。国家实行社会主义市场经济，保障一切市场主体的平等法律地位和发展权利。

（二）物权公示原则

物权的权利状态必须通过一定的公示方法向社会公开，使得第三人在物权变动时能够知道权利的实际状态，以维护交易安全。物权公示是为了让他人清楚地知道谁是权利人，以维护权利人、与交易有关的人的合法权益。《民法典》第208条规定："不动产物权的设立、变更、转让和消灭，应当依照法律规定登记；动产物权的设立和转让，应当依照法律规定交付。"除有相反证据证明的以外，记载于不动产登记簿上的人是该不动产的权利人，动产的占有人是该动产的权利人。

三、物权变动

（一）物权变动的原因

1. 物权的取得

能够引起物权取得的法律事实主要有以下几项：

（1）民事行为。这是取得物权的最常见的法律事实。例如：因买卖、互易、赠与、遗赠等行为取得所有权，通过物的所有人与其他人的设定行为为他人设定典权、抵押权、地役权、质权等他物权。另外，我国《民法典》规定，主物转让的，从物随主物转让，但当事人另有约定的除外。

（2）民事行为以外的原因。主要有：因取得时效取得物权；因征收或者没收取得物权；因法律的规定取得物权（如留置权）；因附合、混合、加工取得所有权；因继承取得物权；因拾得遗失物、发现埋藏物取得所有权；因合法建造取得物权；因人民法院、仲裁委员会的法律文书取得物权；孳息的所有权取得。

2. 物权的消灭

能够引起物权消灭的法律事实主要有以下几项：

（1）民事行为。第一，抛弃。抛弃只要权利人一方作出意思表示即生效，故抛弃是一种单方民事行为。第二，合同。这是指当事人之间关于约定物权存续的期间，或者约定物权消灭的意思表示一致的民事行为。在合同约定的期限届满或约定物权消灭的合同生效时，物权即归于消灭。

（2）民事行为以外的原因。第一，标的物灭失。物权的标的物如果在生产中被消耗、在生活中被消费，则物权消灭。第二，法定期间的届满。在法律对他物权的存续规定了期间时，该期间届满，则物权消灭。第三，混同。物权的混同，是指同一物的所有权与他物权归属于一人时，其他物权因混同而消灭。

（二）不动产物权的变动

1. 不动产物权变动的基本规则

不动产物权变动采用登记主义，法律另有规定的除外。《民法典》第209条规定："不动产物权的设立、变更、转让和消灭，经依法登记，发生效力；未经登记，不发生效力，但法律另有规定的除外。依法属于国家所有的自然资源，所有权可以不登记。”

《民法典》中“法律另有规定的除外”主要是指个别不动产物权的变动以“登记”为对抗要件：

（1）土地承包经营权互换、转让的，当事人可以向登记机构申请登记。未经登记，不得对抗善意第三人。

（2）地役权自地役权合同生效时设立。未经登记，不得对抗善意第三人。

（3）已经登记的宅基地使用权转让或者消灭的，应当及时办理变更登记或者注销登记。从这条规定来看，宅基地使用权的变动不以登记为生效要件。

2. 非基于法律行为的物权变动

（1）基于事实行为。《民法典》第 231 条规定：“因合法建造、拆除房屋等事实行为设立或者消灭物权的，自事实行为成就时发生效力。”就是指房屋建成之时，或房屋被拆除之时，房屋所有权或为设立或为消灭。这些因事实行为而导致的物权的设立或者消灭，自事实行为成就时发生效力，不需要遵循一般的物权公示方法。

（2）基于法律规定。《民法典》第 230 条规定：“因继承取得物权的，自继承开始时发生效力。”

（3）基于公法行为。《民法典》第 229 条规定：“因人民法院、仲裁机构的法律文书或者人民政府的征收决定等，导致物权设立、变更、转让或者消灭的，自法律文书或者征收决定等生效时发生效力。”

非基于法律行为的物权变动虽不以登记为要件，但获得权利的主体在处分该物权时，仍应当依法办理登记。未经登记，不发生物权变动的效力。

3. 不动产登记制度

（1）登记机构。不动产登记，由不动产所在地的登记机构办理。

国家对不动产实行统一登记制度。统一登记的范围、登记机构和登记办法，由法律、行政法规规定。

不动产权属证书是权利人享有该不动产物权的证明。不动产权属证书记载的事项，应当与不动产登记簿一致；记载不一致的，除有证据证明不动产登记簿确有错误外，以不动产登记簿为准。

（2）预告登记。当事人签订买卖房屋的协议或者签订其他不动产物权的协议，为保障将来实现物权，按照约定可以向登记机构申请预告登记。预告登记后，未经预告登记的权利人同意，处分该不动产的，不发生物权效力。

预告登记后，债权消灭或者自能够进行不动产登记之日起九十日内未申请登记的，预告登记失效。

（三）动产物权的变动

动产物权变动采用交付主义。船舶、航空器和机动车等贵重动产的物权变动采用登记对抗主义。

《民法典》第 224 条规定：“动产物权的设立和转让，自交付时发生效力，但法律另有规定的除外。”根据这条规定，除法律另有规定或者当事人另有约定的以外，动产的所有权自“交付”之日起转移。

交付的特殊情形：

（1）简易交付。动产物权设立和转让前，权利人已经占有该动产的，物权自民事法律行为生效时发生效力。又称“无形交付”，即受让人已经占有动产，如受让人已经通过寄托、租赁等方式实际占有了动产，则于物权变动的合意成立时，视为交付。例如甲将其电脑交给乙保管，后甲乙协商将电脑卖给了乙，此时甲乙达成合意时视为已经交付。

（2）指示交付。动产物权设立和转让前，第三人占有该动产的，负有交付义务的人可以通过转让请求第三人返还原物的权利代替交付。

（3）占有改定。动产物权转让时，当事人又约定由出让人继续占有该动产的，物权自该约定生效时发生效力。

另外，《民法典》第225条规定，船舶、航空器和机动车等贵重动产的物权变动采用登记对抗主义。即船舶、航空器和机动车等贵重动产以交付为物权变动的条件，但登记具有对抗效力。

四、物权的保护

物权的保护是指通过法律规定的方法和程序，保障物权人在法律许可的范围内对其财产行使占有、使用、收益、处分权利的制度。根据《民法典》以及其他民事法律、行政法规的规定，对物权的保护方法有：请求确认物权，请求返还原物，请求排除妨碍、消除危险，请求恢复原状，请求赔偿损失。

第二节 所有权

学习目标

- 了解所有权的含义。
- 理解所有权的种类。
- 理解并掌握业主的建筑物区分所有权和共有。
- 能够依法保护自己的所有权。

案例导入

在江苏省淮安市淮阴区的一个拆迁项目中，被拆迁人何刚在征收补偿商谈过程中，选择产权调换，但双方就产权调换的地点、面积未能达成协议。政府最终采取了货币方式补偿何刚。何刚不服，提起行政诉讼，要求撤销征收补偿决定。

问题：何刚的诉讼请求能否得到法院的支持？

一、所有权的基本理论

（一）所有权的概念

所有权，是指财产所有人在法律规定的范围内，对自己财产依法享有的占有、使用、收益和处分的权利。

所有权是绝对权，所有权关系的义务主体是所有权人以外的一切人，他所负的义务是不得非法干涉所有权人行使其权利，是一种特定的不作为义务。所有权因标的物的存在而永久存在，不预定其存续期间。

（二）所有权的内容

我国《民法典》规定："所有权人对自己的不动产或者动产依法享有占有、使用、收益和处分的权利。"由此可见，所有权的权能包括占有、使用、收益和处分。

占有、使用、收益和处分四项权能一起构成所有权的内容。完整的所有权包含上述四项权能。但在实际生活中，占有、使用、收益、处分四项权能都能够并且经常地与所有权发生分离，而所有人仍不丧失对于财产的所有权。在实际生活中，所有人正是通过这四项权能的分离和恢复，发挥财产的效益，以满足自己生产和生活的需要。

（三）征收与征用

法人、其他组织及公民所有的财产不可侵犯。根据《宪法》的规定，国家只有基于公共利益需要，才能依法对私有财产进行征收或者征用。

1. 征收

征收，是指国家为了公共利益的需要而将集体所有的土地和单位、个人的房屋及其他不动产所有权转归征收人的行为。《民法典》第 243 条规定："为了公共利益的需要，依照法律规定的权限和程序可以征收集体所有的土地和组织、个人的房屋及其他不动产。征收集体所有的土地，应当依法及时足额支付土地补偿费、安置补助费以及农村村民住宅、其他地上附着物和青苗等的补偿费用，并安排被征地农民的社会保障费用，保障被征地农民的生活，维护被征地农民的合法权益。征收组织、个人的房屋及其他不动产，应当依法给予拆迁补偿，维护被征收人的合法权益；征收个人住宅的，还应当保障被征收人的居住条件。"

任何组织或者个人不得贪污、挪用、私分、截留、拖欠征收补偿费等费用。

国家严格控制农用地转为建设用地。《民法典》第 244 条规定，国家对耕地实行特殊保护，严格限制农用地转为建设用地，控制建设用地总量。不得违反法律规定的权限和程序征收集体所有的土地。

2. 征用

征用，是指国家为了公共利益的需要而依法强制取得原属于私人或者集体所有的财产的使用权的行为。《民法典》第245条规定："因抢险救灾、疫情防控等紧急需要，依照法律规定的权限和程序可以征用组织、个人的不动产或者动产。被征用的不动产或者动产使用后，应当返还被征用人。组织、个人的不动产或者动产被征用或者征用后毁损、灭失的，应当给予补偿。"

阅读资料

征收与征用的区别

征收与征用的主体都是国家，都是为了公共利益的需要，也均是强制性的。但是两者之间仍存在区别：

(1) 法律效果不同。征收是财产所有权发生了变化；征用是所有权没有变化，是所有权人暂时丧失使用权。征用的结果，如果标的物没有灭失，仍需要返还给权利人。征收不存在返还的问题。

(2) 适用对象不同。征收是针对土地、房屋等不动产，不包括动产；征用则不动产和动产均适用。

(3) 适用条件不同。征收和征用虽都是为了公共利益，但是征用还要求必须是为了抢险救灾、疫情防控等紧急需要。

二、所有权的种类

在我国，所有权的种类主要有国家所有权、集体所有权和私人所有权。

（一）国家所有权

国家所有权，是指国家对国有财产的占有、使用、收益和处分的权利。《民法典》第246条规定："法律规定属于国家所有的财产，属于国家所有即全民所有。国有财产由国务院代表国家行使所有权；法律另有规定的，依照其规定。"因此，国家所有权是社会主义全民所有制在法律上的表现。

根据《民法典》的规定，专属于国家所有的不动产和动产，任何单位和个人不能取得所有权。具体包括：

(1) 矿藏、水流、海域属于国家所有。

(2) 无居民海岛属于国家所有，国务院代表国家行使无居民海岛所有权。

(3) 城市的土地，属于国家所有。法律规定属于国家所有的农村和城市郊区的土地，属于国家所有。

(4) 森林、山岭、草原、荒地、滩涂等自然资源，属于国家所有，但法律规定属于集体所有的除外。

(5) 法律规定属于国家所有的野生动植物资源，属于国家所有。

(6) 无线电频谱资源属于国家所有。

(7) 法律规定属于国家所有的文物，属于国家所有。

(8) 国防资产属于国家所有。

(9) 铁路、公路、电力设施、电信设施和油气管道等基础设施，依照法律规定为国家所有的，属于国家所有。

履行国有财产管理、监督职责的机构及其工作人员，应当依法加强对国有财产的管理、监督，促进国有财产保值增值，防止国有财产损失；滥用职权，玩忽职守，造成国有财产损失的，应当依法承担法律责任。

违反国有财产管理规定，在企业改制、合并分立、关联交易等过程中，低价转让、合谋私分、擅自担保或者以其他方式造成国有财产损失的，应当依法承担法律责任。

(二) 集体所有权

集体所有权，是指劳动群众集体，包括农村劳动群众集体和城镇劳动群众集体，占有、使用、收益和处分其财产的权利。集体所有的财产受法律保护，禁止任何单位和个人侵占、哄抢、私分和破坏。

农村集体经济组织、村民委员会或者其负责人作出的决定侵害集体成员合法权益的，受侵害的集体成员可以请求人民法院予以撤销。

根据《民法典》的规定，集体所有的不动产和动产包括：

(1) 法律规定属于集体所有的土地和森林、山岭、草原、荒地、滩涂；

(2) 集体所有的建筑物、生产设施、农田水利设施；

(3) 集体所有的教育、科学、卫生、体育等设施；

(4) 集体所有的其他不动产和动产。

(三) 私人所有权

私人所有权是私人依法享有的占有、使用、收益和处分其生产资料和生活资料的权利。根据《民法典》的规定，私人对其合法的收入、房屋、生活用品、生产工具、原材料等不动产和动产享有所有权。私人的合法财产受到法律保护，禁止任何组织或者个人侵占、哄抢、破坏。

三、业主的建筑物区分所有权

(一) 业主的建筑物区分所有权的概念

所谓业主，是指房屋所有权人。所谓建筑物区分所有权，是指权利人对于一栋建筑物中自己专有部分的单独所有权、对共有部分的共有权以及因共有关系而产生的管理权的结合。

三种权利共同作为一个整体出现，不得分离。

(二) 建筑物区分所有权的内容

根据《民法典》的规定，业主对建筑物内的住宅、经营性用房等专有部分享有所有权，对专有部分以外的共有部分享有共有和共同管理的权利。

1. 专有部分的单独所有权

业主对其建筑物专有部分享有占有、使用、收益和处分的权利。业主行使权利时不得危及建筑物的安全，不得损害其他业主的合法权益。业主不得违反法律、法规以及管理规约，将住宅改变为经营性用房。业主将住宅改变为经营性用房的，除遵守法律、法规以及管理规约外，应当经有利害关系的业主同意。

2. 共有部分的共有权

（1）业主对建筑物专有部分以外的共有部分，享有权利，承担义务；不得以放弃权利不履行义务。业主转让建筑物的住宅、经营性用房，其对共有部分享有的共有和共同管理的权利一并转让。

（2）业主对专有部分以外的共有部分，如建筑物的基础、承重结构、外墙、屋顶等基本结构部分，通道、楼梯、大堂等公共通行部分，消防、公共照明等附属设施、设备，避难层、设备层或者设备间等结构部分享有共有的权利。不属于业主专有部分，也不属于市政公用部分或者其他权利人所有的场所及设施等也属于业主共有。

（3）建筑区划内的道路，属于业主共有，但属于城镇公共道路的除外。建筑区划内的绿地，属于业主共有，但属于城镇公共绿地或者明示属于个人的除外。建筑区划内的其他公共场所、公用设施和物业服务用房，属于业主共有。

（4）建筑区划内，规划用于停放汽车的车位、车库的归属，由当事人通过出售、附赠或者出租等方式约定。占用业主共有的道路或者其他场地用于停放汽车的车位，属于业主共有。建筑区划内，规划用于停放汽车的车位、车库应当首先满足业主的需要。

（5）建筑物及其附属设施的维修资金，属于业主共有。经业主共同决定，可以用于电梯、屋顶、外墙、无障碍设施等共有部分的维修、更新和改造。建筑物及其附属设施的维修资金的筹集、使用情况应当定期公布。

紧急情况下，需要维修建筑物及其附属设施的，业主大会或者业主委员会可以依法申请使用建筑物及其附属设施的维修资金。

（6）建设单位、物业服务企业或者其他管理人等利用业主的共有部分产生的收入，在扣除合理成本之后，属于业主共有。

3. 业主的管理权

业主对专有部分以外的共有部分享有共同管理的权利。业主可以自行管理建筑物及其附属设施，也可以委托物业服务企业或者其他管理人管理。

（1）业主可以设立业主大会，选举业主委员会。业主大会、业主委员会成立的具体条件和程序，依照法律、法规的规定。地方人民政府有关部门、居民委员会应当对设立业主大会和选举业主委员会给予指导和协助。

业主大会或者业主委员会的决定，对业主具有约束力。业主应当遵守法律、法规以及管理规约，相关行为应当符合节约资源、保护生态环境的要求。对于物业服务企业或者其他管理人执行政府依法实施的应急处置措施和其他管理措施，业主应当依法予以配合。

业主大会或者业主委员会，对任意弃置垃圾、排放污染物或者噪声、违反规定饲养动物、违章搭建、侵占通道、拒付物业费等损害他人合法权益的行为，有权依照法律、法规以及管理规约，请求行为人停止侵害、排除妨碍、消除危险、恢复原状、赔偿损失。

业主或者其他行为人拒不履行相关义务的，有关当事人可以向有关行政主管部门报告或者投诉，有关行政主管部门应当依法处理。

（2）下列事项由业主共同决定：

第一，制定和修改业主大会议事规则；

第二，制定和修改管理规约；

第三，选举业主委员会或者更换业主委员会成员；

第四，选聘和解聘物业服务企业或者其他管理人；

第五，使用建筑物及其附属设施的维修资金；

第六，筹集建筑物及其附属设施的维修资金；

第七，改建、重建建筑物及其附属设施；

第八，改变共有部分的用途或者利用共有部分从事经营活动；

第九，有关共有和共同管理权利的其他重大事项。

业主共同决定事项，应当由专有部分面积占比三分之二以上的业主且人数占比三分之二以上的业主参与表决。决定前款第六项至第八项规定的事项，应当经参与表决专有部分面积四分之三以上的业主且参与表决人数四分之三以上的业主同意。决定前款其他事项，应当经参与表决专有部分面积过半数的业主且参与表决人数过半数的业主同意。

四、相邻关系

相邻关系是指两个或两个以上相互毗邻不动产的所有人或使用人，在行使不动产的占有、使用、收益、处分权利时发生的权利义务关系。《民法典》对几种主要的相邻关系规定如下：

（1）因用水、排水产生的相邻关系。不动产权利人应当为相邻权利人用水、排水提供必要的便利。对自然流水的利用，应当在不动产的相邻权利人之间合理分配。对自然流水的排放，应当尊重自然流向。

（2）因通行而产生的相邻关系。不动产权利人对相邻权利人因通行等必须利用其土地的，应当提供必要的便利。

（3）因修建施工产生的相邻关系。不动产权利人因建造、修缮建筑物以及铺设电线、电缆、水管、暖气和燃气管线等必须利用相邻土地、建筑物的，该土地、建筑物的权利人应当提供必要的便利。不动产权利人挖掘土地、建造建筑物、铺设管线以及安装设备等，不得危及相邻不动产的安全。

（4）因通风、采光而产生的相邻关系。相邻各方修建房屋和其他建筑物，必须与邻居保持适当距离，建造建筑物，不得违反国家有关工程建设标准，不得妨碍相邻建筑物的通风、采光和日照。

（5）因有害物质产生的相邻关系。不动产权利人不得违反国家规定弃置固体废物，排放大气污染物、水污染物、土壤污染物、噪声、光辐射、电磁辐射等有害物质。

根据《民法典》的规定，不动产的相邻权利人应当按照有利生产、方便生活、团结互助、公平合理的原则，正确处理相邻关系。法律、法规对处理相邻关系有规定的，依照其规定；法律、法规没有规定的，可以按照当地习惯。

不动产权利人因用水、排水、通行、铺设管线等利用相邻不动产的，应当尽量避免对相邻的不动产权利人造成损害。

五、共有

（一）共有概述

共有是两个或两个以上的自然人或组织对同一项财产享有所有权。共同所有的所有权人称为共有人，其标的称为共有物。共有包括按份共有和共同共有。

（二）按份共有

按份共有，又称分别共有，是指两个或两个以上的人对同一项财产按照份额享有所有权。按份共有人对共有的不动产或者动产享有的份额，没有约定或者约定不明确的，按照出资额确定；不能确定出资额的，视为等额享有。

（三）共同共有

共同共有是指两个或两个以上的人基于共同关系，共同享有一物的所有权。共同关系可以表现为夫妻关系、家庭关系等。

共同共有中，共有人对共有财产不分份额地享有权利，对共有财产享有平等的占有和使用的权利，对共有财产的收益，不是按比例分配，而是共同享用。对共有财产的处分，必须征得全体共有人的同意。共同共有关系终止，才能确定各个共有人的份额，分割共有财产。因此较之于按份共有，共同共有人之间具有更密切的利害关系。

根据《民法典》的规定，共有人对共有的不动产或者动产没有约定为按份共有或者共同共有，或者约定不明确的，除共有人具有家庭关系等外，视为按份共有。

（四）共有物的管理

1. 共有物的处分

根据《民法典》的规定，处分共有的不动产或者动产以及对共有的不动产或者动产作重大修缮的，应当经占份额2/3以上的按份共有人或者全体共同共有人同意，但共有人之间另有约定的除外。

2. 共有物费用的负担

对共有物的管理费用以及其他负担，有约定的，按照约定；没有约定或者约定不明确的，按份共有人按照其份额负担，共同共有人共同负担。

3. 共有物分割

共有物的分割可以采用四种方式：协议分割、实物分割、变价分割和作价分割。共有物分割后，共有关系消灭。共有人约定不得分割共有的不动产或者动产，以维持共有关系的，应当按照约定，但共有人有重大理由需要分割的，可以请求分割；没有约定或者约定不明确的，按份共有人可以随时请求分割，共同共有人在共有的基础丧失或者有重大理由需要分割时可以请求分割。因分割造成其他共有人损害的，应当给予赔偿。

按份共有人可以转让其享有的共有的不动产或者动产份额。其他共有人在同等条件下享有优先购买的权利。

按份共有人转让其享有的共有的不动产或者动产份额的，应当将转让条件及时通知其他共有人。其他共有人应当在合理期限内行使优先购买权。

两个以上其他共有人主张行使优先购买权的，协商确定各自的购买比例；协商不成的，按照转让时各自的共有份额比例行使优先购买权。

4. 共有的对外关系

根据《民法典》的规定，因共有的不动产或者动产产生的债权债务，在对外关系上，共有人享有连带债权、承担连带债务，但法律另有规定或者第三人知道共有人不具有连带债权债务关系的除外；在共有人内部关系上，除共有人另有约定外，按份共有人按照份额享有债权、承担债务，共同共有人共同享有债权、承担债务。偿还债务超过自己应当承担份额的按份共有人，有权向其他共有人追偿。

案例思考5-1

甲、乙、丙等额按份共有一栋三层楼房，约定使用方式是甲居住第一层，乙居住第二层，丙居住第三层。乙因为常年在外地做生意，很少回来居住，乙就将自己居住的第二层出卖给了丁。

问题：乙将自己居住的第二层出卖给丁的行为是否有效？

六、所有权取得的特别规则

（一）善意取得

所谓善意取得，是指动产占有人或者不动产的名义登记人将动产或者不动产不法转让给受让人以后，如果受让人善意取得财产，即可依法取得该财产所有权或其他物权的法律制度。法律规定善意取得制度的目的在于保护占有及登记的公信力，保护交易当事人的信赖利益和交易安全，维护交易秩序。善意取得必须具备以下要件：

（1）受让人受让该不动产或者动产时是善意的。受让人善意，是指受让人相信财产的让与人是有处分权人。

（2）以合理的价格有偿受让。

（3）转让的不动产或者动产依照法律规定应当登记的已经登记，不需要登记的已经交付给受让人。

《民法典》规定，所有权人或者其他权利人有权追回遗失物。该遗失物通过转让被他人占有的，权利人有权向无处分权人请求损害赔偿，或者自知道或者应当知道受让人之日起2年内向受让人请求返还原物；但是，受让人通过拍卖或者向具有经营资格的经营者购得该遗失物的，权利人请求返还原物时应当支付受让人所付的费用。权利人向受让人支付所付费用后，有权向无处分权人追偿。

拾得遗失物、发现埋藏物或隐藏物、赃物等不适用于善意取得制度。

（二）拾得遗失物

遗失物，是指他人不慎丧失占有的动产。拾得遗失物，是指发现他人遗失物而予以占有的法律事实。对于拾得的遗失物，《民法典》作了如下规定：

（1）拾得遗失物，应当返还权利人。拾得人应当及时通知权利人领取，或者送交公安等有关部门。有关部门收到遗失物，知道权利人的，应当及时通知其领取；不知道的，应当及时发布招领公告。遗失物自发布招领公告之日起1年内无人认领的，归国家所有。

（2）拾得人在遗失物送交有关部门前，有关部门在遗失物被领取前，应当妥善保管遗失物。因故意或者重大过失致使遗失物毁损、灭失的，应当承担民事责任。

（3）权利人领取遗失物时，应当向拾得人或者有关部门支付保管遗失物等支出的必要费用。权利人悬赏寻找遗失物的，领取遗失物时应当按照承诺履行义务。拾得人拒不返还遗失物，按侵权行为处理，拾得人不得要求支付必要费用，也无权请求权利人按照承诺履行义务。

拾得漂流物、发现埋藏物或者隐藏物的，参照拾得遗失物的有关规定。文物保护法等法律另有规定的，依照其规定。

案例思考5-2

甲有一块名贵手表，借给乙几天供其约会时佩戴，乙事后在二手市场将其卖给丙，丙买得手表一周后得知实情，唯恐甲来索要，遂赠予其乡下表弟丁并说明情由。丁戴上手表三天后在集市上被戊抢夺，戊于逃跑时慌乱中又将手表遗落于街头墙角，两天后为己拾得。

问题： 此时手表所有权归属于谁？

第三节 用益物权

学习目标

- 理解用益物权的概念。
- 理解并掌握土地承包经营权、建设用地使用权和地役权。
- 正确运用用益物权，保护自己的权利。

案例导入

王某 2011 年承包土地 15 亩，承包期为 30 年。2016 年，王某与李某协商，将承包地转让给李某盖加工厂，转让期为 28 年。

问题：该转让行为是否有效？

一、用益物权的概念、特征

用益物权是指权利人对他人所有物依法享有的占有、使用和收益的权利。与所有权相比较，用益物权是在他人之物上设立物权，故称为他物权。用益物权以对标的物的使用、收益为主要内容，既注重物的使用价值，又以对物的占有为前提。

根据《民法典》的规定，用益物权主要包括：土地承包经营权、建设用地使用权、宅基地使用权、地役权等。

二、土地承包经营权

土地承包经营权，是指由公民或集体组织，对国家所有或集体所有的土地、山岭、草原、荒地、滩涂、水面等，依照承包合同的规定而享有的占有、使用和收益的权利。土地承包经营权的承包人原则上是土地所属的集体经济组织的成员，其权利客体是农业用地。

根据《民法典》的规定，土地承包经营权自土地承包经营权合同生效时设立。

登记机构应当向土地承包经营权人发放土地承包经营权证、林权证等证书，并登记造册，确认土地承包经营权。土地承包经营权人依照法律规定，有权将土地承包经营权互换、转让。未经依法批准，不得将承包地用于非农建设。

（一）土地承包经营权的期限

耕地的承包期为 30 年。草地的承包期为 30 年至 50 年。林地的承包期为 30 年至 70 年。

以上规定的承包期限届满，由土地承包经营权人依照农村土地承包的法律规定继续承包。

承包期内发包人不得收回承包地。法律另有规定的，依照其规定。承包地被征收的，土地承包经营权人有权获得相应补偿。

（二）土地承包经营权的流转

土地承包经营权人依照法律规定，有权将土地承包经营权互换、转让。未经依法批准，不得将承包地用于非农建设。土地承包经营权互换、转让的，当事人可以向登记机构申请登记；未经登记，不得对抗善意第三人。

土地承包经营权人可以自主决定依法采取出租、入股或者其他方式向他人流转土地经营权。土地经营权人有权在合同约定的期限内占有农村土地，自主开展农业生产经营并取得收益。流转期限为五年以上的土地经营权，自流转合同生效时设立。当事人可以向登记机构申请土地经营权登记；未经登记，不得对抗善意第三人。

通过招标、拍卖、公开协商等方式承包农村土地，经依法登记取得权属证书的，可以依法采取出租、入股、抵押或者其他方式流转土地经营权。

三、建设用地使用权

（一）建设用地使用权的概念和特征

建设用地使用权是因建筑物或者构筑物及其他附属设施而使用国家所有的土地的权利。它具有以下特征：

（1）建设用地使用权是存在于国家所有的土地上的物权。建设用地使用权的标的仅以土地为限，而且仅限于国家所有的土地。

（2）建设用地使用权是以保存建筑物或者构筑物及其他附属设施为目的的权利。

（3）建设用地使用权是使用他人土地的权利。

（二）建设用地使用权的取得方式

《民法典》规定，设立建设用地使用权，可以采取出让或者划拨等方式。工业、商业、旅游、娱乐和商品住宅等经营性用地以及同一土地有两个以上意向用地者的，应当采取招标、拍卖等公开竞价的方式出让。设立建设用地使用权的，应当向登记机构申请建设用地使用权登记。建设用地使用权自登记时设立。登记机构应当向建设用地使用权人发放权属证书。

1. 划拨

划拨，是指县级以上人民政府根据法律规定的权限和审批程序，将国有土地无偿地交付给符合法律规定条件的土地使用者的行为。《民法典》规定，严格限制以划拨方式设立建设用地使用权。采取划拨方式的，应当遵守法律、行政法规关于土地用途的规定。可以通过划拨方式取得的建设用地有：国家机关用地和军事用地；城市基础设施用地和公益事业用地；国家重点扶持的能源、交通、水利等基础设施用地；法律、行政法规规定的其他用地。

2. 出让

出让，是指国家以土地所有者的身份将土地使用权在一定年限内让与土地使用者，并由土地使用者向国家支付土地使用权出让金的行为。《民法典》规定，采取招标、拍卖、协议等出让方式设立建设用地使用权的，当事人应当采取书面形式订立建设用地使用权出让合同。

（三）建设用地使用权的期限

建设用地使用权出让取得建设用地使用权的，根据有关法律、法规规定，按照土地不同用途，土地使用权出让的最高年限为：居住用地70年；工业用地50年；教育、科技、文化、卫生、体育用地50年；商业、旅游、娱乐用地40年；综合或者其他用地50年。每一块地的实际使用年限，在最高年限内，由出让方和受让方双方商定。

（四）建设用地使用权人的权利和义务

（1）建设用地使用权人建造的建筑物、构筑物及其附属设施的所有权属于建设用地使用权人，但有相反证据证明的除外。建设用地使用权人有权将建设用地使用权转让、互换、出资、赠与或者抵押，但法律另有规定的除外。

（2）建设用地使用权转让、互换、出资、赠与或者抵押的，当事人应当采取书面形式订立相应的合同。合同期限由当事人约定，但不得超过建设用地使用权的剩余期限。建设用地使用权转让、互换、出资或者赠与的，应当向登记机构申请变更登记。

（3）建设用地使用权转让、互换、出资或者赠与的，附着于该土地上的建筑物、构筑物及其附属设施一并处分。住宅建设用地使用期间届满的，自动续期。

续期费用的缴纳或者减免，依照法律、行政法规的规定办理。

非住宅建设用地使用权期限届满后的续期，依照法律规定办理。该土地上的房屋以及其他不动产的归属，有约定的，按照约定；没有约定或者约定不明确的，依照法律、行政法规的规定办理。

（4）建设用地使用权人应当合理利用土地，不得改变土地用途；需要改变土地用途的，应当依法经有关行政主管部门批准。建设用地使用权人应当依照法律规定以及合同约定支付出让金等费用。

四、居住权

居住权是用益物权的一种，指对他人所有的住房及其附属设施占有、使用的权利。居住权人有权按照合同约定，对他人的住宅享有占有、使用的用益物权，以满足生活居住的需要。

（一）居住权设立

设立居住权，可以根据遗嘱，也可以按照合同约定。《民法典》规定，设立居住权，当事人应当采用书面形式订立居住权合同。居住权合同一般包括下列条款：

（1）当事人的姓名或者名称和住所；

（2）住宅的位置；

（3）居住的条件和要求；

（4）居住权期限；

（5）解决争议的方法。

居住权无偿设立，但是当事人另有约定的除外。设立居住权的，应当向登记机构申请居住权登记。居住权自登记时设立。

（二）居住权的消灭

居住权不得转让、继承。设立居住权的住宅不得出租，但是当事人另有约定的除外。

居住权期限届满或者居住权人死亡的，居住权消灭。居住权消灭的，应当及时办理注销登记。

民法典上的居住权，不包括因房屋租赁产生的居住权，不包括住旅馆等，房屋租赁或者住旅馆不需要向房地产登记机构申请登记。

以遗嘱方式设立居住权的，参照适用本章的有关规定。

案例思考5-3

某人在遗嘱中写明，其住宅由他的儿子继承，但应当让服务多年的保姆居住，直到保姆去世。

问题：保姆是否可以一直在该住宅居住？如果可以，保姆享受的是什么权利？

五、地役权

地役权，是指不动产权利人为了自己利用不动产的方便或者使不动产利用价值提高，按照合同约定利用他人不动产的权利。其中，他人的不动产称为供役地，自己的不动产称为需役地。可以设立地役权的不动产不局限于土地，也包括其他地上建筑物。

《民法典》规定，设立地役权，当事人应当采取书面形式订立地役权合同。地役权自地役权合同生效时设立。当事人要求登记的，可以向登记机构申请地役权登记；未经登记，不得对抗善意第三人。

地役权的期限由当事人约定，但不得超过土地承包经营权、建设用地使用权等用益物权的剩余期限。供役地权利人应当按照合同约定，允许地役权人利用其土地，不得妨碍地役权人行使权利。地役权人应当按照合同约定的利用目的和方法利用供役地，尽量减少对供役地权利人物权的限制。

阅读资料

相邻关系和地役权的区别

（1）相邻关系实质上是相邻不动产所有人或使用人行使权利的延伸或限制，故相邻关系不是一项独立的民事权利，更非独立的他物权，而属于所有权中的自我扩张或限制。而地役权是一种物权，它是归属于需役地人的一种用益物权。

（2）两者的设立方式不同。相邻关系是法定的，且不需要通过登记程序。而地役权通常是由当事人各方通过合同约定设立，而且如果没有经过登记程序，不能对抗善意第三人。

（3）两者提供便利的内容不同。地役权的设立是为了使不动产权利人的权利得到更好的行使，是一个比较高的标准。而相邻关系则是为了达到使用的最低标准。

（4）相邻关系的产生一般都是无偿的，而地役权的设立一般都是有偿的。

（5）相邻关系强调相邻，地役权不一定相邻。尽管由于相邻关系的适用范围扩大，相邻概念有变化，如河流的上下游的用水人之间也会发生相邻关系，但原则上相邻关系要求相互毗邻。但地役权则既可以发生在相邻不动产间，也可以发生在不相邻的不动产间。

案例思考5-4

某甲房地产开发公司拍得某市区河畔一块土地，准备以“观景”为理念设计并建造一家酒店。但该地前面有一平房制衣厂，为了该酒店顾客能在房间里欣赏河畔风景，双方约定：制衣厂在30年不得在该土地上兴建三层高以上建筑；作为补偿，甲每年向制衣厂支付20万元。三年后，制衣厂将该土地使用权转让给乙公司，乙公司在该土地上动工修建高层公寓。甲公司得知后，便要求乙公司立即停止兴建。但遭到拒绝，甲公司于是向法院提起诉讼，请求法院判决乙公司停止施工并同时要求制衣厂承担违约责任。

问题：甲公司与制衣厂之间的地役权是否设立？该地役权合同能否约束乙公司？

第四节 担保物权

学习目标

- 掌握抵押权和质权。
- 了解留置权。
- 正确理解并运用抵押权和质权。

案例导入

江某向谢某借款50万元，江某将现居住价值80万元的房子抵押给谢某，并办理了抵押登记。

问题：

(1) 房子由谁占有？

(2) 小李欲以80万元购买江某的房子，江某能否出售？

(3) 江某需要再向张某借10万元，能否将该房子再次抵押？

(4) 若江某无法偿还谢某的50万元借款，如何实现债权？

一、担保物权的概念、特性

担保物权，是指以担保债务的清偿为目的，在债务人或者第三人的特定的财产或者权利上设立的一种物权。担保物权人在债务人不履行到期债务或者发生当事人约定的实现担保物权的情形，依法享有就担保财产优先受偿的权利，但法律另有规定的除外。我国担保物权包括抵押权、质权、留置权。担保物权有以下特性：

(一) 从属性

担保物权的设立目的就是担保债权的实现，故担保物权具有从属性。担保物权的设立，一般以主债权存在为前提。主债权不存在，担保物权也不能设立。担保物权不能与主债权分离而转让。

（二）补充性

债的担保只有在其所担保债务不履行或者不能履行时，才能执行担保财产。从对债权的清偿来说，主债顺序在先，担保债权在后。担保债权只起到补充义务，只有在主债权得不到实现时，才能主张担保债权。

（三）物上代位性

担保物权注重物的交换价值，担保期间，担保财产毁损、灭失或者被征收等，担保物权人可以就获得的保险金、赔偿金或者补偿金等优先受偿。被担保债权的履行期未届满的，也可以提存该保险金、赔偿金或者补偿金等。

二、抵押权

（一）抵押权的概念

抵押权，是指为担保债务的履行，债务人或者第三人不转移财产的占有，将该财产抵押给债权人，债务人不履行到期债务或者发生当事人约定的实现抵押权的情形时，债权人有权就该财产优先受偿。抵押中提供财产担保的债务人或者第三人为抵押人，债权人为抵押权人，提供担保的财产为抵押物。

（二）抵押物

1. 可以抵押的财产

《民法典》第395条规定，债务人或者第三人有权处分的下列财产可以抵押：

（1）建筑物和其他土地附着物；

（2）建设用地使用权；

（3）海域使用权；

（4）生产设备、原材料、半成品、产品；

（5）正在建造的建筑物、船舶、航空器；

（6）交通运输工具；

（7）法律、行政法规未禁止抵押的其他财产。

抵押人可以将前款所列财产一并抵押。

以建筑物抵押的，该建筑物占用范围内的建设用地使用权一并抵押。以建设用地使用权抵押的，该土地上的建筑物一并抵押。抵押人未依据前款规定一并抵押的，未抵押的财产视为一并抵押。乡镇、村企业的建设用地使用权不得单独抵押。以乡镇、村企业的厂房等建筑物抵押的，其占用范围内的建设用地使用权一并抵押。

建设用地使用权抵押后，该土地上新增的建筑物不属于抵押财产。该建设用地使用权实现抵押权时，应当将该土地上新增的建筑物与建设用地使用权一并处分。但是，新增建筑物所得的价款，抵押权人无权优先受偿。

2. 不得抵押的财产

（1）土地所有权；

（2）宅基地、自留地、自留山等集体所有土地的使用权，但法律规定可以抵押的除外；

（3）学校、幼儿园、医疗机构等为公益目的成立的非营利法人的教育设施、医疗卫生设施和其他公益设施；

（4）所有权、使用权不明或者有争议的财产；

（5）依法被查封、扣押、监管的财产；

（6）法律、行政法规规定不得抵押的其他财产。

（三）抵押权的设立

1. 抵押合同

设立抵押权，当事人应当采取书面形式订立抵押合同。抵押合同一般包括下列条款：被担保债权的种类和数额；债务人履行债务的期限；抵押财产的名称、数量等情况；担保的范围等。

2. 抵押登记

（1）登记生效主义。根据《民法典》的规定，如果以建筑物和其他土地附着物、建设用地使用权、海域使用权、正在建造的建筑物这四种财产设定抵押的，应当办理抵押物登记，抵押权自登记之日起设立。

（2）登记对抗主义。以动产抵押的，抵押权自抵押合同生效时设立。未经登记，不得对抗善意第三人。以动产抵押的，不得对抗正常经营活动中已经支付合理价款并取得抵押财产的买受人。

3. 抵押权的效力

（1）抵押权人在债务履行期届满前，不得与抵押人约定债务人不履行到期债务时抵押财产归债权人所有。

（2）订立抵押合同前抵押财产已出租的，原租赁关系不受该抵押权的影响。抵押权设立后抵押财产出租的，该租赁关系不得对抗已登记的抵押权。

（3）抵押期间，抵押人可以转让抵押财产。当事人另有约定的，按照其约定。抵押财产转让的，抵押权不受影响。

抵押人转让抵押财产的，应当及时通知抵押权人。抵押权人能够证明抵押财产转让可能损害抵押权的，可以请求抵押人将转让所得的价款向抵押权人提前清偿债务或者提存。转让的价款超过债权数额的部分归抵押人所有，不足部分由债务人清偿。

（4）抵押人的行为足以使抵押财产价值减少的，抵押权人有权请求抵押人停止其行为；抵押财产价值减少的，抵押权人有权请求恢复抵押财产的价值，或者提供与减少的价值相应的担保。抵押人不恢复抵押财产的价值，也不提供担保的，抵押权人有权请求债务人提前清偿债务。

4. 抵押权的实现

（1）债务人不履行到期债务或者发生当事人约定的实现抵押权的情形，抵押权人可以与抵押人协议以抵押财产折价或者以拍卖、变卖该抵押财产所得的价款优先受偿。协议损害其他债权人利益的，其他债权人可以请求人民法院撤销该协议。

抵押权人与抵押人未就抵押权实现方式达成协议的，抵押权人可以请求人民法院拍卖、变卖抵押财产。抵押财产折价或者变卖的，应当参照市场价格。

（2）同一财产向两个以上债权人抵押的，拍卖、变卖抵押财产所得的价款依照下列规定清偿：第一，抵押权已登记的，按照登记的时间先后顺序清偿；第二，抵押权已登记的先于未登记的受偿；第三，抵押权未登记的，按照债权比例清偿。

同一财产既设立抵押权又设立质权的，拍卖、变卖该财产所得的价款按照登记、交付的时间先后确定清偿顺序。

抵押权人可以放弃抵押权或者抵押权的顺位。抵押权人与抵押人可以协议变更抵押权顺位以及被担保的债权数额等内容。但是，抵押权的变更未经其他抵押权人书面同意的，不得对其他抵押权人产生不利影响。

债务人以自己的财产设定抵押，抵押权人放弃该抵押权、抵押权顺位或者变更抵押权的，其他担保人在抵押权人丧失优先受偿权益的范围内免除担保责任，但是其他担保人承诺仍然提供担保的除外。

案例思考5-5

2017 年 6 月 15 日，甲公司从银行贷款 30 万元，约定 2018 年 9 月 15 日还本付息。银行要求甲公司提供担保，甲公司提出以其位于东阳区的一办事机构的房屋设定抵押，作为按期偿还贷款的担保。2018 年 2 月，位于东阳区的甲公司的办事机构因业务需要，紧临原办事机构的房屋，又增建了三间平房，作为仓库。2018 年 9 月 15 日，甲公司没有偿还 30 万元贷款，银行几次催告，甲公司仍以无力偿还为由不予偿还。

问题：

（1）甲公司与银行之间签订的房屋抵押合同，可否以口头的方式签订？为什么？

（2）甲公司与银行之间订立的该房屋抵押权，是否必须进行抵押登记？为什么？

（3）甲公司以其办事机构的房屋设定抵押时，该房屋占用范围内的国有土地使用权是否要一并设定抵押？为什么？

（4）甲公司紧临原办事机构新建的三间平房是否属于抵押的财产？为什么？

三、质权

（一）质权概述

质权，是指为担保债务的履行，债务人或者第三人将其动产或权利出质给债权人占有的，债务人不履行到期债务或者发生当事人约定的实现质权的情形，债权人有权就该动产或权利优先受偿。

债务人或者第三人为出质人，债权人为质权人，设定质权的动产或权利为质押财产。

质押分为动产质押与权利质押。

（二）动产质押

动产质押，是以动产作为标的物的质押。法律、行政法规禁止转让的动产不得质押。

1. 动产质权的设立

设立质权，当事人应当采取书面形式订立质权合同。质权合同一般包括下列条款：被担保债权的种类和数额；债务人履行债务的期限；质押财产的名称、数量、质量、状况；担保的范围；质押财产交付的时间。质权人在债务履行期届满前，不得与出质人约定债务人不履行到期债务时质押财产归债权人所有。质权自出质人交付质押财产时设立。

2. 动产质权的效力

（1）质权人的权利。质权人有权收取质押财产的孳息，但是合同另有约定的除外。质权人收取孳息应当先充抵收取孳息的费用。

质权人可以放弃质权。债务人以自己的财产出质，质权人放弃该质权的，其他担保人在质权人丧失优先受偿权益的范围内免除担保责任，但是其他担保人承诺仍然提供担保的除外。

（2）质权人义务。质权人负有妥善保管质押财产的义务；因保管不善致使质押财产毁损、灭失的，应当承担赔偿责任。质权人的行为可能使质押财产毁损、灭失的，出质人可以要求质权人将质押财产提存，或者要求提前清偿债务并返还质押财产。

质权人在质权存续期间，未经出质人同意，擅自使用、处分质押财产，造成出质人损害的，应当承担赔偿责任。

（3）流质条款无效。质权人在债务履行期限届满前，与出质人约定债务人不履行到期债务时质押财产归债权人所有的，只能依法就质押财产优先受偿。如果违反该规定，则约定的“流质条款”无效，但不影响质押合同其他部分的效力。

（4）质权实现。债务人不履行到期债务或者发生当事人约定的实现质权的情形，质权人可以与出质人协议以质押财产折价，也可以就拍卖、变卖质押财产所得的价款优先受偿。

质押财产折价或者变卖的，应当参照市场价格。

债务人履行债务或者出质人提前清偿所担保的债权的，质权人应当返还质押财产。

（三）权利质押

根据《民法典》的规定，债务人或者第三人有权处分的下列权利可以出质：

（1）汇票、支票、本票；

（2）债券、存款单；

（3）仓单、提单；

（4）可以转让的基金份额、股权；

（5）可以转让的注册商标专用权、专利权、著作权等知识产权中的财产权；

（6）现有的以及将有的应收账款；

（7）法律、行政法规规定可以出质的其他财产权利。

权利质押因为设定质押的权利标的不同，其生效条件也是不同的：

（1）以汇票、本票、支票、债券、存款单、仓单、提单出质的，质权自权利凭证交付质权人时设立；没有权利凭证的，质权自办理出质登记时设立。法律另有规定的，依照其规定。汇票、本票、支票、债券、存款单、仓单、提单的兑现日期或者提货日期先于主债权到期的，质权人可以兑现或者提货，并与出质人协议将兑现的价款或者提取的货物提前清偿债务或者提存。

（2）以基金份额、股权出质的，质权自办理出质登记时设立。基金份额、股权出质后，不得转让，但是出质人与质权人协商同意的除外。出质人转让基金份额、股权所得的价款，应当向质权人提前清偿债务或者提存。

（3）以注册商标专用权、专利权、著作权等知识产权中的财产权出质的，质权自办理出质登记时设立。知识产权中的财产权出质后，出质人不得转让或者许可他人使用，但是出质人与质权人协商同意的除外。出质人转让或者许可他人使用出质的知识产权中的财产权所得的价款，应当向质权人提前清偿债务或者提存。

（4）以应收账款出质的，质权自办理出质登记时设立。应收账款出质后，不得转让，但是出质人与质权人协商同意的除外。出质人转让应收账款所得的价款，应当向质权人提前清偿债务或者提存。

案例思考5-6

自然人甲与自然人乙是好友，甲因扩大店面急需资金向乙借款10万元，乙要求甲提供担保，甲将自己的奥迪车出质给乙，乙因自己不会开车，要求甲将该车开回。后甲向自然人丙借款10万元，又将该车出质给丙。丙对该车进行了占有。该奥迪车的价值为50万元。在丙占有期间，因丁向丙租用该车，丙未经甲同意，即与丁签订了租赁合同。丁因违章驾驶造成该车灭失，为此引起纠纷。结合《民法典》相关知识回答。

问题：

（1）本案中，乙的质权是否成立？为什么？

（2）甲、丙之间存在何种法律关系？丙是否有权出租该车？为什么？

（3）甲可就该车损失向谁主张权利？为什么？

四、留置权

（一）留置权概述

留置权，是指债权人合法占有债务人的动产，在债务人不履行到期债务时，债权人有权依法留置该财产，并有权就该财产享有优先受偿的权利。留置权属于法定的担保物权。留置权一般产生于加工承揽合同、运输合同和保管合同中。留置权的产生不是依据当事人之间的约定，而是在符合法律规定的条件时产生。但当事人可以通过合同约定排除留置权的适用。

（二）留置权的成立条件

（1）债权人合法占有债务人的动产。债权人的占有必须合法，因此，动产如果是因侵权行为而占有的，不能产生留置权。原则上动产应当属于债务人所有，但根据《民法典》和《担保法司法解释》的规定，留置权可以善意取得，即如果债权人合法占有债务人交付的动产时，不知债务人无处分该动产的权利，债权人仍可以行使留置权。

（2）占有的动产与债权属于同一法律关系。《民法典》规定，债权人留置的动产，应当与债权属于同一法律关系，但企业之间留置的除外。

（3）债务已届清偿期且债务人未按规定期限履行义务。

（三）留置权的效力

留置权人在占有留置物期间内，除了留置物本身以外，留置权的效力还及于从物、孳息和代位物。根据《民法典》的规定，留置的财产为可分物的，留置物的价值应当相当于债务的金额。留置物为不可分物的，留置权人可以就其留置物的全部行使留置权。留置权的效力分两个层次：留置标的物和优先受偿。

1. 留置标的物

债权人在其债权没有得到清偿时，有权留置债务人的财产，并给债务人确定一个履行期限。根据《民法典》的规定，该履行期限应当为两个月以上。自留置开始之时起，留置权人就享有收取留置物孳息的权利。

2. 优先受偿

债务人超过规定的期限仍不履行其债务时，留置权人可依法以留置物折价或拍卖、变卖所得价款优先受偿。留置财产折价或者拍卖、变卖后，其价款超过债权数额的部分归债务人所有，不足部分由债务人清偿。同一动产上已设立抵押权或者质权，该动产又被留置的，留置权人优先受偿。

自测练习

一、单项选择题

1. 土地承包经营权属于（　　）。

A. 所有权　　B. 用益物权　　C. 担保物权　　D. 准物权

2. 根据《民法典》的规定，在抵押权登记问题上，我国采取的原则是（　　）。

A. 登记生效主义　　B. 登记对抗主义

C. 交付生效主义　　D. 登记生效和登记对抗主义

3. 甲在电器修理部修理一台电视机，在取电视机时，因所带钱不够支付修理费，经修理部同意，甲将其价值近千元的手表留下，取走了电视机。修理部对手表所享有的权利是（　　）。

A. 留置权　　B. 质权　　C. 抵押权　　D. 典权

4. 甲、乙、丙共有一套房屋，其应有部分各为1/3。为了提高房屋的价值，甲主张将此房的地面铺上木地板，乙表示赞同，但丙反对。下列选项哪一个是正确的？（　　）

A. 因没有经过全体共有人的同意，甲、乙不得铺木地板

B. 因甲、乙的份额已占份额的2/3以上，故甲、乙可以铺木地板

C. 甲、乙只能在自己的应有部分上铺木地板

D. 若甲、乙坚持铺木地板，则需先分割共有房屋

5. 王某有一栋两层楼房，在楼顶设置了一个商业广告牌。后王某将该楼房的第二层出售给了张某。下列哪项是不正确的？（　　）

A. 张某与王某间形成了建筑物区分所有权关系

B. 张某对楼顶享有共有和共同管理的权利

C. 张某有权要求与王某分享其购房后的广告收益

D. 张某无权要求与王某分享其购房后的广告收益

二、多项选择题

1. 根据《民法典》的规定，下列各项中，属于孳息的有（　　）。

A. 出租柜台所得租金　　B. 果树上已经成熟并采摘下来的果实

C. 动物腹中的幼仔　　D. 银行存款所得利息

2. 下列财产中，不能用于抵押的财产包括（　　）。

A. 土地所有权　　B. 所有权不明的财产

C. 被扣押的财产　　D. 学校的教学楼

3. 下列财产中，可以用于设定质权的是（　　）。

A. 建设用地使用权　　B. 电视机

C. 古字画　　D. 注册商标权

4. 根据《民法典》的规定，以（　　）抵押的，应当办理抵押登记。

A. 建筑物　　B. 建设用地使用权

C. 汽车　　D. 航空器

5. 2018年10月5日甲向乙借款1 000元，同时签订了一份质押合同，约定甲于同年10月8日将一头受胎的母牛作为质物交付给乙，甲如期交付。稍后，母牛生下小牛一头。下列选项中哪些是正确的？（　　）

A. 质权的设立时间为2018年10月5日

B. 质权的设立时间为2018年10月8日

C. 小牛归乙所有

D. 小牛应归甲所有，但可作为质权的标的

三、案例分析题

郑某开办公司资金不足，其父将其名下一套两室一厅的商品房以25万元卖给即将回国定居的郭某，但其父还未来得及办理过户手续即去世。郑某不知其父卖房一事，继承了这笔房款及房屋，并办理了登记手续。随后，郑某以其继承的商品房作抵押向陈某借款10万元，将房产证交给了陈某，但没有办理抵押登记。根据物权法律制度的规定，请问：

（1）郑某是否享有房屋的所有权？

（2）陈某是否对房屋享有抵押权？

第六章 合同法

《民法典》合同编共计 526 个条文，几乎占民法典 1 260 个条文的“半壁江山”，可谓“浓墨重彩”。合同编共分为三个分编——通则、典型合同、准合同，在原来的合同法基础上，进行了全方位的修订。

在实际学习和生活中，合同无所不在，交易的产生常常伴随着合同的成立。通过对合同的学习，不仅能够让我们对合同的理论有一定的了解，对一些合同签订后产生的纠纷有形象的认识，而且能够让我们掌握合同订立的形式、相关程序和从合同签订到合同履行过程中应注意的各种问题。

第一节 合同的基本理论

学习目标

- 熟悉合同的概念。
- 掌握合同的分类。
- 能够正确掌握不同类型合同的使用方式。

案例导入

小张向孙某借款3万元，并为孙某出具收条："收条，今收到孙某3万元。"后小张未还款，孙某向法院起诉，但法院并未支持孙某的诉讼请求。

问题：法院不支持孙某诉讼请求的原因是什么？

一、合同的概念与特征

（一）合同的概念

根据《民法典》合同编的规定：合同是民事主体之间设立、变更、终止民事法律关系的协议。

婚姻、收养、监护等有关身份关系的协议，适用有关该身份关系的法律规定；没有规定的，可以根据其性质参照适用本编规定。

（二）合同的特征

（1）合同是一种民事法律行为。依法成立的合同对合同当事人具有法律上的约束力，但是法律另有规定的除外。当事人必须严格按照合同的约定来履行自己的义务，不得擅自变更和解除合同。

（2）合同是双方或者多方当事人之间意思表示一致的民事法律行为。合同的当事人只有意思表示一致，合同才能成立。

（3）合同是以在当事人之间设立、变更、终止财产性的民事权利义务关系为目的民事法律行为。任何法律行为都具有一定的目的性，合同的目的性也很强，即通过合同的订立在当事人之间或设立、或变更、或终止民事权利和民事义务。

二、合同的分类

（一）有名合同、无名合同和准合同

根据法律是否规定了合同的名称和具体规则，将合同分为有名合同、无名合同和准合

同。有名合同，又称典型合同，是法律已经规定了名称和具体规则的合同。如《民法典》合同第二分编典型合同中规定的买卖合同、供用电/水/气/热力合同、赠与合同、借款合同、租赁合同、融资租赁合同、承揽合同、建设工程合同、运输合同、技术合同、保管合同、仓储合同、委托合同、行纪合同、保证合同、保理合同、物业服务合同、中介合同、合伙合同 19 类典型合同。

无名合同，又称非典型合同，是法律尚未规定名称和具体规则的合同。准合同是指单方意思表示而形成的权利和义务关系。《民法典》第三分编还规范了准合同的定义，即准合同主要指两类，即无因管理和不当得利。

有名合同直接适用《民法典》中典型合同关于该类合同的规定；而对于无名合同，《民法典》典型合同或者其他法律没有明文规定的，适用《民法典》第一分编的规定，并可以参照《民法典》典型合同或者其他法律最相类似的规定。准合同适用《民法典》第三分编的规定。

阅读资料

《民法典》新增的典型合同和准合同

《民法典》规定的 19 类有名合同为：买卖合同、供用电/水/气/热力合同、赠与合同、借款合同、租赁合同、融资租赁合同、承揽合同、建设工程合同、运输合同、技术合同、保管合同、仓储合同、委托合同、行纪合同、保证合同、保理合同、物业服务合同、中介合同、合伙合同。其中保证合同、保理合同、物业服务合同、中介合同、合伙合同是与之前《合同法》相比新增加的几种典型合同。

保证合同是为保障债权的实现，保证人和债权人约定，当债务人不履行到期债务或者发生当事人约定的情形时，保证人履行债务或者承担责任的合同。

保理合同是指应收账款债权人将现有的或者将有的应收账款转让给保理人，保理人提供资金融通、应收账款管理或者催收、应收账款债务人付款担保等服务的合同。

物业服务合同是物业服务人在物业服务区域内，为业主提供建筑物及其附属设施的维修养护、环境卫生和相关秩序的管理维护等物业服务，业主支付物业费的合同。物业服务人包括物业服务企业和其他物业管理人。

中介合同是中介人向委托人报告订立合同的机会或者提供订立合同的媒介服务，委托人支付报酬的合同。

合伙合同就是二个以上合伙人为了共同的事业目的，订立的共享利益、共担风险的协议。

准合同和合同不同的是，合同是双方意思表示，而准合同是单方意思表示，准合同主要指两类，即无因管理和不当得利。

无因管理是指管理人没有法定的或者约定的义务，为避免他人利益受损失而管理他人事务的，可以请求受益人偿还因管理事务而支出的必要费用；管理人因管理事务受到损失的，可以请求受益人给予适当补偿。

不当得利是指得利人没有法律根据取得不当利益的，受损失的人可以请求得利人返还取得的利益。

（二）双务合同和单务合同

根据当事人之间是否互负对待给付义务，将合同分为双务合同和单务合同。双务合同是当事人双方互负对待给付义务的合同，如买卖合同、租赁合同。单务合同是仅有当事人一方负担给付义务的合同，如赠与合同、借用合同。区分双务合同与单务合同的法律意义在于，双务合同中当事人之间的权利义务具有相对和依赖关系，适用合同履行抗辩权。而单务合同则不适用合同履行抗辩权。

（三）有偿合同和无偿合同

根据当事人享有权利是否支付对价，将合同分为有偿合同和无偿合同。有偿合同是当事人取得权益必须支付对价的合同。无偿合同是当事人取得权益无须支付对价的合同。绝大多数合同为有偿合同。

在无偿合同中，单纯给予利益的一方原则上承担较轻的注意义务，而在有偿合同中，当事人要承担较重的注意义务。如《民法典》第897条规定：“保管期内，因保管人保管不善造成保管物毁损、灭失的，保管人应当承担赔偿责任。但是，无偿保管人证明自己没有故意或者重大过失的，不承担赔偿责任。”

（四）诺成合同和实践合同

根据合同的成立是否需要交付标的物，将合同分为诺成合同和实践合同。诺成合同是当事人的意思表示一致即成立的合同。一般的合同为诺成合同。实践合同是除当事人意思表示一致外，尚需交付标的物才能成立或者生效的合同。如《民法典》第890条规定：“保管合同自保管物交付时成立，但是当事人另有约定的除外。”第679条规定：“自然人之间的借款合同，自贷款人提供借款时成立。”

（五）要式合同和不要式合同

根据合同是否以一定的形式为要件，将合同分为要式合同和不要式合同。要式合同是法律规定必须采取某种形式的合同。这些形式包括书面形式、批准形式、登记形式、公证形式、公告形式等。如中外合资经营企业合同、中外合作经营企业合同只能采用批准形式。不要式合同是法律不要求必须采用某种形式的合同。不要式合同体现了合同自愿原则，因此绝大多数合同为不要式合同。

（六）主合同和从合同

根据合同之间的主从关系，将合同分为主合同和从合同。主合同是不依赖其他合同的存在即可独立存在的合同。从合同是以其他合同的存在为存在前提的合同，如担保合同。

从合同依附于主合同：主合同成立，从合同才能成立；主合同无效或者被撤销，从合同一般也失去效力；主合同权利转让，从合同权利通常也随之转让；主合同终止，从合同也消灭。

三、合同法与民法的关系

（一）合同法的概念

合同法是调整因合同产生的民事关系的法律规范的总称。为了保护合同当事人的合法权益，维护社会经济秩序，促进社会主义现代化建设，2020 年 5 月 28 日下午，十三届全国人大三次会议表决通过《中华人民共和国民法典》，于 2021 年 1 月 1 日起施行。其中第三编合同，合同编包括通则、典型合同和准合同三部分。

民法调整平等主体的自然人、法人和非法人组织之间的人身关系和财产关系。民法属于对平等民事主体（包括自然人、法人以及非法人组织等）之间，在人身关系以及财产关系进行调整的一类法律规范的总称，属于法律体系当中一个相对独立的部门。民法不仅包含形式上的民法（也就是民法典），同时也包括一些单行法规当中的民事法律规范。

合同法是市场经济的基本法，在现代市场经济法治保障中发挥着最为基础性的作用。我国民法典合同编一共分为三个分编（通则、典型合同、准合同），共计 526 条，占民法典条文总数的 40%以上，几乎占据民法典的半壁江山，在民法典中具有举足轻重的地位。

（二）民法基本原则

合同法属于民法典中的一个部分，《民法典》中的基本规定也适用合同法。

1. 权利保护原则

民事主体的人身权利、财产权利以及其他合法权益受法律保护，任何组织或者个人不得侵犯。

2. 平等原则

民事活动中当事人的法律地位平等，一方不得将自己的意志强加给另一方。无论当事人之间有无行政上的隶属关系，也不管他们之间经济实力强弱，在民事活动中的地位一律平等，不得以权压人，以大欺小，以强凌弱，订立霸王合同。

3. 自愿原则

民事主体从事民事活动，应当遵循自愿原则，按照自己的意思设立、变更、终止民事法律关系。在合同当中，当事人依法享有自愿订立合同的权利，任何单位和个人不得非法干预；合同当事人有订立或不订立合同的自由，任何单位和个人不得非法干涉；当事人有选择合同相对人、合同内容和合同形式的自由。当然，自愿必须在法律规定的范围内，当事人订立合同必须遵守法律、行政法规，尊重社会公德，并不得损害他人的合法权益。

4. 公平原则

民事主体从事民事活动，应当遵循公平原则，合理确定各方的权利和义务。公平原则适用于双务合同，它是等价交换原则在合同领域的体现。

为贯彻公平原则，《民法典》第 533 条规定，合同成立后，合同的基础条件发生了当事人在订立合同时无法预见的、不属于商业风险的重大变化，继续履行合同对于当事人一方明显不公平的，受不利影响的当事人可以与对方重新协商；在合理期限内协商不成的，当事人可以请求人民法院或者仲裁机构变更或者解除合同。人民法院或者仲裁机构应当结合案件的实际情况，根据公平原则变更或者解除合同。

5. 诚实信用原则

民事主体从事民事活动，应当遵循诚信原则，秉持诚实，恪守承诺。当事人行使权利、履行义务应当遵循诚实信用原则。即当事人在从事活动时，应当善意、诚实、守信。

6. 守法和公序良俗原则

民事主体从事民事活动，不得违反法律，不得违背公序良俗。处理民事纠纷，应当依照法律；法律没有规定的，可以适用习惯，但是不得违背公序良俗。当事人从事民事活动，应当遵守法律、行政法规，尊重社会公德，不得扰乱社会经济秩序，损害社会公共利益。这一原则侧重于维护国家利益和社会公共利益。

7. 节约资源、保护生态环境原则

民事主体从事民事活动，应当有利于节约资源、保护生态环境。其中《民法典》第509条规定："当事人在履行合同过程中，应当避免浪费资源、污染环境和破坏生态。"这就明确规定了当事人在合同履行中应当避免浪费资源和破坏生态。再如，《民法典》第558条规定："债权债务终止后，当事人应当遵循诚信等原则，根据交易习惯履行通知、协助、保密、旧物回收等义务。"此外，在买卖合同中，合同编还明确规定，没有通用方式的，应当采取足以保护标的物且有利于节约资源、保护生态环境的包装方式，出卖人负有自行或者委托第三人对标的物予以回收的义务。

案例思考6-1

2018年12月，市民曾先生花了191万元买下浦东新区花山路一处房产。想等原本租住的房子租约到期，并将所购房屋稍微进行装修后搬新家。一年后，经好心的邻居提醒，才知道购买的房屋内曾发生过恶性凶杀事件。了解到真实情况后，曾先生找到了卖家，但卖家却矢口否认。曾先生向法院提起诉讼要求"退房"。

问题：法院能否支持曾先生的诉讼请求？

第二节 合同的订立

学习目标

- 掌握合同订立的程序。
- 熟悉合同的内容和形式。
- 了解缔约过失责任。
- 能够依法订立有效合同。

案例导入

甲公司于2019年3月1日向乙公司发出电子邮件称："现有当年产玉米50吨，每吨1 000元，如贵方需购，望于收到邮件之日起一周内回复为盼。"3月3日，乙公司给甲公司复电称："接受贵方条件，但希望以每吨800元成交。"请根据《民法典》分析。

问题：

(1) 甲、乙之间的合同关系是否成立？为什么？

(2) 假设乙公司在3月10日复电给甲公司称"完全接受贵方条件"，则甲、乙之间的合同关系是否成立？为什么？

一、合同订立的基本程序

合同的订立是指两个或两个以上的当事人，依法就合同的主要条款经过协商一致达成协议的法律行为。当事人订立合同，可以采取要约、承诺方式或者其他方式。

（一）要约

1. 要约的概念

要约是希望与他人订立合同的意思表示，该意思表示应当符合下列条件：

(1) 内容具体确定；

(2) 表明经受要约人承诺，要约人即受该意思表示约束。

发出要约的一方当事人是要约人，要约所指向的对方当事人是受要约人。要约人必须是能够确定的；受要约人一般也是特定的，但在一些场合，要约人也可以向不特定人发出要约。

2. 要约邀请

要约邀请是希望他人向自己发出要约的意思表示。要约邀请与要约不同，要约是一经承诺就能成立合同的意思表示；而要约邀请的目的则是邀请他人向自己发出要约，自己如果承诺才能成立的合同。要约邀请处于合同的准备阶段，没有法律约束力。要约邀请是希望他人向自己发出要约的表示。拍卖公告、招标公告、招股说明书、债券募集办法、基金招募说明书、商业广告和宣传、寄送的价目表等为要约邀请。

商业广告和宣传的内容符合要约条件的，构成要约。

阅读资料

商品房销售广告的性质认定

根据《商品房买卖合同司法解释》的规定，商品房的销售广告和宣传资料为要约邀请，但是出卖人就商品房开发规划范围内的房屋及相关设施作的说明和允诺具体确定有重大影响的，应当视为要约。该说明和允诺即使未载入商品房买卖合同，亦应当视为合同内容，当事人违反的，应当承担违约责任。

3. 要约的生效

要约的生效是指要约发生法律效力。要约的法律效力表现为：要约生效后，要约人不得随意撤销要约或者对要约的内容任意扩张、限制和变更，受要约人则取得承诺的权利。

要约到达受要约人时生效。以对话方式作出的意思表示，相对人知道其内容时生效。

以非对话方式作出的意思表示，到达相对人时生效。以非对话方式作出的采用数据电文形式的意思表示，相对人指定特定系统接收数据电文的，该数据电文进入该特定系统时生效；未指定特定系统的，相对人知道或者应当知道该数据电文进入其系统时生效。当事人对采用数据电文形式的意思表示的生效时间另有约定的，按照其约定。

4. 要约的撤回

要约的撤回是要约人在要约发出后、未到达受要约人之前取消要约。

要约可以撤回。撤回意思表示的通知应当在意思表示到达相对人前或者与意思表示同时到达相对人。

5. 要约的撤销

要约的撤销是要约人在要约到达受要约人之后、受要约人发出承诺通知之前取消要约。

要约可以撤销。撤销要约的意思表示以对话方式作出的，该意思表示的内容应当在受要约人作出承诺之前为受要约人所知道；撤销要约的意思表示以非对话方式作出的，应当在受要约人作出承诺之前到达受要约人。

有下列情形之一的，要约不得撤销：（1）要约人以确定承诺期限或者其他形式明示要约不可撤销；（2）受要约人有理由认为要约是不可撤销的，并已经为履行合同做了合理准备工作。

6. 要约的失效

要约的失效是指要约丧失了法律拘束力，即不再对要约人和受要约人产生拘束。要约失效后，要约人可以向第三人发出同样的要约，受要约人则失去承诺的资格。

有下列情形之一的，要约失效：

（1）要约被拒绝；

（2）要约被依法撤销；

（3）承诺期限届满，受要约人未作出承诺；

（4）受要约人对要约的内容作出实质性变更。

案例思考6-2

2018 年，俞某购买了某置业股份有限公司建造的一处房屋，并签订了购房合同。在该合同中，双方对业主子女入学就读事宜无约定。但该置业公司在卖房广告中载有“该小区业主子女享受免试入学，义务教育收费标准”“不出社区，轻松入读名校”等内容。在该楼盘的售楼资料中，同样载有上述内容。

问题：该置业公司的卖房广告中有关业主子女入学内容是否构成要约？

（二）承诺

1. 承诺的概念

承诺是受要约人同意要约的意思表示。一经承诺，合同即告成立。承诺的构成要件包括：(1) 承诺由受要约人向要约人作出。非受要约人向要约人作出的表示接受要约的意思表示不是承诺，而是一个要约。(2) 承诺应当以通知的方式作出。但根据交易习惯或者要约表明可以通过行为作出承诺的除外。(3) 承诺必须在合理的期限内作出。(4) 承诺的内容应当与要约的内容一致。

2. 承诺的期限

(1) 承诺到达的时间。承诺应当在要约确定的期限内到达要约人。要约没有确定承诺期限的，承诺应当依照下列规定到达：要约以对话方式作出的，应当即时作出承诺，但当事人另有约定的除外；要约以非对话方式作出的，承诺应当在合理期限内到达。

(2) 承诺期限的起算。要约以信件或者电报作出的，承诺期限自信件载明的日期或者电报交发之日开始计算。信件未载明日期的，自投寄该信件的邮戳日期开始计算。要约以电话、传真等快速通信方式作出的，承诺期限自要约到达受要约人时开始计算。

(3) 迟发的承诺。受要约人超过承诺期限发出承诺，或者在承诺期限内发出承诺，按照通常情形不能及时到达要约人的，为新要约；但是，要约人及时通知受要约人该承诺有效的除外。

(4) 迟到的承诺。受要约人在承诺期限内发出承诺，按照通常情形能够及时到达要约人，但是因其他原因致使承诺到达要约人时超过承诺期限的，除要约人及时通知受要约人因承诺超过期限不接受该承诺外，该承诺有效。

3. 承诺的内容

承诺的内容应当与要约的内容一致。受要约人对要约的内容作出实质性变更的，为新要约。有关合同标的、数量、质量、价款或者报酬、履行期限、履行地点和方式、违约责任和解决争议方法等的变更，是对要约内容的实质性变更。

承诺对要约的内容作出非实质性变更的，除要约人及时表示反对或者要约表明承诺不得对要约的内容作出任何变更的以外，该承诺有效，合同的内容以承诺的内容为准。

4. 承诺的撤回

承诺可以撤回。撤回承诺的通知应当在承诺通知到达要约人之前或者与承诺通知同时到达要约人。

5. 承诺的生效

承诺通知到达要约人时生效。承诺不需要通知的，根据交易习惯或者要约的要求作出承诺的行为时生效。

案例思考6-3

北京甲于2019年3月1日发出一份要约信函给广州乙，载明乙务必于3月10日之前承诺，该要约于3月5日到达乙处。乙于3月8日作出承诺，并当日以特快专递寄出，依惯例可在3月9日到达甲处。但因特快专递公司一名职员疏忽，直到3月15日才到达甲处。甲未置可否。

问题：甲、乙之间的合同成立吗？

二、合同的内容与形式

（一）合同的内容

1. 合同一般应具备的条款

合同的内容由当事人约定，一般包括以下条款：（1）当事人的名称或者姓名和住所；（2）标的；（3）数量；（4）质量；（5）价款或者报酬；（6）履行期限、地点和方式；（7）违约责任；（8）解决争议的方法。当事人可以参照各类合同的示范文本订立合同。

2. 格式条款

格式条款是当事人为了重复使用而预先拟定，并在订立合同时未与对方协商的条款。与格式条款相对应的是非格式条款。非格式条款是当事人在订立合同时协商一致的合同条款。

（1）提供格式条款一方的提示义务。采用格式条款订立合同的，提供格式条款的一方应当遵循公平原则确定当事人之间的权利和义务，并采取合理的方式提示对方注意免除或者减轻其责任等与对方有重大利害关系的条款，按照对方的要求，对该条款予以说明。提供格式条款的一方未履行提示或者说明义务，致使对方没有注意或者理解与其有重大利害关系的条款的，对方可以主张该条款不成为合同的内容。

（2）格式条款的无效。格式条款具有《民法典》规定的合同无效和免责条款无效情形的，提供格式条款一方不合理地免除或者减轻其责任、加重对方责任、限制对方主要权利；提供格式条款一方排除对方主要权利；以上格式条款无效。

（3）对格式条款的解释和格式条款与非格式条款不一致时的处理。对格式条款的理解发生争议的，应当按照通常理解予以解释。对格式条款有两种以上解释的，应当作出不利于提供格式条款一方的解释。格式条款和非格式条款不一致的，应当采用非格式条款。

案例思考6-4

2019年3月以来，某市扬帆旅行社印制商业广告，其中含“在不减少景点的情况下，旅行社有权调整行程”“如有自愿离团或放弃旅游项目的，本公司不予退费”等内容。

问题：该商业广告中的内容是否有效？

（二）合同的形式

当事人订立合同，有书面形式、口头形式和其他形式。

1. 书面形式

书面形式是合同书、信件、电报、电传、传真等可以有形地表现所载内容的形式。以电子数据交换、电子邮件等方式能够有形地表现所载内容，并可以随时调取查用的数据电文，视为书面形式。法律、行政法规规定采用书面形式的，应当采用书面形式。当事人约定采用书面形式的，应当采用书面形式。

2. 口头形式

口头形式是当事人只用语言不用文字为意思表示订立合同。口头形式直接、简便、迅速，适用于即时结清的合同。但发生纠纷时难以取证，不易分清责任，所以对于不即时结清的和较重要的合同不宜采用口头形式。

3. 其他形式

除了书面和口头形式以外，其他形式包括推定和沉默等方式。

三、合同成立的时间和地点

（一）合同成立的时间

承诺生效时合同成立。当事人采用合同书形式订立合同的，自当事人均签名、盖章或者按指印时合同成立。当事人采用信件、数据电文等形式订立合同要求签订确认书的，签订确认书时合同成立。

在签名、盖章或者按指印之前，当事人一方已经履行主要义务，对方接受时，该合同成立。法律、行政法规规定或者当事人约定合同应当采用书面形式订立，当事人未采用书面形式但是一方已经履行主要义务，对方接受时，该合同成立。

当事人一方通过互联网等信息网络发布的商品或者服务信息符合要约条件的，对方选择该商品或者服务并提交订单成功时合同成立，但是当事人另有约定的除外。

（二）合同成立的地点

承诺生效的地点为合同成立的地点。采用数据电文形式订立合同的，收件人的主营业地为合同成立的地点；没有主营业地的，其住所地为合同成立的地点。当事人另有约定的，按照其约定。

当事人采用合同书形式订立合同的，最后签名、盖章或者按指印的地点为合同成立的地点，但是当事人另有约定的除外。

四、缔约过失责任

缔约过失责任是当事人一方在合同订立过程中实施了违背诚实信用原则的行为应承担的损害赔偿责任。

《民法典》第500条规定：当事人在订立合同过程中有下列情形之一，造成对方损失的，应当承担赔偿责任：

（1）假借订立合同，恶意进行磋商；

（2）故意隐瞒与订立合同有关的重要事实或者提供虚假情况；

（3）有其他违背诚信原则的行为。

此外，《民法典》还规定，当事人在订立合同过程中知悉的商业秘密或者其他应当保密的信息，无论合同是否成立，不得泄露或者不正当地使用；泄露、不正当地使用该商业秘密或者信息，造成对方损失的，应当承担赔偿责任。

阅读资料

缔约过失责任和违约责任的区别

缔约过失责任不同于违约责任。第一，缔约过失责任发生在订立合同过程中，而违约责任发生在合同生效之后；第二，缔约过失责任的发生是因为当事人违反了先合同义务（即当事人在订立合同过程中依据诚实信用原则应承担的诚实、通知、保护、保密等义务）且给对方造成了损害，而违约责任的发生是因为当事人违反了合同义务；第三，缔约过失责任由法律规定，而违约责任可由当事人约定。

第三节 合同的效力

学习目标

- 了解合同的生效要件。
- 掌握效力待定合同、无效合同和可撤销合同。
- 能够依法判断合同的效力。

案例导入

甲的儿子不慎失足落水，甲因不会游泳遂向不远处的乙呼救。乙乘机提出：可以帮忙救甲的儿子，但是甲事后必须给其10万元钱。甲为了救儿子，不得不先答应了乙的条件。

问题：甲、乙之间的约定是否有效？

一、合同的生效

（一）合同生效的概念

合同的生效是指已经成立的合同符合法定的生效要件，从而产生法律上的约束力，受法律保护。合同的生效不同于合同的成立。合同的成立是当事人就合同的必备条款达成了协议，一方要约，另一方承诺，合同即成立，它是合同生效的前提。合同成立后，是否有效，还需要考查该合同是否符合合同生效的法律要件。已经成立的合同只有符合法定的生效要件，才能发生法律效力。成立后的合同的效力状态分为四种：有效合同、无效合同、可变更或者可撤销合同、效力待定合同。

（二）合同生效的要件

合同生效应具备以下要件：

（1）行为人具有相应的民事行为能力；

（2）行为人意思表示真实；

（3）不违反法律、行政法规的强制性规定，不违背公序良俗。

（三）合同生效的时间

（1）依法成立的合同，自成立时生效。这是合同生效的一般情况。

（2）依照法律、行政法规的规定，合同应当办理批准等手续的，依照其规定。未办理批准等手续影响合同生效的，不影响合同中履行报批等义务条款以及相关条款的效力。应当办理申请批准等手续的当事人未履行义务的，对方可以请求其承担违反该义务的责任。

（3）当事人对合同的效力可以约定附条件。合同可以附条件，但是根据其性质不得附条件的除外。附生效条件的合同，自条件成就时生效。附解除条件的合同，自条件成就时失效。

当事人为自己的利益不正当地阻止条件成就的，视为条件已经成就；不正当地促成条件成就的，视为条件不成就。

（4）当事人对合同的效力可以约定附期限。合同可以附期限，但是根据其性质不得附期限的除外。附生效期限的民事法律行为，自期限届至时生效。附终止期限的民事法律行为，自期限届满时失效。

二、效力待定合同

（一）效力待定合同的概念

效力待定合同是指虽已成立，但因欠缺合同生效的某些要件，其效力能否发生尚未确定，通常需经有权人追认才能生效的合同。

（二）效力待定合同的种类

1. 限制民事行为能力人依法不能独立订立的合同

限制民事行为能力人订立的合同，经法定代理人同意或者追认后，该合同有效，但纯获利益的合同或者与其年龄、智力、精神健康状况相适应而订立的合同，不必经法定代理人追认。

相对人可以催告法定代理人自收到通知之日起三十日内予以追认。法定代理人未作表示的，视为拒绝追认。民事法律行为被追认前，善意相对人有撤销的权利。撤销应当以通知的方式作出。

2. 无权代理人订立的合同

行为人没有代理权、超越代理权或者代理权终止后以被代理人名义订立的合同，未经被代理人追认，对被代理人不发生效力，由行为人承担责任。无权代理人以被代理人的名义订立合同，被代理人已经开始履行合同义务的，视为对合同的追认。

相对人可以催告被代理人自收到通知之日起三十日内予以追认。被代理人未作表示的，视为拒绝追认。行为人实施的行为被追认前，善意相对人有撤销的权利。撤销应当以通知的方式作出。

行为人实施的行为未被追认的，善意相对人有权请求行为人履行债务或者就其受到的损害请求行为人赔偿。但是，赔偿的范围不得超过被代理人追认时相对人所能获得的利益。

行为人没有代理权、超越代理权或者代理权终止后以被代理人名义订立合同，相对人有理由相信行为人有代理权的，该代理行为有效，所订立的合同不属于效力待定的合同。被代理人承担有效代理行为所产生的责任后，可以向无权代理人追偿因代理行为而遭受的损失。

3. 无处分权人处分他人财产的合同

无处分权人处分他人财产，经权利人追认或者无处分权人订立合同后取得处分权的，该合同有效。

此外，《民法典》还规定，法人或者其他组织的法定代表人、负责人超越权限订立的合同，除相对人知道或者应当知道其超越权限的以外，该代表行为有效。

案例思考6-5

甲将一台笔记本电脑交付给乙修理店修理，乙修好之后以市场价格卖给了丙。

问题：乙、丙之间的买卖合同效力如何？

三、无效合同

（一）无效合同的概念

无效合同是指虽已成立，但不具备法定生效要件，自始不具有法律约束力的合同。合同无效意味着自始、绝对、当然不发生法律效力，其实质是不按当事人合意的内容赋予效力，但并非不发生任何效力，当事人可以按照法律规定要求负返还财产和赔偿损失的责任。

（二）无效合同的种类

有下列情形之一的，合同无效：

（1）无民事行为能力人实施的合同无效。

（2）行为人与相对人以虚假的意思表示实施的合同无效。

（3）违反法律、行政法规的强制性规定的合同无效。但是，该强制性规定不导致该合同无效的除外。

（4）违背公序良俗的合同无效。

(5) 行为人与相对人恶意串通，损害他人合法权益的合同无效。

《民法典》实施以后，人民法院确认合同无效，应当以全国人大及其常委会制定的法律和国务院制定的行政法规为依据，不得以地方性法规、行政规章为依据。

当事人超越经营范围订立合同，人民法院不因此认定合同无效。但违反国家限制经营、特许经营以及法律、行政法规禁止经营规定的除外。

四、可撤销的合同

(一) 可撤销合同的概念

可撤销的合同，是指虽已成立，但欠缺某些法定生效要件，撤销权人可以请求人民法院或者仲裁机构予以撤销的合同。

可撤销的合同不同于效力待定的合同。可撤销的合同未经人民法院或者仲裁机构撤销，该合同有效；效力待定的合同未经有权人追认，通常该合同无效。

(二) 可撤销合同的种类

下列合同，当事人一方有权请求人民法院或者仲裁机构变更或者撤销：

(1) 基于重大误解实施的合同，行为人有权请求人民法院或者仲裁机构予以撤销。

(2) 一方或者第三人以欺诈、胁迫手段，使对方在违背真实意思的情况下实施的合同，受欺诈方或者受胁迫方有权请求人民法院或者仲裁机构予以撤销。

(3) 一方利用对方处于危困状态、缺乏判断能力等情形，致使合同成立时显失公平的，受损害方有权请求人民法院或者仲裁机构予以撤销。

(三) 撤销权的消灭

撤销权是指当事人对可变更或者可撤销的合同请求人民法院或者仲裁机构予以变更或者撤销的权利。

撤销权有存续时间。《民法典》规定，下列情形之一的，撤销权消灭：

(1) 当事人自知道或者应当知道撤销事由之日起一年内、重大误解的当事人自知道或者应当知道撤销事由之日起九十日内没有行使撤销权；

(2) 当事人受胁迫，自胁迫行为终止之日起一年内没有行使撤销权；

(3) 当事人知道撤销事由后明确表示或者以自己的行为表明放弃撤销权。

当事人自民事法律行为发生之日起五年内没有行使撤销权的，撤销权消灭。

阅读资料

可撤销的合同与无效合同的区别

(1) 可撤销的合同在被撤销前是有效的，而无效合同自始无效，即自合同成立时起不具有法律约束力；

(2) 可撤销的合同被人民法院或者仲裁机构撤销后才失去法律约束力，而无效合同当然无效，即无论当事人是否请求确认其无效，也不管人民法院或者仲裁机构是否已经确认其无效，该合同都不发生法律效力；

（3）可撤销的合同，撤销权人不请求撤销，人民法院或者仲裁机构不得主动撤销，而对无效合同则实行干预原则，即人民法院或者仲裁机构在审理或者仲裁合同纠纷时，如果发现当事人争议的合同为无效合同，即使当事人不提出请求，人民法院或者仲裁机构也可以主动确认其无效。

五、无效合同或者被撤销合同的法律后果

（1）无效合同或者被撤销的合同自始没有法律约束力。合同部分无效，不影响其他部分效力的，其他部分仍然有效。

（2）合同无效、被撤销或者终止的，不影响合同中独立存在的有关解决争议方法的条款的效力。

（3）合同无效、被撤销或者确定不发生效力后，行为人因该行为取得的财产，应当予以返还；不能返还或者没有必要返还的，应当折价补偿。有过错的一方应当赔偿对方由此所受到的损失；各方都有过错的，应当各自承担相应的责任。法律另有规定的，依照其规定。

案例思考6-6

甲汽车销售公司与乙汽车制造公司签订了一份轿车买卖合同。由于乙公司的业务员丙对汽车型号不太熟悉，在签订合同时，将甲公司原先想买的B型号轿车写成了A型号轿车。虽然乙公司提供的型号不是甲公司原想购买的B型号轿车，但A型号轿车销量也不错。甲公司按照合同约定提货并支付了货款。

问题：应如何认定此次买卖行为？如果甲又反悔，可以退回车子、要回货款吗？

第四节 合同的履行

学习目标

- 熟悉合同履行的规则。
- 掌握合同履行中的抗辩权。
- 理解合同保全制度。
- 能够正确行使合同履行中的抗辩权。

案例导入

合同约定甲公司应当在2019年8月30日向乙公司交付一批货物。8月中旬，甲公司把货物运送到乙公司。此时乙公司可选择采用以下处理方式：(1) 拒绝接收货物；(2) 不接收货物并要求对方承担违约责任；(3) 接收货物并要求对方承担违约责任；(4) 接收货物并要求对方支付增加的费用。

问题：以上哪些处理方式正确？

一、合同履行的规则

当事人应当按照约定全面履行自己的义务。当事人不得因姓名、名称的变更或者法定代表人、负责人、承办人的变动而不履行义务。

当事人应当遵循诚信原则，根据合同的性质、目的和交易习惯履行通知、协助、保密等义务。

当事人在履行合同过程中，应当避免浪费资源、污染环境和破坏生态。

(一) 合同条款约定不明时的履行规则

合同生效后，当事人就质量、价款或者报酬、履行地点等内容没有约定或者约定不明确的，可以协议补充；不能达成补充协议的，按照合同相关条款或者交易习惯确定。

当事人就有关合同内容约定不明确，依据前条规定仍不能确定的，适用下列规定：

(1) 质量要求不明确的，按照强制性国家标准履行；没有强制性国家标准的，按照推荐性国家标准履行；没有推荐性国家标准的，按照行业标准履行；没有国家标准、行业标准的，按照通常标准或者符合合同目的的特定标准履行。

(2) 价款或者报酬不明确的，按照订立合同时履行地的市场价格履行；依法应当执行政府定价或者政府指导价的，依照规定履行。

(3) 履行地点不明确，给付货币的，在接受货币一方所在地履行；交付不动产的，在不动产所在地履行；其他标的，在履行义务一方所在地履行。

(4) 履行期限不明确的，债务人可以随时履行，债权人也可以随时请求履行，但是应当给对方必要的准备时间。

(5) 履行方式不明确的，按照有利于实现合同目的的方式履行。

(6) 履行费用的负担不明确的，由履行义务一方负担；因债权人原因增加的履行费用，由债权人负担。

(二) 网络电子合同的交付时间

通过互联网等信息网络订立的电子合同的标的为交付商品并采用快递物流方式交付的，收货人的签收时间为交付时间。电子合同的标的为提供服务的，生成的电子凭证或者实物凭证中载明的时间为提供服务时间；前述凭证没有载明时间或者载明时间与实际提供服务时间不一致的，以实际提供服务的时间为准。

电子合同的标的物为采用在线传输方式交付的，合同标的物进入对方当事人指定的特定系统且能够检索识别的时间为交付时间。

电子合同当事人对交付商品或者提供服务的方式、时间另有约定的，按照其约定。

（三）提前履行和部分履行的规则

（1）债权人可以拒绝债务人提前履行债务，但提前履行不损害债权人利益的除外。债务人提前履行债务给债权人增加的费用，由债务人负担。

（2）债权人可以拒绝债务人部分履行债务，但部分履行不损害债权人利益的除外。债务人部分履行债务给债权人增加的费用，由债务人负担。

（四）由第三人履行和向第三人履行的规则

（1）当事人约定由债务人向第三人履行债务，债务人未向第三人履行债务或者履行债务不符合约定的，应当向债权人承担违约责任。

法律规定或者当事人约定第三人可以直接请求债务人向其履行债务，第三人未在合理期限内明确拒绝，债务人未向第三人履行债务或者履行债务不符合约定的，第三人可以请求债务人承担违约责任；债务人对债权人的抗辩，可以向第三人主张。

（2）当事人约定由第三人向债权人履行债务，第三人不履行债务或者履行债务不符合约定的，债务人应当向债权人承担违约责任。

债务人不履行债务，第三人对履行该债务具有合法利益的，第三人有权向债权人代为履行；但是，根据债务性质、按照当事人约定或者依照法律规定只能由债务人履行的除外。

债权人接受第三人履行后，其对债务人的债权转让给第三人，但是债务人和第三人另有约定的除外。

二、合同履行中的抗辩权

合同履行中的抗辩权，是指在双务合同中，当事人一方依法拒绝对方提出的履行要求的权利。根据《民法典》的规定，合同履行中的抗辩权有以下三种：

（一）同时履行抗辩权

同时履行抗辩权，是指在没有先后履行顺序的双务合同中，当事人一方在对方未履行或者未适当履行义务之前，有拒绝对方提出的履行要求或者相应履行要求的权利。《民法典》第525条规定："当事人互负债务，没有先后履行顺序的，应当同时履行。一方在对方履行之前有权拒绝其履行请求。一方在对方履行债务不符合约定时，有权拒绝其相应的履行请求。"

（二）后履行抗辩权

后履行抗辩权，是指在有先后履行顺序的双务合同中，先履行一方未履行或者未适当履行义务的，后履行一方有拒绝对方提出的履行要求或者相应履行要求的权利。《民法典》

第 526 条规定："当事人互负债务，有先后履行顺序，应当先履行债务一方未履行的，后履行一方有权拒绝其履行请求。先履行一方履行债务不符合约定的，后履行一方有权拒绝其相应的履行请求。"

案例思考6-7

甲、乙订有一份货物买卖合同，约定甲于6月1日前交货，乙收到货后1个月内付款。后甲于9月1日交货，乙于10月1日付款。二人由于履行责任发生纠纷，甲诉至法院，法院认定：甲、乙均构成迟延履行，应当各负其责。

问题：法院的认定是否有误？

(三) 不安抗辩权

不安抗辩权，是指在有先后履行顺序的双务合同中，应当先履行债务的当事人有确切证据证明对方有丧失或者可能丧失履行债务能力的情形时，有中止履行的权利。

《民法典》第 527 条规定："应当先履行债务的当事人，有确切证据证明对方有下列情形之一的，可以中止履行：(1) 经营状况严重恶化；(2) 转移财产、抽逃资金，以逃避债务；(3) 丧失商业信誉；(4) 有丧失或者可能丧失履行债务能力的其他情形。当事人没有确切证据中止履行的，应当承担违约责任。"

当事人依据前条规定中止履行的，应当及时通知对方。对方提供适当担保的，应当恢复履行。中止履行后，对方在合理期限内未恢复履行能力且未提供适当担保的，视为以自己的行为表明不履行主要债务，中止履行的一方可以解除合同并可以请求对方承担违约责任。

三、合同的保全

合同的保全，是在债务人的行为给债权人造成损害时，债权人依法向人民法院请求代位行使债务人的债权或者请求人民法院撤销债务人的行为，以保障自己债权实现的制度。

(一) 代位权

代位权是因债务人怠于行使其到期债权，对债权人造成损害的，债权人可以向人民法院请求以自己的名义代位行使债务人的债权的权利。

《民法典》第 535 条规定："因债务人怠于行使其债权或者与该债权有关的从权利，影响债权人的到期债权实现的，债权人可以向人民法院请求以自己的名义代位行使债务人对相对人的权利，但是该权利专属于债务人自身的除外。"

根据这一规定和有关司法解释，债权人提起代位权诉讼，应当符合下列条件：

(1) 债权人对债务人的债权合法。

(2) 债务人怠于行使其到期债权，对债权人造成损害。是指债务人不履行其对债权人的到期债务，又不以诉讼方式或者仲裁方式向其债务人主张其享有的具有金钱给付内容的到期债权，致使债权人的到期债权未能实现。

（3）债务人的债权已到期。

（4）债务人的债权不是专属于债务人自身的债权。专属于债务人自身的债权，是指基于扶养关系、抚养关系、赡养关系、继承关系产生的给付请求权和劳动报酬、退休金、养老金、抚恤金、安置费、人寿保险、人身伤害赔偿请求权等权利。

（二）撤销权

撤销权是在债务人实施了危害债权人债权的行为时，债权人享有请求人民法院撤销债务人行为的权利。

《民法典》第 538 条规定："债务人以放弃其债权、放弃债权担保、无偿转让财产等方式无偿处分财产权益，或者恶意延长其到期债权的履行期限，影响债权人的债权实现的，债权人可以请求人民法院撤销债务人的行为。"

《民法典》第 539 条规定："债务人以明显不合理的低价转让财产、以明显不合理的高价受让他人财产或者为他人的债务提供担保，影响债权人的债权实现，债务人的相对人知道或者应当知道该情形的，债权人可以请求人民法院撤销债务人的行为。"

撤销权的行使范围以债权人的债权为限。债权人行使撤销权的必要费用，由债务人负担。撤销权自债权人知道或者应当知道撤销事由之日起一年内行使。自债务人的行为发生之日起五年内没有行使撤销权的，该撤销权消灭。

案例思考6-8

甲公司与乙公司订立了买卖合同，约定由甲公司向乙公司出售 5 台机床，乙公司在机床安装调试后 7 日内向甲公司付款。合同开始履行后，甲公司听说乙公司出现财务困难，并卷入多起诉讼中，可能没有能力支付货款，便决定中止履行合同，直至乙公司财务状况改变。

问题：甲公司中止履行合同的行为是否合法？为什么？如果到交货期甲公司拒绝交货，乙公司应当怎样做？

第五节 合同的变更、转让和终止

学习目标

- 了解合同变更、转让的规则。
- 掌握合同终止的原因。
- 理解并掌握合同解除。
- 依法变更、转让、终止合同。

案例导入

甲委托一位作家为其写传记，先支付了酬金。甲、乙约定，将甲享有的让作家为其写传记的权利转让给乙。

问题：甲、乙的债权转让是否成立？

一、合同的变更

依法订立的合同成立后，即具有法律约束力，任何一方都不得擅自变更或者解除合同。但是，在合同的履行过程中，由于主客观情况的变化，需要对双方的权利和义务关系重新进行调整和规定时，合同当事人可以依法变更合同。

合同的变更，是合同成立后，尚未履行或者尚未完全履行之前，当事人对合同内容进行的修改或者补充。合同的变更主要是对合同的标的、数量、质量、价款或者报酬、履行期限、履行地点或者履行方式的变更等。它分为协商变更和法定变更。

协商变更，是指当事人经过协商一致变更合同。这是合同变更的主要情形。当事人对合同变更的内容约定不明确的，推定为未变更。

法定变更，是指法律规定了在特定条件下，当事人可以不必经过协商而变更合同。如《民法典》第 829 条规定："在承运人将货物交付收货人之前，托运人可以要求承运人中止运输、返还货物、变更到达地或者将货物交给其他收货人，但是应当赔偿承运人因此受到的损失。"

合同变更后，对当事人都具有约束力，当事人应当按照变更后的合同履行。合同的变更，不影响当事人要求赔偿损失的权利。法律、行政法规规定变更合同应当办理批准、登记等手续的，依照其规定。

二、合同的转让

合同的转让是合同当事人一方依法将其合同权利或者义务全部或者部分转让给第三人的行为。它包括以下三种：

（一）合同权利的转让

合同权利的转让是指在不改变合同内容的情况下，合同债权人将合同权利全部或者部分转让给第三人。由债权人与第三人订立转让合同。

但有下列情形之一的，债权人不得转让合同权利：

（1）根据合同性质不得转让。这主要是指与特定人身份有关的合同，如委托合同、赠与合同。

（2）按照当事人约定不得转让。当事人订立合同时，可以对权利的转让作出特别的约定，禁止债权人将权利转让给第三人。但要求此约定不违反法律的禁止性规定或者社会公共道德。

（3）依照法律规定不得转让。

当事人约定非金钱债权不得转让的，不得对抗善意第三人。当事人约定金钱债权不得转让的，不得对抗第三人。

债权人转让权利的，应当通知债务人。债权人转让债权，未通知债务人的，该转让对债务人不发生效力。债权转让的通知不得撤销，但是经受让人同意的除外。债权人转让债权的，受让人取得与债权有关的从权利，但是该从权利专属于债权人自身的除外。受让人取得从权利不因该从权利未办理转移登记手续或者未转移占有而受到影响。

债务人接到债权转让通知后，债务人对让与人的抗辩，可以向受让人主张。债务人接到债权转让通知时，债务人对让与人享有债权，并且债务人的债权先于转让的债权到期或者同时到期的，债务人可以向受让人主张抵销。

（二）合同义务的转移

合同义务的转移是指在不改变合同义务的前提下，经债权人同意，债务人将合同义务的全部或者部分转移给第三人。债务人将债务的全部或者部分转移给第三人的，应当经债权人同意。

债务人将合同的义务全部或者部分转移给第三人的，应当经债权人同意，否则，债务人转移合同义务的行为对债权人不发生效力。债务人或者第三人可以催告债权人在合理期限内予以同意，债权人未作表示的，视为不同意。第三人与债务人约定加入债务并通知债权人，或者第三人向债权人表示愿意加入债务，债权人未在合理期限内明确拒绝的，债权人可以请求第三人在其愿意承担的债务范围内和债务人承担连带债务。

债务人转移债务的，新债务人可以主张原债务人对债权人的抗辩；原债务人对债权人享有债权的，新债务人不得向债权人主张抵销。债务人转移债务的，新债务人应当承担与主债务有关的从债务，但是该从债务专属于原债务人自身的除外。

（三）概括转让

概括转让，是当事人一方将自己在合同中的权利和义务一并转让给第三人的行为。它分为意定的概括转让和法定的概括转让。意定的概括转让依据当事人之间订立的合同发生，法定的概括转让因为法律的直接规定而产生。

关于意定的概括转让，《民法典》规定，当事人一方经对方同意，可以将自己在合同中的权利和义务一并转让给第三人。

法定的概括转让，最典型的是因当事人的合并或者分立而发生。当事人订立合同后合并的，由合并后的法人或者其他组织行使合同权利，履行合同义务。当事人订立合同后分立的，除债权人和债务人另有约定的以外，由分立的法人或者其他组织对合同的权利和义务享有连带债权，承担连带债务。

三、合同的终止

合同的终止，是当事人之间的合同权利义务因一定法律事实的出现而消灭。合同消灭的效力，除当事人之间的权利义务终止外，从属于主债的权利义务，也随之消灭。合同的权利义务终止，不影响合同中结算和清理条款的效力。

合同作为一种民事法律行为，必须因一定的法律事实才能终止，引起合同终止的法律事实，根据《民法典》的规定，主要有以下情形。有下列情形之一的，债权债务终止：

（1）债务已经履行；

（2）债务相互抵销；

（3）债务人依法将标的物提存；

（4）债权人免除债务；

（5）债权债务同归于一人；

（6）法律规定或者当事人约定终止的其他情形。

合同解除的，该合同的权利义务关系终止。债权债务终止后，当事人应当遵循诚信等原则，根据交易习惯履行通知、协助、保密、旧物回收等义务。

（一）合同解除

合同解除是指合同成立后，尚未履行或者尚未完全履行之前，当事人依照双方的约定或者法律的规定提前结束合同的效力。它分为约定解除和法定解除。

1. 约定解除

约定解除是当事人通过协商达到意见一致而解除尚未履行完毕的合同。《民法典》规定，当事人协商一致，可以解除合同。当事人可以约定一方解除合同的条件，解除合同的条件成就时，解除权人可以解除合同。

2. 法定解除

法定解除是当事人依照法律的规定单方解除合同。《民法典》第563条规定，有下列情形之一的，当事人可以解除合同：

（1）因不可抗力致使不能实现合同目的；

（2）在履行期限届满前，当事人一方明确表示或者以自己的行为表明不履行主要债务；

（3）当事人一方迟延履行主要债务，经催告后在合理期限内仍未履行；

（4）当事人一方迟延履行债务或者有其他违约行为致使不能实现合同目的；

（5）法律规定的其他情形。

以持续履行的债务为内容的不定期合同，当事人可以随时解除合同，但是应当在合理期限之前通知对方。

法律规定或者当事人约定解除权行使期限，期限届满当事人不行使的，该权利消灭。

法律没有规定或者当事人没有约定解除权行使期限，自解除权人知道或者应当知道解除事由之日起一年内不行使，或者经对方催告后在合理期限内不行使的，该权利消灭。

当事人一方依法主张解除合同的，应当通知对方。合同自通知到达对方时解除；通知载明债务人在一定期限内不履行债务则合同自动解除，债务人在该期限内未履行债务的，合同自通知载明的期限届满时解除。对方对解除合同有异议的，任何一方当事人均可以请求人民法院或者仲裁机构确认解除行为的效力。

合同解除后，尚未履行的，终止履行；已经履行的，根据履行情况和合同性质，当事人可以请求恢复原状或者采取其他补救措施，并有权请求赔偿损失。

合同因违约解除的，解除权人可以请求违约方承担违约责任，但是当事人另有约定的除外。

主合同解除后，担保人对债务人应当承担的民事责任仍应当承担担保责任，但是担保合同另有约定的除外。

案例思考6-9

中国一公司与美国一超市订立了一批买卖冷冻火鸡的合同，约定中方务必于2019年11月20日之前将货物运至美国纽约。履约过程中中方交货迟延，至美国纽约的时间是2019年12月26日。

问题：

（1）美国超市可否解除合同？

（2）若双方约定买卖的是冷冻鸡肉，美国超市是否有权解除合同？

（二）抵销

抵销分为法定抵销和约定抵销。

1. 法定抵销

《民法典》规定，当事人互负债务，该债务的标的物种类、品质相同的，任何一方可以将自己的债务与对方的到期债务抵销；但是，根据债务性质、按照当事人约定或者依照法律规定不得抵销的除外。

当事人主张抵销的，应当通知对方。通知自到达对方时生效。抵销不得附条件或者附期限。

2. 约定抵销

《民法典》规定，当事人互负债务，标的物种类、品质不相同的，经协商一致，也可以抵销。

（三）提存

提存是债务人由于债权人的原因难以履行债务时，依法将标的物提交有关部门保存，从而完成债务清偿的行为。标的物提存后，视同债务人履行了债务，债务人就从原合同关系中解脱出来，避免自己处于随时准备履行债务的状态。

有下列情形之一，难以履行债务的，债务人可以将标的物提存：（1）债权人无正当理由拒绝受领；（2）债权人下落不明；（3）债权人死亡未确定继承人或者丧失民事行为能力未确定监护人；（4）法律规定的其他情形。

标的物不适于提存或者提存费用过高的，债务人依法可以拍卖或者变卖标的物，提存所得的价款。

标的物提存后，债务人应当及时通知债权人或者债权人的继承人、遗产管理人、监护人、财产代管人。标的物提存后，毁损、灭失的风险由债权人承担。提存期间，标的物的孳息归债权人所有。提存费用由债权人负担。债权人可以随时领取提存物。但是，债权人对债务人负有到期债务的，在债权人未履行债务或者提供担保之前，提存部门根据债务人的要求应当拒绝其领取提存物。

债权人领取提存物的权利，自提存之日起五年内不行使而消灭，提存物扣除提存费用后归国家所有。但是，债权人未履行对债务人的到期债务，或者债权人向提存部门书面表示放弃领取提存物权利的，债务人负担提存费用后有权取回提存物。

案例思考6-10

甲向乙定制了一套婚纱，并预先支付了价款，但婚纱做好后，甲迟迟不来取，乙无法找到甲向其交付订货，于是半年后乙将该套婚纱变卖，将所得价款扣除了报酬和保管费用后，以甲的名义存入了银行。

问题：乙的行为属于什么性质？是否合法？

（四）免除和混同

债权人免除债务人部分或者全部债务的，债权债务部分或者全部终止，但是债务人在合理期限内拒绝的除外。

债权和债务同归于一人的，债权债务终止，但是损害第三人利益的除外。

第六节 违约责任

学习目标

- 了解违约形态及违约责任的归责原则。
- 掌握承担违约责任的主要方式。
- 依法追究违约责任，维护自身权利。

案例导入

2013年10月1日，任某、李某与某房产公司签订了商品房买卖合同，该房产公司将一套房产出售给任某和李某，任某和李某按照合同约定支付了首付款，该房产公司在合同约定的期限内交房，但其移交的商品房未取得建设工程竣工验收备案登记证，从合同成立至今，该房产公司仍未取得房地产权证。因产权证问题，任某和李某将该房产公司诉至法院。该公司辩称，逾期办理产权证是因规划部门调整规划，导致其延误办理产权初始登记，公司没有过错，不应承担逾期办证的违约责任。

问题：该房产公司是否要对任某和李某的产权证逾期办理承担违约责任？

一、违约责任概述

（一）违约责任的概念

违约责任，是指违反合同义务的当事人依照法律的规定或者当事人的约定应承担的民事责任。依法订立的有效合同对当事人双方来说，都具有法律约束力。如果不履行或者履行不符合约定，就要承担违约责任。

阅读资料

违约责任的特点

违约责任具有以下几个特点：(1) 承担违约责任的前提是当事人违反的是有效合同。(2) 承担违约责任主体的只能是合同当事人。因此，当事人一方因第三人的原因造成违约的，应当向对方承担违约责任。当事人一方和第三人之间的纠纷，依照法律规定或者按照约定解决。(3) 承担违约责任的原因是当事人违反了合同义务。(4) 违约责任是依照法律的规定或者当事人的约定而产生。违约责任主要由法律规定，但也允许当事人作出约定。《民法典》规定，当事人可以约定一方违约时应当根据违约情况向对方支付一定数额的违约金，也可以约定因违约产生的损失赔偿额的计算方法。(5) 违约责任是一种民事责任。

（二）违约形态

违约形态包括届期违约和预期违约。

届期违约是在履行期限到了之后，当事人不履行合同义务或者不完全履行合同义务的行为。

预期违约是在履行期限到来之前，当事人明确表示其在履行期限到了之后将不履行合同义务，或者以自己的行为表明其在履行期限到了之后将不履行合同义务。《民法典》规定，当事人一方明确表示或者以自己的行为表明不履行合同义务的，对方可以在履行期限届满之前要求其承担违约责任。

（三）违约责任的归责原则

违约责任的归责原则，是当事人承担违约责任的基本准则。它直接决定着违约责任的构成要件、举证责任、免责事由和损害赔偿的范围。根据《民法典》的规定，违约责任的归责原则主要是严格责任原则。

严格责任原则，也称无过错责任原则，是指除有法定或者约定的免责事由外，只要当事人违反了合同义务就应承担违约责任，而不管其有无主观上的过错。《民法典》第 577 条规定："当事人一方不履行合同义务或者履行合同义务不符合约定的，应当承担继续履行、采取补救措施或者赔偿损失等违约责任。"由此可见，严格责任原则为普遍适用的规则。

但对一些特殊类型的合同，法律如另有规定，则适用特殊规定。如《民法典》第824条规定："在运输过程中旅客随身携带物品毁损、灭失，承运人有过错的，应当承担赔偿责任"，则适用过错责任原则。

二、承担违约责任的方式

根据《民法典》的规定，承担违约责任的方式主要有以下五种：

（一）继续履行

继续履行，又称实际履行，是违约方在履行期限届满之后继续履行合同义务。它分为金钱债务的继续履行和非金钱债务的继续履行。金钱债务，是以金钱为标的的债务，如支付货款的义务、偿付租金的义务等。非金钱债务，是不以金钱为标的的债务，如交付货物的义务、完成一定工作的义务等。

关于金钱债务的继续履行，《民法典》规定，当事人一方未支付价款、报酬、租金、利息，或者不履行其他金钱债务的，对方可以请求其支付。

关于非金钱债务的继续履行，《民法典》第580条规定，当事人一方不履行非金钱债务或者履行非金钱债务不符合约定的，对方可以请求履行，但是有下列情形之一的除外：法律上或者事实上不能履行；债务的标的不适于强制履行或者履行费用过高；债权人在合理期限内未请求履行。

有前款规定的除外情形之一，致使不能实现合同目的的，人民法院或者仲裁机构可以根据当事人的请求终止合同权利义务关系，但是不影响违约责任的承担。

此外，当事人一方不履行债务或者履行债务不符合约定，根据债务的性质不得强制履行的，对方可以请求其负担由第三人替代履行的费用。

（二）采取补救措施

采取补救措施，主要适用于质量不符合约定的情况。《民法典》规定，质量不符合约定的，应当按照当事人的约定承担违约责任。对违约责任没有约定或者约定不明确，当事人可以协议补充或者按照合同有关条款或者交易习惯确定，仍不能确定的，受损害方根据标的的性质以及损失的大小，可以合理选择请求对方承担修理、重作、更换、退货、减少价款或者报酬等违约责任。

（三）赔偿损失

当事人一方不履行合同义务或者履行合同义务不符合约定的，在履行义务或者采取补救措施后，对方还有其他损失的，应当赔偿损失。

当事人一方不履行合同义务或者履行合同义务不符合约定，造成对方损失的，损失赔偿额应当相当于因违约所造成的损失，包括合同履行后可以获得的利益；但是，不得超过违约一方订立合同时预见到或者应当预见到的因违约可能造成的损失。

当事人一方违约后，对方应当采取适当措施防止损失的扩大；没有采取适当措施致使损失扩大的，不得就扩大的损失要求赔偿。当事人因防止损失扩大而支出的合理费用，由违约方承担。

（四）支付违约金

违约金是依照合同约定或者法律规定，当事人一方不履行合同义务或者履行合同义务不符合约定时应向对方支付的一定数额的金钱。

违约金是对不能履行或者不能完全履行合同行为的一种带有惩罚性质的经济补偿手段，不论违约的当事人一方是否已给对方造成损失，都应当支付。《民法典》第585条规定："约定的违约金低于造成的损失的，人民法院或者仲裁机构可以根据当事人的请求予以增加；约定的违约金过分高于造成的损失的，人民法院或者仲裁机构可以根据当事人的请求予以适当减少。"

当事人主张约定的违约金过高请求予以适当减少的，人民法院应当以实际损失为基础，兼顾合同的履行情况、当事人的过错程度以及预期利益等综合因素，根据公平原则和诚实信用原则予以衡量，并作出裁决。当事人约定的违约金超过造成损失的30%的，一般可以认定为"过分高于造成的损失"。

当事人就迟延履行约定违约金的，违约方支付违约金后，还应当履行债务。

（五）定金

当事人可以依照《担保法》约定一方向对方给付定金作为债权的担保。债务人履行债务的，定金应当抵作价款或者收回。给付定金的一方不履行债务或者履行债务不符合约定，致使不能实现合同目的的，无权请求返还定金；收受定金的一方不履行债务或者履行债务不符合约定，致使不能实现合同目的的，应当双倍返还定金。

当事人既约定违约金，又约定定金的，一方违约时，对方可以选择适用违约金或者定金条款。

定金不足以弥补一方违约造成的损失的，对方可以请求赔偿超过定金数额的损失。

案例思考6-11

甲、乙订立苹果购销合同，约定：甲向乙交付20万千克苹果，货款为40万元，乙向甲支付定金4万元；任何一方违约则应支付违约金6万元。甲因将苹果卖给丙而无法向乙交付苹果。

问题：乙应当如何提出请求才能最大限度地合法保护自己的利益？

三、违约责任的免除

违约责任的免除，是依照法律的规定或者当事人的约定免除违反合同一方当事人的违约责任。免除违约责任的事由叫免责事由，分为法定免责事由和约定免责事由。

（一）法定免责

根据《民法典》的规定，当事人一方因不可抗力不能履行合同的，根据不可抗力的影响，部分或者全部免除责任，但是法律另有规定的除外。不可抗力，是指不能预见、不能避免并不能克服的客观情况。因不可抗力不能履行合同的，根据不可抗力的影响，部分或者全部免除责任，但法律另有规定的除外。当事人迟延履行后发生不可抗力的，不免除其违约责任。当事人一方因不可抗力不能履行合同的，应当及时通知对方，以减轻可能给对方造成的损失，并应当在合理期限内提供证明。

（二）约定免责

约定免责是指合同双方当事人在合同中约定，当出现一定的事由或条件时，可免除违约方的违约责任。该条款不得违反法律的强制性规定，否则无效。《民法典》第 506 条规定："合同中的下列免责条款无效：（1）造成对方人身伤害的；（2）因故意或者重大过失造成对方财产损失的。"

第七节 合同担保

学习目标

■ 了解合同担保方式。
■ 掌握保证和定金的相关内容。
■ 能运用担保方式保护自己的债权。

案例导入

李艳向王菲借款 20 万元，王菲要求李艳提供担保，李艳找到她的朋友何琦帮忙，何琦碍于面子同意作保证，并与王菲签订了一般保证合同，借款到期李艳未还款，王菲要求何琦还钱。

问题：

（1）何琦能否拒绝还款？

（2）若李艳与王菲擅自将借款金额提高到 30 万元，未经何琦同意，何琦是否还应承担保证责任？

一、合同担保概述

（一）合同担保的概念和方式

合同担保，是为保障合同的履行，当事人根据法律的规定或者双方的约定所采取的法律措施。

合同担保的方式有五种：保证、抵押、质押、留置和定金。其中，保证、抵押、质押和定金属于约定担保，是当事人双方自行设定的担保。留置属于法定担保，是依据法律的直接规定产生的担保。

（二）担保合同

担保合同是担保人和债权人因设定担保而订立的合同，包括保证合同、抵押合同、质押合同、定金合同等。保证合同、抵押合同、质押合同、定金合同可以是单独订立的书面合同，包括当事人之间的具有担保性质的信函、传真等，也可以是主合同中的担保条款。

担保合同是主合同的从合同，主合同无效，担保合同无效。担保合同另有约定的，按照约定。担保合同被确认无效，债务人、担保人、债权人有过错的，应当根据其过错各自承担相应的民事责任。

二、保证

保证，是指保证人和债权人约定，当债务人不履行债务时，保证人按照约定履行债务或者承担责任的行为。保证涉及三方关系人，即保证人、债权人和债务人，其中保证人只能是债权人和债务人以外的第三人。

（一）保证人

《民法典》规定，机关法人不得为保证人，但是经国务院批准为使用外国政府或者国际经济组织贷款进行转贷的除外。以公益为目的的非营利法人、非法人组织不得为保证人。

同一债务有两个以上保证人的，保证人应当按照保证合同约定的保证份额，承担保证责任。没有约定保证份额的，保证人承担连带责任，债权人可以要求任何一个保证人承担全部保证责任，保证人都负有担保全部债权实现的义务。已经承担保证责任的保证人，有权向债务人追偿，或者要求承担连带责任的其他保证人清偿其应当承担的份额。

（二）保证合同

保证合同在《民法典》第三编第二分编典型合同中单独成章。成为19种典型合同中的一种类型。

保证合同，是保证人与债权人订立的约定在债务人不履行债务时由保证人承担保证责任的协议。

保证人与债权人应当以书面形式订立保证合同。保证合同可以是单独订立的书面合同，也可以是主债权债务合同中的保证条款。第三人单方以书面形式向债权人作出保证，债权人接收且未提出异议的，保证合同成立。

保证人与债权人可以就单个主合同分别订立保证合同，也可以协议在最高债权额限度内就一定期间连续发生的借款合同或者某项商品交易合同订立一个保证合同（即最高额保证合同）。

保证合同的内容一般包括被保证的主债权的种类、数额，债务人履行债务的期限，保证的方式、范围和期间等条款。

（三）保证方式

保证的方式有两种：一般保证和连带责任保证。

1. 一般保证

当事人在保证合同中约定，债务人不能履行债务时，由保证人承担保证责任的，为一般保证。

一般保证是一种补充责任，只有在法院采取一切必要的措施使债务人最大限度地清偿债务后，对其不足部分再由保证人予以补充，否则，保证人可以拒绝承担保证责任。一般保证的保证人享有先诉抗辩权，即在主合同纠纷未经审判或者仲裁，并就债务人财产依法强制执行仍不能履行债务前，对债权人可以拒绝承担保证责任。一般保证的保证人在主合同纠纷未经审判或者仲裁，并就债务人财产依法强制执行仍不能履行债务前，有权拒绝向债权人承担保证责任，但是有下列情形之一的除外：

（1）债务人下落不明，且无财产可供执行；

（2）人民法院已经受理债务人破产案件；

（3）债权人有证据证明债务人的财产不足以履行全部债务或者丧失履行债务能力；

（4）保证人书面表示放弃本款规定的权利。

一般保证的保证人在主债务履行期限届满后，向债权人提供债务人可供执行财产的真实情况，债权人放弃或者怠于行使权利致使该财产不能被执行的，保证人在其提供可供执行财产的价值范围内不再承担保证责任。

2. 连带责任保证

当事人在保证合同中约定保证人和债务人对债务承担连带责任的，为连带责任保证。

连带责任保证的债务人不履行到期债务或者发生当事人约定的情形时，债权人可以请求债务人履行债务，也可以请求保证人在其保证范围内承担保证责任。

保证人对债务人的注册资金提供保证的，债务人的实际投资与注册资金不符，或者抽逃转移注册资金的，保证人在注册资金不足或者抽逃转移注册资金的范围内承担连带保证责任。

当事人在保证合同中对保证方式没有约定或者约定不明确的，按照一般保证承担保证责任。

（四）保证责任的范围

1. 保证担保的范围

保证担保的范围包括主债权及利息、违约金、损害赔偿金和实现债权的费用。保证合同另有约定的，按照约定。当事人对保证担保的范围没有约定或者约定不明确的，保证人应当对全部债务承担责任。最高额保证合同的不特定债权确定后，保证人应当对在最高债权额限度内就一定期间连续发生的债权余额承担保证责任。

2. 主债权的转让与保证人的保证责任

债权人转让全部或者部分债权，未通知保证人的，该转让对保证人不发生效力。

保证人与债权人约定禁止债权转让，债权人未经保证人书面同意转让债权的，保证人对受让人不再承担保证责任。

3. 主债务的转让与保证人的保证责任

债权人未经保证人书面同意，允许债务人转移全部或者部分债务，保证人对未经其同意转移的债务不再承担保证责任，但是债权人和保证人另有约定的除外。

第三人加入债务的，保证人的保证责任不受影响。

4. 主合同的变更与保证人的保证责任

债权人和债务人未经保证人书面同意，协商变更主债权债务合同内容，减轻债务的，保证人仍对变更后的债务承担保证责任；加重债务的，保证人对加重的部分不承担保证责任。

债权人和债务人变更主债权债务合同的履行期限，未经保证人书面同意的，保证期间不受影响。

5. 物的担保与人的担保共存时保证人的保证责任

被担保的债权既有物的担保又有人的担保的，债务人不履行到期债务或者发生当事人约定的实现担保物权的情形，债权人应当按照约定实现债权；没有约定或者约定不明确，债务人自己提供物的担保的，债权人应当先就该物的担保实现债权；第三人提供物的担保的，债权人可以就物的担保实现债权，也可以要求保证人承担保证责任。提供担保的第三人承担担保责任后，有权向债务人追偿。

（五）保证期间

1. 保证期间的概念与性质

保证期间是保证人承担保证责任的期间。保证期间在性质上属于除斥期间，不因任何事由发生中断、中止、延长的法律后果。

2. 保证期间的确定

债权人与保证人可以约定保证期间，但是约定的保证期间早于主债务履行期限或者与主债务履行期限同时届满的，视为没有约定；没有约定或者约定不明确的，保证期间为主债务履行期限届满之日起六个月。

债权人与债务人对主债务履行期限没有约定或者约定不明确的，保证期间自债权人请求债务人履行债务的宽限期届满之日起计算。

3. 一般保证的保证期间

一般保证的保证人与债权人未约定保证期间的，保证期间为主债务履行期届满之日起六个月。在合同约定的保证期间和前述保证期间，债权人未对债务人提起诉讼或者申请仲裁的，保证人免除保证责任。

4. 连带责任保证的保证期间

连带责任保证的保证人与债权人未约定保证期间的，债权人有权自主债务履行期届满之日起6个月内要求保证人承担保证责任。在合同约定的保证期间和前述保证期间，债权人未要求保证人承担保证责任的，保证人免除保证责任。

（六）保证人的追偿权

保证人承担保证责任后，除当事人另有约定外，有权在其承担保证责任的范围内向债务人追偿，享有债权人对债务人的权利，但是不得损害债权人的利益。

人民法院受理债务人破产案件后，债权人未申报债权的，保证人可以参加破产财产分配，预先行使追偿权。债权人知道或者应当知道债务人破产，既未申报债权也未通知保证人，致使保证人不能预先行使追偿权的，保证人在该债权在破产程序中可能受偿的范围内免除保证责任。

案例思考6-12

甲厂向某银行借款200万元，双方依法订立了合同，约定甲厂于2019年12月31日还本付息。为担保借款合同的履行，保证人乙厂与该银行签订了保证合同，但未约定保证方式和保证期间。

问题：

（1）乙厂应按哪种保证方式承担保证责任？为什么？

（2）保证期间为多长？从何日起到何日止？

（3）若甲厂逾期未履行债务，该银行于2020年8月2日提起诉讼，要求甲厂还贷和乙厂承担连带责任。法院查明：本案的债权人未在保证期间内要求保证人承担保证责任。此案应如何处理？为什么？

三、定金

定金是指合同当事人约定一方向对方给付一定数额的货币作为债权的担保。按照定金的目的和功能，可以把定金分为立约定金、成约定金、违约定金、解约定金等。《民法典》规定的定金原则是属于违约定金。

（一）定金的设立

定金应当以书面形式约定。当事人在定金合同中应当约定交付定金的期限。定金合同从实际交付定金之日起生效。

定金的数额由当事人约定，但不得超过主合同标的额的20%。实际交付的定金数额多于或者少于约定数额，视为变更定金合同；收受定金一方提出异议并拒绝接受定金的，定金合同不生效。当事人约定的定金数额超过主合同标的额20%的，超过的部分，人民法院不予支持。

（二）定金的效力

债务人履行债务的，定金应当抵作价款或者收回。给付定金的一方不履行债务或者履行债务不符合约定，致使不能实现合同目的的，无权请求返还定金；收受定金的一方不履行债务或者履行债务不符合约定，致使不能实现合同目的的，应当双倍返还定金。

当事人一方不完全履行合同的，应当按照未履行部分所占合同约定内容的比例，适用定金罚则。

因当事人一方迟延履行或者其他违约行为，致使合同目的不能实现，可以适用定金罚则，但法律另有规定或者当事人另有约定的除外。

因不可抗力、意外事件致使主合同不能履行的，不适用定金罚则。因合同关系以外第三人的过错，致使主合同不能履行的，适用定金罚则。受定金处罚的一方当事人，可以依法向第三人追偿。

当事人交付留置金、担保金、保证金、订约金、押金或者订金等，但没有约定定金性质的，当事人主张定金权利的，人民法院不予支持。

阅读资料

定金和订金一样吗

不一样。订金并非一个规范的法律概念，实际上它具有预付款的性质，是当事人的一种支付手段，并不具备担保性质。定金与订金的区别，主要表现在：

第一，交付定金的协议是从合同，依约定应交付定金而未交付的，不构成对主合同的违反；而交付订金的协议是主合同的一部分，依约定应交付订金而未交付的，即构成对主合同的违反。

第二，订金属于预先支付的一部分价款，不具备担保的性质。而定金是一方当事人为了保证合同的履行，向对方当事人给付的一定数量的款项，具有担保作用和证明合同成立的作用。对于订金而言，如果收取订金的一方不能履行约定，交付订金的一方只可要求返还订金而不能要求双倍返还。换言之，定金具备法律效力，而订金不具备法律效力。

第三，定金的数额在法律规定上有一定限制，例如《担保法》就规定定金数额不超过主合同标的额的20%；而订金的数额依当事人之间自由约定，法律一般不作限制。

自测练习

一、单项选择题

1. 下列各项中，属于要约的是（　　）。

A. 寄送的价目表　　B. 招股说明书　　C. 拍卖公告　　D. 投标

2. 甲商场向乙企业发出采购100台电冰箱的要约，乙企业于6月1日寄出承诺信件，6月8日信件寄至甲商场，适逢其总经理外出，6月9日总经理知悉了该信内容，遂于6月10日电话告知乙收到承诺。根据《民法典》的规定，该承诺的生效时间是（　　）。

A. 6月1日　　B. 6月8日　　C. 6月9日　　D. 6月10日

3. 王某与某县农科所签订了一份良种买卖合同。合同约定，若农科所小麦良种培育成功，则以每千克 500 元的价格向王某出卖 10 千克。根据《民法典》的规定，该合同（　　）。

A. 属于要式合同　　B. 已成立，但未生效

C. 成立并生效　　D. 所附条件成就，则合同成立并生效

4. 下列情形中属于效力待定合同的是（　　）。

A. 15 周岁的少年出售劳力士金表给 40 岁的李某

B. 5 周岁的儿童因发明创造而接受奖金

C. 成年人甲误将本为复制品的油画当成真品购买

D. 出租车司机借抢救危重病人急需租车之机将车价提高 10 倍

5. 当事人约定由第三人向债权人履行债务的，若第三人不履行债务，则（　　）。

A. 第三人应当向债权人承担违约责任

B. 债务人应当向债权人承担违约责任

C. 债务人和第三人应当连带向债权人承担违约责任

D. 债务人和第三人应当按过错大小向债权人承担违约责任

6. 甲与乙签订了一份买卖合同，双方约定，甲提供一批货物给乙，货到后一个月付款。合同签订后甲迟迟没有发货，乙催问甲，甲称由于资金紧张，暂无法购买生产该批货物的原材料，要求乙先付货款，乙拒绝了甲的要求。乙拒绝先付货款的行为在法律上称为（　　）。

A. 行使不安抗辩权　　B. 行使后履行抗辩权

C. 行使同时履行抗辩权　　D. 行使撤销权

7. 甲企业欠乙企业 100 万元货款。因为甲企业经营不善，最终为乙企业兼并。根据《民法典》的规定，甲企业所欠乙企业 100 万元货款因（　　）而消灭。

A. 混同　　B. 合同解除

C. 双方债务抵销　　D. 合同履行期限届满

8. 可以为合同债务人的债务履行作保证人的是（　　）。

A. 医院　　B. 学校　　C. 公司　　D. 慈善基金会

9. 在保证担保方式中，一般保证与连带保证的最主要区别是（　　）。

A. 一般保证的范围为主债权，连带保证的保证范围为全部债权

B. 一般保证的保证人享有先诉抗辩权，连带保证的保证人不享有这种权利

C. 一般保证的保证期为 6 个月，连带保证的保证期为 2 年

D. 一般保证的保证人为个人，连带保证的保证人为法人

二、多项选择题

1. 甲公司向乙公司发出要约，欲向其出售一批货物。要约发出后，甲公司因进货渠道发生困难而欲撤回要约。甲公司撤回要约的通知应当（　　）。

A. 在要约到达乙公司之前到达乙公司

B. 在乙公司发出承诺之前到达乙公司

C. 与要约同时到达乙公司

D. 在乙公司发出承诺的同时到达乙公司

2. 应当先履行债务的当事人，有证据证明对方有下列哪些情形之一的，可以中止履行？（　　）

A. 经营状况严重恶化的

B. 严重丧失商业信誉的

C. 转移财产、抽逃资金，以逃避债务的

D. 有丧失或者可能丧失履行能力的其他情形的

3. 下列哪些情形，债权人可以行使撤销权？（　　）

A. 债务人放弃其到期债权，给债权人造成损害的

B. 债务人怠于行使其到期债权，给债权人造成损害的

C. 债务人无偿转让财产，给债权人造成损害的

D. 债务人以明显不合理的低价转让财产，给债权造成损害，且受让人知情的

4. 有下列情形之一的，当事人可以解除合同（　　）。

A. 因不可抗力致使不能实现合同目的

B. 在履行期限届满之前，当事人一方明确表示或者以自己的行为表明不履行主要债务

C. 当事人一方迟延履行主要债务，经催告后在合理期限内仍未履行

D. 当事人一方迟延履行债务或者有其他违约行为致使不能实现合同目的

5. 甲与乙签订销售100台空调的合同，但当甲向乙交付时，乙以空调市场疲软为由，拒绝受领，要求甲返还货款。根据《民法典》的规定，下列表述中，正确的有（　　）。

A. 甲可以向有关部门提存这批空调

B. 空调在向当地公证机关提存后，因遇火灾，烧毁5台，其损失应由乙承担

C. 提存费用由乙支付

D. 若自提存之日起5年内乙不领取空调，则归甲所有

6. 承担违约责任的方式主要有（　　）。

A. 继续履行　　B. 采取补救措施　　C. 赔偿损失　　D. 支付违约金

三、案例分析题

1. 北京191中学因建造一栋教学大楼急需水泥，向本市的甲、乙、丙水泥厂发出传真称："我单位急需标号为22型号的水泥50吨，如贵厂有货，请速来函电联系。"三家水泥厂在收到传真之后，都先后向191中学回复了传真，在传真中告知：他们备有现货，并且告知了水泥的价格。而丙水泥厂在发出传真的同时，派车给191中学送来了50吨水泥。其间该中学得知乙水泥厂所产的水泥质量较好，且价格合理，据此向乙水泥厂发去传真称："我单位愿意购买贵厂50吨22型号水泥，盼速发货，运费由我单位承担。"在发出传真后第二天上午，乙水泥厂回复称已准备发货。下午，丙水泥厂将50吨水泥送到，191中学告知丙水泥厂，已决定购买乙水泥厂的水泥，因此，不能再接收丙水泥厂送来的水泥。丙水泥厂认为，191中学拒收货物已构成违约，遂向法院起诉。

问题：

(1) 北京191中学向三家水泥厂分别发传真的行为在《民法典》上属于什么行为？请

说明理由。

（2）三家水泥厂回复的行为是什么行为？请说明理由。

（3）北京191中学与乙水泥厂之间的买卖合同是否成立？请说明理由。

（4）丙水泥厂与北京191中学之间的买卖合同是否成立？北京191中学有无义务接受丙水泥厂送来的货物？本案中丙水泥厂的损失应由谁承担？

四、实训题

甲公司与乙公司签订了一份买卖合同。合同约定：乙公司供给甲公司限量生产的X型号的手表1 000块，每块表单价100元；甲公司应交付定金3万元；如果一方违约，则应支付总价款的20%作为违约金。合同签订后，甲公司立即将3万元定金交付乙公司，并很快与丙公司就同一批货物签订了一份买卖合同，每块表单价120元。后乙公司没有按期履行合同。由此导致甲公司无法履行与丙公司之间的合同，为此甲公司向丙公司支付违约金2万元。现甲公司要求乙公司双倍返还定金6万元、支付违约金2万元。乙公司则以定金条款无效为由主张合同无效。

问题：

（1）结合上述信息，模拟撰写一份买卖合同，要求具备合同的主要条款。

（2）定金条款是否全部无效？定金条款无效是否导致合同全部无效？为什么？

（3）甲公司是否可以要求乙公司既承担违约金责任，又承担定金责任？为什么？

（4）如果甲公司只请求支付违约金，乙公司要求减少违约金，法院能否支持？

（5）丙公司能否直接要求乙公司对自己承担违约责任？为什么？

（6）若乙公司本已准备了1 000块手表，但在履行期到来之前三天因突发地震而灭失，乙公司当即向甲公司通报了此情况。乙公司是否应向甲公司承担违约责任？为什么？

第七章
工业产权法

知识产权制度的激励创新机制，对于我国创新能力提升和创新型国家建设发挥着重大作用。党的二十大报告强调："加强知识产权法治保障，形成支持全面创新的基础制度。"完善产权保护、公平竞争等市场经济基础制度，优化营商环境，才能更好地促进现代化经济体系建设，激发创新活动。知识产权包括工业产权和著作权。工业产权主要是指专利权和商标权。

在当今迅猛发展的信息时代，是否拥有工业产权往往决定了一个企业的竞争力。通过本章内容的学习，了解我国《商标法》《专利法》的基本内容，理解我国法律对商标权和专利权的具体保护，增强尊重和保护知识产权的法律意识。

阅读资料

什么是工业产权

工业产权属于广义知识产权的范畴。知识产权一般分为两类：一类是著作权，另一类是工业产权。工业产权是指人们依照法律规定对应用于商品生产和流通中的发明创造和显著标记等智力成果，在一定期限和地域内享有的专有权。在我国，工业产权主要是指商标权和专利权。工业产权作为一种无形财产权，具有以下基本特征：

（1）专有性。

工业产权的专有性，即独占性、垄断性，是指工业产权只能由权利人享有，而排除他人享有同样权利的可能性。非经权利人许可或者法律的强制许可，他人不得行使，否则构成侵权行为，应承担相应的侵权责任。

（2）地域性。

工业产权的地域性是指工业产权的空间限制。工业产权属于无形财产，一个国家的专利法、商标法所保护的工业产权，只在该国范围内有效，对其他国家并不当然发生法律效力。

（3）时间性。

工业产权的保护有时间的限制，权利人只在法定的保护期内享有专有的权利，超过保护期，这种专有权就自动丧失，该智慧成果就成为全社会的共同财富。

第一节 商标法

学习目标

- 掌握商标的概念及其构成、商标的注册及商标权的取得、商标权的内容。
- 熟悉商标使用的管理以及注册商标专用权的保护。

案例导入

2018年，甲公司将其生产并上市销售的糖果冠以“大白兔”商标，并且其字体、图案与乙公司的注册商标“大白兔”非常相似。“大白兔”在糖果品牌中知名度很高。

问题：甲公司的行为是否侵犯了乙公司的商标权？为什么？

商标法是指调整因商标的注册、使用、管理和保护商标专用权而发生的各种社会关系的法律规范的总称。1982年8月23日第五届全国人民代表大会常务委员会第二十四次会议通过了《中华人民共和国商标法》（以下简称《商标法》），其后于1993年、2001年、2013年、2019年四次修正，第四次修正案自2019年11月1日起施行。《商标法》主要内容包括：商标注册的申请；商标注册的审查和核准；注册商标的续展、变更、转让和许可使用；注册商标的无效宣告、商标使用的管理；注册商标专用权的保护等。

一、商标概述

（一）商标的概念

商标，俗称“品牌”“牌子”，是指能够将不同商品和服务相区别的显著标记。商标通常由文字、图形、字母、数字、三维标志、颜色及其组合构成。

（二）商标的分类

1. 按照商标使用人的不同划分

按照商标使用人的不同，可以将商标分为商品商标和服务商标。

商品商标是指生产经营者在其生产经营的商品上所使用的商标，如“华为”“格力”等；服务商标是指服务项目的经营者在其经营的服务项目上使用的商标，如“联通”“麦当劳”等。

2. 按照商标构成要素的不同划分

按照商标构成要素的不同，可以将商标分为文字商标、图形商标、数字商标以及组合商标。

文字商标是以文字为主组成的商标，如“农夫山泉”“联想”等；图形商标是由各式各样的图画、图形、图像、构图等构成的商标；数字商标是由阿拉伯数字组成的商标，如“999”感冒灵颗粒；组合商标是以文字、图形、数字等组合起来的商标，它可以是上述要素的组合，如“徐福记”“海尔”等。

3. 按照商标注册与否划分

按照商标注册与否，可以将商标分为注册商标与未注册商标。

注册商标是指经商标所有人申请，经国家商标主管部门审查核准注册的商标；未注册商标是指商品生产经营者使用的但未经商标主管部门核准注册的商标。多数国家《商标法》均规定，注册商标所有人享有商标专用权，未注册商标使用人不享有商标专用权。

4. 按照商标用途的不同划分

按照商标用途的不同，可以将商标分为证明商标、防御商标、联合商标、等级商标。

证明商标是指能够证明使用该商标的商品质量达到特定标准或商品原料符合特定的要求的商标，如绿色食品标志、纯羊毛标志等；防御商标是指将同一商标注册于不同的商品或者服务上，构成防御体系，以防止他人使用与自己相同或近似的商标；联合商标是指为了更有效地防止他人侵犯自己的商标专用权而申请注册的几个直接联系在一起的商标，如杭州娃哈哈集团注册了“娃哈哈”商标，同时又注册了“哈哈娃”“娃娃哈”“哈娃哈”等商标；等级商标是商标所有者为区别自己同另一种产品的质量、规格等而使用的商标。

二、商标权的取得

（一）商标权的概念

商标权是指商标所有人对其商标享有的独占、排他的权利。

从权利的性质来看，商标权与所有权一样，属于绝对权的范围，即权利主体对其注册商标享有完全的使用权和排他的权利。从权利的特征来看，商标权与一般的知识产权一样，具有无形性、法定性、专有性、地域性和时间性。

（二）商标权的主体

商标权的主体是注册商标所有人，既包括商标的最初注册人，也包括注册商标的受让人。根据《商标法》的规定，商标权的主体包括：自然人、法人和其他组织。自然人、法人或者其他组织在生产经营活动中，对其商品或者服务需要取得商标专用权的，应当向商标局申请商标注册。不以使用为目的的恶意商标注册申请，应当予以驳回。《商标法》有关商品商标的规定，适用于服务商标。

外国人或者外国企业在中国申请商标注册的，应当按其所属国和中华人民共和国签订的协议或者共同参加的国际条约办理，或者按对等原则办理。

两个以上的自然人、法人或者其他组织可以共同向商标局申请注册同一商标，共同享有和行使该商标专用权。

（三）商标权的客体

商标权的客体是经商标局核准注册的商标，即注册商标。

1. 申请注册的商标应当具备的条件

（1）商标应当有显著特征，便于识别，并不得与他人在先取得的合法权利相冲突。

（2）商标应当具备法定的构成要素。任何能够将自然人、法人或者其他组织的商品与他人的商品区别开的标志，包括文字、图形、字母、数字、三维标志、颜色组合和声音等，以及上述要素的组合，均可以作为商标申请注册。

2. 不得作为商标使用的标志

依据《商标法》规定，下列标志不得作为商标使用：

（1）同中华人民共和国的国家名称、国旗、国徽、国歌、军旗、军徽、军歌、勋章等相同或者近似的，以及同中央国家机关的名称、标志、所在地特定地点的名称或者标志性建筑物的名称、图形相同的；

（2）同外国的国家名称、国旗、国徽、军旗等相同或者近似的，但经该国政府同意的除外；

（3）同政府间国际组织的名称、旗帜、徽记等相同或者近似的，但经该组织同意或者不易误导公众的除外；

（4）与表明实施控制、予以保证的官方标志、检验印记相同或者近似的，但经授权的除外；

（5）同“红十字”“红新月”的名称、标志相同或者近似的；

（6）带有民族歧视性的；

（7）带有欺骗性，容易使公众对商品的质量等特点或者产地产生误认的；

（8）有害于社会主义道德风尚或者有其他不良影响的。

县级以上行政区划的地名或者公众知晓的外国地名，不得作为商标。但是，地名具有其他含义或者作为集体商标、证明商标组成部分的除外；已经注册的使用地名的商标继续有效。

3. 不得作为商标注册的情形

禁止作为商标注册但可以作为商标使用的标志：（1）仅有本商品的通用名称、图形、型号的。（2）仅直接表示商品的质量、主要原料、功能、用途、重量、数量及其他特点的。（3）其他缺乏显著特征的。前述所列标志经过使用取得显著特征，并便于识别的，可以作为商标注册。

以三维标志申请注册商标的，仅由商品自身的性质产生的形状、为获得技术效果而需有的商品形状或者使商品具有实质性价值的形状，不得注册。

4. 不予注册并禁止使用的情形

（1）就相同或者类似商品申请注册的商标是复制、模仿或者翻译他人未在中国注册的驰名商标，容易导致混淆的，不予注册并禁止使用。

（2）就不相同或者不相类似商品申请注册的商标是复制、模仿或者翻译他人未在中国注册的驰名商标，误导公众，致使该驰名商标注册人的利益可能受到损害的，不予注册并禁止使用。

（3）未经授权，代理人或者代表人以自己的名义将被代理人或者被代表人的商标进行注册，被代理人或者被代表人提出异议的，不予注册并禁止使用。

（4）商标中有商品的地理标志，而该商品并非来源于该标志所标示的地区，误导公众的，不予注册并禁止使用；但是，已经善意取得注册的继续有效。

（四）商标权人的权利和义务

1. 商标权人的权利

（1）专有使用权。商标一经注册，对商标权人来说就享有独占的专有的权利，任何人不能侵犯其商标权。

（2）转让权。商标权人依法将其所有的商标专用权转让给他人的权利。转让注册商标，除了转让人和受让人签订合同之外，还应共同向商标局提出申请，经商标局核准公告。受让人自公告之日起享有商标专用权。

（3）许可使用权。注册商标所有权人通过签订许可使用合同，许可他人使用其注册商标的权利。

（4）禁止权。商标权人有权禁止他人不经过自己的许可在相同或类似商品上使用与其注册商标相同或近似商标的权利。

2. 商标权人的义务

（1）保障商品质量的义务。商标权人应该对其使用注册商标的商品保证其质量。不得粗制滥造，以次充好，欺骗消费者。

（2）使用注册商标的义务。商标权人应该对其申请注册的商标进行使用，不能无故闲置。如果没有正当理由连续三年不使用的，任何单位或者个人可以向商标局申请撤销该注册商标。

（3）商标注册人在使用注册商标的过程中，不得自行改变注册人名义、地址和其他注册事项，不得自行转让注册商标。如果自行改变注册商标、注册人名义、地址或者其他注册事项的，由地方工商行政管理部门责令限期改正；期满不改正的，由商标局撤销其注册商标。

（4）缴纳取得和使用注册商标所规定的各项费用等。

三、商标注册制度

（一）商标注册的原则

1. 自愿注册与强制注册相结合的原则

我国对于商标申请采用自愿注册的原则，即商标使用人是否申请注册商标，取决于自身。但是同时，我国《商标法》明确规定，法律、行政法规规定必须使用注册商标的商品，必须使用注册商标，未经核准注册的，不得在市场上销售。目前，相关法律规定，只有卷烟、雪茄烟和有包装的烟丝必须使用注册商标。

2. 申请在先和使用在先相结合的原则

两个或者两个以上的商标注册申请人，先后在同一种商品或者类似商品上，以相同或者近似的商标申请注册的，商标权授予申请在先的人；两人或者两个以上的商标注册申请人在同一天注册的，商标权授予使用在先的人。

3. 优先权原则

这一原则表现为两个方面。一是商标注册申请人自身商标在外国第一次提出商标注册申请之日起6个月内，又在中国就相同商品以同一商标提出商标注册申请的，依照该外国同中国签订的协议或者共同参加的国际公约，或者按照相互承认优先权的原则，可以享有优先权。二是商标在中国政府主办的或者承认的国际展览会展出的商品上首次使用的，自该商品展出之日起6个月内，该商标的注册申请人可以享有优先权。

（二）商标注册的程序

1. 申请

按照《商标法》和《商标法实施条例》的规定，申请商标注册，需要向商标局提交商标注册申请书、商品图样、有关证明文件以及缴纳申请费。

2. 审查

对申请注册的商标是否进行及如何审查，主要的做法有两种，即形式审查和实质审查。

（1）形式审查，主要是审查申请人是否具备法定资格，申请文件是否具备，从而决定是否受理该申请。

（2）实质审查，是指对申请注册的商标是否具备法定构成要素，是否具有法律禁用的内容，是否同他人已注册或已申请的商标相混同所进行的审查。

3. 公告核准

申请注册的商标，凡符合《商标法》规定的，由商标局初步审定，予以公告。凡不符合《商标法》规定的，由商标局驳回申请，不予公告。

4. 异议

对初步审定的商标，自公告之日起 3 个月内，任何人均可以提出异议。商标局作出异议裁定。申请人或异议人对裁定不服的，可以自收到裁定通知之日起 15 日内，向商标评审委员会申请复审。

5. 核准注册

公告期满无异议或异议不成立的，当事人又不提出复审或复审理由不成立的，商标局予以核准注册，发给商标注册证，并予以公告。

四、注册商标的续展

注册商标的有效期为 10 年，自核准之日起计算。注册商标有效期满，需要继续使用的，商标注册人应当在期满前 12 个月内按照规定办理续展手续；在此期间未能办理的，可以给予 6 个月的宽展期。每次续展注册的有效期为 10 年，自该商标上一届有效期满次日起计算。期满未办理续展手续的，注销其注册商标。

五、注册商标专用权的保护

注册商标的专用权，以核准注册的商标和核定使用的商品为限。

（一）商标侵权行为的表现形式

有下列行为之一的，均属侵犯注册商标专用权：

（1）未经商标注册人的许可，在同一种商品上使用与其注册商标相同的商标的；（2）未经商标注册人的许可，在同一种商品上使用与其注册商标近似的商标，或者在类似商品上使用与其注册商标相同或者近似的商标，容易导致混淆的；（3）销售侵犯注册商标专用权的商品的；（4）伪造、擅自制造他人注册商标标识或者销售伪造、擅自制造的注册商标标识的；（5）未经商标注册人同意，更换其注册商标并将该更换商标的商品又投入市场的；（6）故意为侵犯他人商标专用权行为提供便利条件，帮助他人实施侵犯商标专用权行为的；（7）给他人的注册商标专用权造成其他损害的。

将他人注册商标、未注册的驰名商标作为企业名称中的字号使用，误导公众，构成不正当竞争行为的，依照《中华人民共和国反不正当竞争法》处理。注册商标中含有的本商品的通用名称、图形、型号，或者直接表示商品的质量、主要原料、功能、用途、重量、数量及其他特点，或者含有的地名，注册商标专用权人无权禁止他人正当使用。三维标志注册商标中含有的商品自身的性质产生的形状、为获得技术效果而需有的商品形状或者使商品具有实质性价值的形状，注册商标专用权人无权禁止他人正当使用。商标注册人申请商标注册前，他人已经在同一种商品或者类似商品上先于商标注册人使用与注册商标相同或者近似并有一定影响的商标的，注册商标专用权人无权禁止该使用人在原使用范围内继续使用该商标，但可以要求其附加适当区别标识。

（二）商标侵权行为的法律责任

1. 民事责任和行政责任

《商标法》规定，因侵犯注册商标专用权行为引起纠纷的，由当事人协商解决；不愿协商或者协商不成的，商标注册人或者利害关系人可以向人民法院起诉，也可以请求工商行政管理部门处理。

2. 刑事责任

对于侵犯商标权犯罪，刑法规定了“假冒注册商标罪”“销售假冒注册商标的商品罪”和“非法制造、销售非法制造的注册商标标识罪”。

（1）假冒注册商标罪。《刑法》第213条规定：“未经注册商标所有人许可，在同一种商品上使用与其注册商标相同的商标，情节严重的，处3年以下有期徒刑或者拘役，并处或者单处罚金；情节特别严重的，处3年以上7年以下有期徒刑，并处罚金。”

（2）销售假冒注册商标的商品罪。《刑法》第214条规定：“销售明知是假冒注册商标的商品，销售金额数额较大的，处3年以下有期徒刑或者拘役，并处或者单处罚金；销售金额数额特别巨大的，处3年以上7年以下有期徒刑，并处罚金。”

（3）非法制造、销售非法制造的注册商标标识罪。《刑法》第215条规定：“伪造、擅自制造他人注册商标标识或者销售伪造、擅自制造的注册商标标识，情节严重的，处3年以下有期徒刑、拘役或者管制，并处或者单处罚金；情节特别严重的，处3年以上7年以下有期徒刑，并处罚金。”

阅读资料

驰名商标的认定

商标权具有地域性，在一国注册的商标，只在该国的领域内受其本国法律保护，超出该国范围，则不受他国保护。某个商标可能在某国有很高的市场评价和公众认可，但由于商品销售未及于其他区域，在别国可能就没有多少知名度，也就无从谈起驰名商标的保护。在我国，商标的驰名性认定虽然无须以在我国注册为前提，但应当坚持域内性原则，即国内驰名原则。某些商标虽然具有一定的国际知名度，但其指示的商品或服务未在我国流通，我国的公众未实际使用过上述商品或接受过上述服务，即使该商标可能为我国公众通过传媒等所知道，也不能被认定为驰名商标。因此，认定商标是否驰名，应当始终围绕着国内驰名性，而不是所谓的国际驰名性。

驰名商标应当根据当事人的请求，作为处理涉及商标案件需要认定的事实进行认定。认定驰名商标应当考虑下列因素：（1）相关公众对该商标的知晓程度；（2）该商标使用的持续时间；（3）该商标的任何宣传工作的持续时间、程度和地理范围；（4）该商标作为驰名商标受保护的记录；（5）该商标驰名的其他因素。

生产、经营者不得将“驰名商标”字样用于商品、商品包装或者容器上，或者用于广告宣传、展览以及其他商业活动中。

案例思考7-1

甲公司生产的电风扇多年使用“信鸽”牌商标，商标没有注册。2018年4月乙公司成立，主要生产电风扇，也拟使用“信鸽”牌商标，并于2018年6月1日向商标局递交了商标注册申请书。甲公司得知这一消息后，便匆忙办理商标注册的申请手续，于同年6月20日也向商标局递交了商标注册申请书。

问题：

(1) 甲、乙谁能获准商标注册?

(2) 若甲、乙同日申请，如何处理?

第二节 专利法

学习目标

- 了解专利法的基本内容。
- 掌握专利权的主体和客体、授予专利权的条件。
- 熟悉专利权保护的法律规定。

案例导入

公民王某研制出一种用于汽车开启的钥匙，命名为“万能钥匙”。此种钥匙可以在10秒钟之内开启任何型号、任何牌子轿车的车门。随后，王某与某生产厂签订了一份合作生产“万能钥匙”的协议。现王某想向国家专利局申请专利。

问题：“万能钥匙”能否获得发明专利？为什么？

一、专利权与专利法的概念

（一）专利权的概念

专利权是指国家专利主管部门依法授予发明创造者或者其权利继受者在一定时期内独占使用其发明创造的权利。其他人必须经过专利权人同意才能实施专利行为，否则即为侵权。专利期限届满后，专利权即行消灭，任何人皆可无偿使用该项发明或设计。

（二）专利法的概念

专利法是指调整因发明创造的开发、实施及其保护等发生的各种社会关系的法律规范的总称。专利法有狭义和广义之分，狭义的专利法是指1984年3月12日第六届全国人民代表大会常务委员会第四次会议通过的《中华人民共和国专利法》（以下简称《专利法》），并于1992年、2000年、2008年三次修正。而广义的专利法除了《专利法》以外，还包括国家有关法律、行政法规和部门规章中关于专利的法律规范，如《中华人民共和国专利法实施细则》《专利代理条例》等；我国参加缔结的有关专利权国际保护方面的条约、协定，经批准公布具有国内法效力的，也属于广义的专利法的范畴。

二、专利权的主体

专利权的主体是指具体参加特定的专利权法律关系并享有专利权的人。专利权人的产生有赖于发明人以及将发明创造申请专利的人。通常，发明人可以直接将其独立完成的发明创造申请专利，成为专利申请人；在专利申请被批准后，专利申请人就成为专利权人。

依据《专利法》的规定，发明人或者设计人、职务发明创造的单位、外国人/外国企业或外国其他组织、受让人都可以成为专利权的主体。

（一）发明人或者设计人

1. 概念

发明人是指完成发明创造、对发明创造的实质性特点作出创造性贡献的人；设计人是指参与完成外观设计、对外观设计作出创造性贡献的人。发明人可以是一个人，也可以是共同完成发明创造的两个或多个人。

需要指出的是，在完成发明创造过程中，只负责组织工作的人，为物质技术条件的利用提供方便的人或者从事其他辅助性工作的人，如实验员、描图员、机械加工工人等，均不是发明人或设计人。

2. 条件

发明人（或设计人）必须满足以下条件：

（1）发明人应是自然人。发明创造是智力劳动的结果。因此发明人必须是直接参加发明创造活动的人，不能是单位、集体。此外，发明人不需要具备民事行为能力，只要他完成了发明创造，就应认定发明人或设计人。

（2）发明人应为发明的实质性特点作出创造性贡献。只有在发明创造完成过程中对发明创造的构思以及构思的结构形式提出了具体的创造性见解的人才能被称作发明人。

（二）职务发明创造的单位

对于职务发明创造来说，专利权的主体是该发明创造的发明人或者设计人的所在单位。职务发明创造，是指执行本单位的任务或者主要是利用本单位的物质技术条件所完成的发明创造。

根据《专利法》及其实施细则，以下情况属于职务发明创造：

（1）在本职工作中作出的发明创造。这里所称的本职工作，是指发明人或设计人的职务范围，即工作职责的范围。

（2）履行本单位交付的本职工作之外的任务所作出的发明创造。

（3）退休、调离原单位后或者劳动、人事关系终止后1年内作出的，与其在原单位承担的本职工作或者原单位分配的任务有关的发明创造。

（4）主要利用本单位的物质技术条件所完成的发明创造。本单位的物质技术条件是指本单位的资金、设备、零部件、原材料或者不对外公开的技术资料等。如果是少量利用本单位的物质技术条件，且这种物质技术条件的利用对发明创造的完成无关紧要，则不能认定是职务发明创造。

职务发明创造的专利申请和取得的专利权归发明人或设计人所在单位。发明人或设计人享有署名权和获得奖金、报酬的权利。

两个以上单位或者个人合作完成的发明创造、一个单位或者个人接受其他单位或者个人委托所完成的发明创造，除另有协议的以外，申请专利的权利属于完成或者共同完成的单位或者个人；申请被批准后，申请的单位或者个人为专利权人。

阅读资料

专利权权属纠纷

【案情简介】

北京某家具有限公司（以下简称家具公司）是一家从事设计、生产、销售实木家具产品的公司，张某自 2013 年 7 月 1 日至 2016 年 11 月 15 日在该家具公司任职，其就职的策划部负责产品设计、开发。张某在任职期间完成一款转角沙发的设计与开发，并于 2017 年 9 月 23 日对该产品申请外观设计专利，该专利于 2018 年 8 月 26 日得到授权。家具公司认为，上述外观设计专利权应归属于家具公司。张某以其个人名义申请专利权，损害了家具公司的合法权益。家具公司遂委托某律师事务所王律师代为诉讼，以维护其合法权益。

【审判结果】

确认设计人为张某、名称为转角沙发的外观设计专利权归原告北京某家具有限公司所有。

【律师评析】

本案系专利权权属纠纷。《专利法》规定，执行本单位的任务或者主要是利用本单位的物质技术条件所完成的发明创造为职务发明创造。职务发明创造申请专利的权利属于该单位；申请被批准后，该单位为专利权人。

执行本单位的任务所完成的职务发明创造，是指：(1) 在本职工作中作出的发明创造；(2) 履行本单位交付的本职工作之外的任务所作出的发明创造；(3) 退休、调离原单位后或者劳动、人事关系终止后 1 年内作出的，与其在原单位承担的本职工作或者原单位分配的任务有关的发明创造。所称的本单位，包括临时工作单位；所称本单位的物质技术条件，是指本单位的资金、设备、零部件、原材料或者不对外公开的技术资料等。

本案中所涉及的专利产品为转角沙发，属于该家具公司经营的产品范围；张某离职时间为 2016 年 11 月 15 日，该专利的申请日为 2017 年 9 月 23 日，在张某离职后的 1 年内；而张某原为该家具公司策划部经理，也是该专利权的设计人及申请人（专利权人）。因此，可以认定张某设计该专利时利用了其在该家具公司期间掌握的技术、资料和信息，利用了该家具公司的物质技术条件。产品（样品）的采购、评审、跟进是张某在该家具公司的本职工作，涉案专利在其本职工作范围之内，属于其执行本单位的任务，依法应当属于职务发明创造。

（三）外国人、外国企业或外国其他组织

在中国有经常居所或者营业所的外国人，享有与中国公民或单位同等的专利申请权和专利权。在中国没有经常居所或者营业所的外国人、外国企业或者外国其他组织在中国申请专利的，依照其所属国同中国签订的协议或者共同参加的国际条约，或者依照互惠原则，可以申请专利，应当委托国务院专利行政部门指定的专利代理机构办理。

（四）受让人

受让人是指通过合同或继承而依法取得专利权的单位或个人。专利申请权转让之后，如果获得了专利，受让人就是该专利权的主体；专利权转让后，受让人成为该专利权的新主体。两个以上单位或个人合作完成的发明创造、一个单位或者个人接受其他单位或者个人委托所完成的发明创造，对于这类发明的权利归属，依照合同约定来确认该发明的权利归属。如果单位或者个人之间没有协议，构成委托开发的，申请专利权以及取得的专利权归受托人，但委托人可以免费实施该专利技术。继受了专利申请权或专利权之后，受让人并不因此成为发明人、设计人，该发明创造的发明人、设计人也不因发明创造的专利申请权或专利权转让而丧失其特定的人身权利。

三、专利权的客体

专利权的客体，即专利法的保护对象，是指依《专利法》可获得保护的发明创造。依据《专利法》第2条规定，专利权的客体为发明、实用新型和外观设计。

（一）发明

1. 发明的概念

发明是指对产品、方法或者其改进所提出的新的技术方案。

2. 发明的特征

（1）发明是发明人利用自然规律的结果。没有利用自然规律的方案不属于技术方案，不是发明，如体育比赛规则、逻辑推理法则等。发明通常是自然领域的智力成果，文学、艺术和社会科学领域的成果不能视为发明。

（2）发明必须是一种具体的技术方案。发明必须能够实施，达到一定的效果并具有可重复性，并且该技术方案是新的，与以往相比应当有一定的进步或难度。

3. 发明的分类

发明可以分为两类：

（1）产品发明，是关于新产品、新物质的发明，如电子计算机、超导材料。

（2）方法发明，是关于制造产品或解决问题的操作方法、制造方法，如加工方法、工艺流程、提炼方法等。

（二）实用新型

1. 实用新型的概念

实用新型是指对产品的形状、构造或者其结合所提出的适于实用的新的技术方案。

生活中通常称实用新型为“小发明”，与发明相比，它的技术含量低。由于我国存在大量的小发明，因此对那些达不到发明专利的创造高度要求的一些简单的小发明创造也有保护的必要。

2. 实用新型的特征

（1）实用新型只能是产品。一切有关方法以及未经人工制造的自然存在的物品不属于实用新型专利的保护对象。

（2）必须是具有立体形状构造的产品，排除气态、液态、粉末状、颗粒状等无确定形状的产品。

（3）可以自由移动。

（4）实用新型的创造性比发明低，但是方案必须具有实用性，能在工业上适用。

（5）审查程序简单，没有实质审查程序。

实用新型与发明的不同之处在于：第一，实用新型只限于具有一定形状的产品，不能是一种方法，也不能是没有固定形态的产品；第二，对实用新型的创造性要求不太高，而实用性较强。

（三）外观设计

1. 外观设计的概念

外观设计，又称工业产品外观设计，是指对产品的形状、图案或者其结合以及色彩的形状、图案所作出的富有美感并适于工业应用的新设计。

2. 外观设计的特征

（1）外观设计必须与产品相结合。离开具体产品就无所谓外观设计了。产品的色彩不能独立构成外观设计，除非产品色彩变化的本身已形成一种图案。

（2）外观设计应用的产品应适用于工业应用。适用于工业应用，是指该外观设计可以通过工业手段大量复制。

（3）外观设计应富有美感。

四、授予专利权的条件

（一）授予发明、实用新型的条件

依照《专利法》规定，授予专利权的发明和实用新型，应当具备新颖性、创造性和实用性。

1. 新颖性

（1）新颖性的概念。新颖性，是指该发明或者实用新型既不属于现有技术，也没有任何单位或者个人就同样的发明或者实用新型在申请日以前向国务院专利行政部门提出过申请，并记载在申请日以后公布的专利申请文件或者公告的专利文件中。

现有技术，是指申请日以前在国内外为公众所知的技术。

(2) 新颖性的判断标准。新颖性是授予专利权的最基本的积极条件之一。如果申请专利的发明属于现有技术的范围，则其不具备新颖性。如果能够确定申请专利的技术内容是否与已经公开的技术内容相同，则可以确定其是否具备新颖性。因此新颖性的判断，实际上就是关于相关技术是否已经被公开的判断。

1) 已有技术的范围。已有技术是指在申请日以前已经公开的技术。公开的方式有三种：a. 出版物公开，如采取书籍、杂志、报纸、论文、教科书、电影、录像、光盘等方式在国内外公开；b. 使用公开，如通过制造、销售、使用、进口、展示等形式的公开；c. 其他形式的公开，如口头讲课、作报告等方式公开或通过互联网公开。

2) 抵触申请。是指一项申请专利的发明或者实用新型在申请日以前，已有同样的发明或者实用新型由他人向专利局提出过申请，并且记载在该发明或者实用新型申请日以后公布的专利申请文件中。

3) 丧失新颖性的例外。申请专利的发明创造在申请日以前6个月内，有下列情形之一的，不丧失新颖性：a. 在中国政府主办或者承认的国际展览会上首次展出的；b. 在国务院有关主管部门和全国性学术团体组织召开的学术会议或者技术会议上首次发表的；c. 他人未经同意而泄露其内容的。

2. 创造性

(1) 创造性的概念。创造性，是指与现有技术相比，该发明具有突出的实质性特点和显著的进步，该实用新型具有实质性特点和进步。

(2) 创造性的判断标准。对于发明，其创造性的判断标准为有突出的实质性特点和显著的进步；对于实用新型，其创造性的判断标准为有实质性特点和进步。

突出的实质性特点，是指与现有技术相比，发明有明显的本质区别，本领域的普通技术人员已不能直接从现有技术中得出该发明的全部必要技术特征；显著的进步，是指与最接近的现有技术相比有所发展和前进。

3. 实用性

(1) 实用性的概念。实用性是指该发明或者实用新型能够制造或者使用，并且能够产生积极效果。

(2) 实用性的条件。发明创造应当具有可实施性、再生性和有益性。也就是说，获得专利的发明创造不能是一种纯理论的方案，必须能够在实际中得到应用。

(二) 授予外观设计的条件

依据《专利法》规定，授予专利权的外观设计，首先，应当不属于现有设计，即授予专利权的外观设计，应当不属于申请日以前国内外公众所知的设计；其次，没有任何单位或者个人就同样的外观设计在申请日以前向国务院专利行政部门提出过申请，并记载在申请日以后公告的专利文件中；再次，授予专利权的外观设计与现有设计或者现有设计特征的组合相比，应当具有明显区别；最后，授予专利权的外观设计不得与他人在申请日以前已取得的合法权利相冲突。

(三)《专利法》不予保护的对象

下列各项，不授予专利权：

(1) 违反法律、社会公德或妨害公共利益的发明创造，如吸毒工具、冰毒提炼方法、伪钞机。

(2) 科学发现，如文学家通过观测发现了一颗新星，牛顿发现万有引力定律。

(3) 智力活动的规则与方法，如速算法，游戏规则、扑克牌或某种棋牌的一种新玩法等。但是进行智力活动的设备、装置或者仪器、用具等，如果具备专利条件，可以授予专利权。

(4) 疾病的诊断及治疗方法，如心理治疗、诊疗法；一位老中医通过特殊的号脉方式可以诊断出一些难以诊断的疾病，并用针灸、特殊穴位按摩疗法等加以治疗，这些都不能授予专利权。但是对于血液、毛发、尿样等脱离了人体的物质的化验方法则不属于疾病的诊断和治疗方法，可以授予专利权。另外，用于诊断或者治疗疾病的药品、仪器、设备或者器械可以授予专利权。

(5) 动植物品种。不管是天然品种还是人工培育品种都不能申请专利，但对于动物和植物品种的生产方法，可以授予专利权。

(6) 用原子核变换方法获得的物质。用原子核变换方法获得的物质关系到国防、经济、科研和公共安全等重大利益，因此予以排除。

(7) 对平面印刷品的图案、色彩或者二者的结合作出的主要起标识作用的设计。

(8) 对违反法律、行政法规的规定获取或者利用遗传资源，并依赖该遗传资源完成的发明创造，不授予专利权。

五、专利权的取得、终止和无效

(一) 专利权的取得

1. 专利的申请

(1) 专利申请的原则：

1) 单一性原则。单一性是指一份专利只能含有一项发明创造。但是属于一个总的发明构思的两项以上的发明或者实用新型，可以作为一件申请提出；用于同一类别并且成套出售或者使用的产品的两项以上的外观设计，可以作为一件申请提出。

2) 先申请原则。两个或两个以上的申请人分别就同样的发明创造申请专利的，专利权授给最先申请的人。

3) 优先权原则。这是指将专利申请人首次提出专利的日期，视为后来一定期限内专利申请人就相同主题在他国或本国提出专利申请的日期。专利申请人依法享有的这种权利称为优先权。

《专利法》规定了外国优先权和本国优先权。外国优先权是指申请人自发明或者实用新型在外国第一次提出专利申请之日起 12 个月内，或者自外观设计在外国第一次提出专利申请之日起6个月内，又在中国就相同主题提出专利申请的，依照该外国同中国签订的协议或者共同参加的国际条约，或者依照相互承认优先权的原则，可以享有优先权。本国优先权是指申请人自发明或者实用新型在中国第一次提出专利申请之日起12个月内，又向国务院专利行政部门就相同主题提出专利申请的，可以享有优先权。申请人要求优先权的，应当在申请的时候提出书面声明，并且在3个月内提交第一次提出的专利申请文件的副本；未提出书面声明或者逾期未提交专利申请文件副本的，视为未要求优先权。

（2）专利申请的提出。申请发明专利或者实用新型专利的，应当向国务院专利行政部门提交请求书、说明书及其摘要和权利要求书等文件。请求书应当写明发明或者实用新型的名称，发明人或设计人的姓名，申请人姓名或者名称、地址，以及其他事项。说明书应当对发明或者实用新型作出清楚、完整的说明，以所属技术领域的技术人员能够实现为准；必要的时候，应当有附图。摘要应当简要说明发明或者实用新型的技术要点。权利要求书应当以说明书为依据，说明要求专利保护的范围。

申请外观设计专利的，应当提交请求书、该外观设计的图片或者照片以及对该外观设计的简要说明等文件，并且应当写明使用该外观设计的产品及其所属的类别。

国务院专利行政部门收到专利申请文件之日为申请日。如果申请文件是邮寄的，以寄出的邮戳日为申请日。

2. 专利申请的审批

（1）发明专利的审查批准：

1）初步审查。专利主管机关审查专利申请是否具备《专利法》规定的申请文件和其他必要的文件，以及这些文件是否符合规定的格式；发明专利申请是否明显属于违反国家法律、社会公德或妨害公共利益的发明创造；发明专利申请是否明显不符合申请主题单一性原则；专利申请文件的修改是否符合要求；申请发明专利是否合适；专利申请文件尤其是说明书和权利要求书的撰写是否符合《专利法》规定的格式和内容等。

2）早期公开。专利局收到发明专利申请后，经初步审查认为符合要求的，自申请日起满18个月，通过《专利公报》向社会公布。专利局也可根据申请人的申请早日公布。

3）实质审查。发明专利申请自申请日起3年内，专利局可以根据申请人随时提出的要求，对其进行实质审查；申请人无正当理由逾期不请求实质审查的，该申请即被视为撤回。专利局认为必要的时候，可以自行对发明专利申请进行实质性审查。

4）授权决定。发明专利申请经过实质审查没有发现驳回的理由的，由专利局作出授予发明专利权的决定，发给发明专利证书，并且予以登记和公告。发明专利权自公告之日起生效。

（2）实用新型和外观设计的审查批准。实用新型和外观设计专利申请经初步审查没有发现驳回理由的，由专利局作出授予实用新型专利权和外观设计专利权的决定，发给相应的专利证书，同时予以登记和公告。实用新型专利权和外观设计专利权自公告之日起生效。

（3）专利复审。国务院专利行政部门设立专利复审委员会。专利申请人对国务院专利行政部门驳回的申请决定不服的，可以自收到通知之日起3个月内，向专利复审委员会请求复审。专利复审委员会复审后，作出决定，并通知专利申请人。

专利申请人对专利复审委员会的复审决定不服的，可以自收到通知之日起3个月内向人民法院起诉。

（二）专利权的终止

专利权的终止，是指专利权因期限届满或其他原因在期限届满前失去法律效力。

《专利法》规定，有下列情形之一的，专利权在期限届满前终止：（1）没有按照规定缴纳年费的；（2）专利权人以书面声明放弃其专利的。

专利权在期限届满前终止的，由国务院专利行政部门登记和公告。

（三）专利权的无效

1. 专利权无效的定义

专利权无效是指已经取得的专利权因为具有不符合《专利法》及其实施细则中有关授予专利权的条件，经有关单位或个人的请求，并经专利复审委员会复审被宣告无效的情形。

2. 宣告专利权无效的理由

（1）主题不符合专利授予条件，包括：发明、实用新型的主题不具备新颖性、创造性或实用性；外观设计专利的主题不具备新颖性或者与他人在先取得的合法权利相冲突。

（2）专利申请中的不合法情形：说明书没有充分公开发明或者实用新型；授权专利的权利要求书没有以说明书为依据；专利申请文件的修改超出规定的范围；专利权的主题不符合发明、实用新型或外观设计的定义；授权专利的权利要求书不清楚、不简明或者缺少解决其技术问题的必要技术特征。

（3）违反法律强制性规定的情形，包括：违反国家法律、社会公德或者妨害公共利益的情形；科学发现等法律规定不授予专利权的情形。

（4）重复授权的情形：两个以上的申请人分别就同样的发明创造申请专利的，专利权授予最先申请的人，即一个发明创造只向一个人（最先申请的人）授予专利权。发明、实用新型和外观设计出现上述情形不能取得专利权，已经取得专利权的，可以宣告其无效。

3. 专利权宣告无效的程序

根据《专利法》的规定，自国务院专利行政部门公告授予专利权之日起，任何单位或者个人认为该专利权的授予不符合《专利法》有关规定的，可以请求专利复审委员会宣告该专利权无效。专利复审委员会对宣告专利权无效的请求应当及时审查和作出决定，并通知请求人和专利权人。宣告专利无效的决定，由国务院专利行政部门登记和公告。对专利复审委员会宣告专利权无效或者维持专利权的决定不服的，可以自收到通知之日起3个月内向人民法院起诉。人民法院应当通知无效宣告请求程序的对方当事人作为第三人参加诉讼。

4. 专利权宣告无效的法律后果

（1）专利权被宣告无效后，被视为自始即不存在。

（2）宣告专利权无效的决定，对在宣告专利权无效前人民法院作出并已执行的专利侵权的判决、调解书，已经履行或者强制执行的专利侵权纠纷处理决定，以及已经履行的专利实施许可合同和专利权转让合同，不具有追溯力。但是因专利权人的恶意给他人造成损失的，应当给予赔偿。

（3）依照上述规定不返还专利侵权赔偿金、专利使用费、专利权转让费，明显违反公平原则的，应当全部或者部分返还。

六、专利权的内容和限制

专利权的内容，即专利权人的权利与义务。专利申请一旦通过审查获得授权，专利权人就享有《专利法》赋予的专利权，但也要承担一定的义务。

（一）专利权的内容

1. 专利权人的权利

（1）独占实施权。发明和实用新型的专利权人享有自己实施其专利技术的权利，有权禁止他人未经许可，为生产经营目的制造、使用、许诺销售、销售、进口其专利产品，或者使用其专利方法以及使用、许诺销售、销售、进口依照该专利产品方法直接获得的产品。外观设计专利独占实施权的内容包括对外观设计专利产品的制造权、销售权和进口权。

（2）许可权。专利权人可以通过订立许可实施合同的方式许可他人实施专利权。

（3）转让权。专利转让的，专利权人和受让人应订立书面合同，向国家知识产权局登记，由国家知识产权局公告，权利转让自登记之日起生效。

（4）标记权。专利权人享有在其专利产品或者该产品的包装上标明专利标记和专利号的标记。

2. 专利权人的义务

（1）按时缴纳专利年费。

（2）实施专利。专利权人既可以自己实施，也可以许可他人实施。这是实现发明创造目的的必经之路。

（二）专利权的限制

专利权的限制包括专利权的合理利用、专利实施的强制许可。

1. 专利权的合理利用

有下列情形之一的，不视为侵犯专利权：

（1）专利产品或者依照专利方法直接获得的产品，由专利权人或者经其许可的单位、个人售出后，使用、许诺销售、销售、进口该产品的。

（2）在专利申请日前已经制造相同产品、使用相同方法或者已经做好制造、使用的必要准备，并且仅在原有范围内继续制造使用的。

（3）临时通过中国领陆、领水、领空的外国运输工具，依照其所属国同中国签订的协议或者共同参加的国际公约，或者依照互惠原则，为运输工具自身需要而在其装置和设备中使用有关专利的。

(4) 专为科学研究和实验而使用的有关专利。

(5) 为提供行政审批所需要的信息，制造、使用、进口专利药品或者专利医疗器械的，以及专门为其制造、进口专利药品或者专利医疗器械的。

2. 专利实施的强制许可

根据《专利法》的规定，有下列情形之一的，国务院专利行政部门根据具备实施条件的单位或者个人的申请，可以给予实施发明专利或者实用新型专利的强制许可：

(1) 专利权人自专利权被授予之日起满 3 年，且自提出专利申请之日起满 4 年，无正当理由未实施或者未充分实施其专利的。

(2) 专利权人行使专利权的行为被依法认定为垄断行为，为消除或者减少该行为对竞争产生的不利影响的。

(3) 在国家出现紧急状态或者非常情况时，或者为了公共利益的目的，国务院专利行政部门可以给予实施发明专利或者实用新型专利的许可。

(4) 为了公共健康目的，对取得专利权的药品，国务院专利行政部门可以给予制造并将其出口到符合中华人民共和国参加的有关国际条约规定的国家或者地区的强制许可。

(5) 一项取得专利权的发明或者实用新型比以前已经取得专利权的发明或者实用新型具有显著经济意义的重大技术进步，其实施又有赖于前一发明或者实用新型的实施的，国务院专利行政部门根据后一专利人的申请，可以给予实施前一发明或者实用新型的强制许可。

七、专利权的保护

(一) 专利权的保护期限

发明专利权的保护期限为 20 年，实用新型专利权和外观设计专利权的保护期限为 10 年，均自申请日起计算。

(二) 专利侵权行为

专利侵权，即侵犯专利权的行为，是指侵权人未经专利权人许可，也没有法律依据，以营利为目的实施他人专利的违法行为。

(三) 专利侵权行为的表现

专利侵权行为表现为直接侵权和间接侵权。

1. 直接侵权

直接侵权主要有以下情形：(1) 未经他人许可，为生产经营目的制造、使用、许诺销售、销售、进口其产品，或者使用其专利方法以及使用、许诺销售、销售、进口依照该专利产品方法直接获得的产品；(2) 未经专利权人许可，为生产经营目的制造、销售、进口其外观设计专利产品；(3) 假冒他人的专利；(4) 以非专利产品冒充专利产品；(5) 侵夺发明人或者设计人的非职务发明创造申请权以及其他权益的行为。

2. 间接侵权

《专利法》暂无专利间接侵权的规定，但依据有关规定，通过教唆他人或者帮助他人实施侵权为共同侵权行为，应承担连带责任。如行为人未经专利权人授权或者委托，擅自转让其专利技术的行为等。

（四）专利侵权行为的法律责任

专利侵权行为的法律责任包括：民事责任、行政责任和刑事责任。

1. 民事责任

未经专利权人许可，实施其专利，即侵犯其专利权，引起纠纷的，由当事人协商解决；不愿协商或者协商不成的，专利权人或者利害关系人可以向人民法院起诉，也可以请求管理专利工作的部门处理。管理专利工作的部门处理时，认定侵权行为成立时，可以责令侵权人立即停止侵权行为，当事人不服的，可以自收到处理通知之日起15日内依照《中华人民共和国行政诉讼法》向人民法院起诉；侵权人期满不起诉又不停止侵权行为的，管理专利工作的部门可以申请人民法院强制执行。进行处理的管理专利工作的部门应当事人的要求，可以就侵犯专利权的赔偿数额进行调解；调解不成的，当事人可以依据《中华人民共和国民事诉讼法》向人民法院起诉。

2. 行政责任

假冒专利的，除依法承担民事责任外，由管理专利工作的部门责令改正并予公告，没收违法所得，可以并处违法所得4倍以下的罚款；没有违法所得的，可以处20万元以下的罚款。

3. 刑事责任

刑事责任只限于假冒他人专利且情节特别严重的情形。《刑法》第216条规定："假冒他人专利，情节严重的，处3年以下有期徒刑或者拘役，并处或者单处罚金。"

（五）专利侵权的诉讼时效

侵犯专利权的诉讼时效为2年，自专利权人或者利害关系人得知或者应当得知侵权行为之日起计算。发明专利申请公布后至专利权授予前使用该发明未支付适当使用费的，专利权人要求支付使用费的诉讼时效为2年，自专利权人得知或者应当得知他人使用其发明之日起计算，但是，专利权人于专利权授予之日前即已得知或者应当得知的，自专利权授予之日起计算。

案例思考7-2

甲公司获得了某医用镊子的实用新型专利，不久，乙公司自行研制出相同的镊子，并生产出来卖给了丙医院使用。乙、丙都不知道甲已经获得该专利。

问题： 乙、丙的行为是否构成侵权？为什么？

自测练习

一、单项选择题

1. 依照我国《专利法》的规定，可以授予专利权的有（　　）。

A. 科学发现　　B. 智力活动的规则和方法

C. 疾病的诊断和治疗方法　　D. 动物和植物品种的生产方法

2. 下述不属于职务发明的是（　　）。

A. 某一届服装发布会上发布了著名服装设计师张某为其公司设计的最新季服装

B. 在电脑公司上班的甲某出于兴趣爱好设计了一款手机的外观设计，其间他经常利用公司的电脑上网查阅相关资料

C. 某机械厂原设计室主任张某退休后赋闲在家，将其原来上班时曾参与过设计开发的模具产品重新绘制，申请专利

D. 李某被公司从市场部调入设计开发部从事节日礼品的设计

3. 下述不能作为申请外观设计专利的主体的是（　　）。

A. 未满14周岁的甲某　　B. 某艺术学院工业设计系

C. 某中外合资企业　　D. 下岗职工乙某

4. 授予专利权的发明和实用新型应当具备（　　）。

A. 新颖性、创造性　　B. 新颖性、实用性

C. 新颖性　　D. 新颖性、创造性、实用性

5. 我国《商标法》规定，注册商标的有效期为（　　）。

A. 5年　　B. 10年　　C. 15年　　D. 20年

6. 在商标注册方面，我国采用（　　）。

A. 一律自愿申请注册

B. 一律强制注册

C. 自愿注册原则，法律、行政法规规定必须使用注册商标的，依其规定

D. 强制注册原则，法律、行政法规规定可以不注册的，依其规定

7. 商标使用的文字、图形或者组合，应当有（　　）。

A. 创造性　　B. 新颖性

C. 显著特征、便于识别　　D. 具有实用性

二、多项选择题

1. 根据《专利法》的规定，下列各项中不授予专利权的有（　　）。

A. 甲发明了开门的万能钥匙

B. 乙发明了对糖尿病的治疗有特效的方法

C. 丙发现了某植物新品种

D. 丁发明了某植物新品种的生产方法

2. 申请专利的发明创造在申请日以前6个月内有（　　）情形的，不丧失新颖性。

A. 在国际展览会上首次展出

B. 在中国政府主办或承认的国际展览会上首次展出

C. 在规定的学术会议上首次发表的

D. 他人泄露其内容

3. 根据《商标法》的规定，下列各项中，不得作为商标注册的有（　　）。

A. 锐利牌剪刀　　B. 巴黎牌香水

C. 企鹅牌衬衫　　D. 羊绒牌毛线

4. 根据《商标法》的规定，下列各项中，属于侵犯注册商标专用权的有（　　）。

A. 未经商标注册人的许可，在类似商品上使用相同的商标的

B. 销售侵犯注册商标专用权的商品的

C. 擅自制造他人注册商标标识的

D. 销售伪造的注册商标标识的

5. A公司在纸手帕等纸制产品上注册了“茉莉花”文字及图形商标。根据《商标法》的规定，下列未经许可的行为中，构成侵权的有（　　）。

A. 甲公司在其制造的纸手帕包装上突出使用“茉莉花”图形

B. 乙商场将假冒“茉莉花”牌纸手帕作为赠品进行促销活动

C. 丙公司长期制造茉莉花香型的纸手帕，并在包装上标注“茉莉花香型”

D. 丁公司购买A公司的“茉莉花”纸手帕后，将“茉莉花”改为“山茶花”重新包装后销售

6. 我国《商标法》中禁止使用的标志有（　　）。

A. 国旗图案　　B. 国徽图案

C. 首都名称　　D. 红十字

7. 在我国，发明专利申请文件包括（　　）。

A. 摘要　　B. 说明书

C. 请求书　　D. 权利要求书

8. 甲在空调上使用“兰花”注册商标，根据商标的分类，甲的“兰花”商标能够被归入的商标类型有（　　）。

A. 文字商标　　B. 商品商标

C. 图形商标　　D. 服务商标

三、案例分析题

1. 甲洗涤剂有限责任公司经过多年的研究，生产了一种新型洗衣粉，该洗衣粉具有高效、去污力强、用量小、省水、省时、省力等优点。该公司决定推广生产，为占领市场，更好地体现这种新型洗衣粉的特点，设计了名为“洁白”的商标，并于当年申请注册。商标局审查后，认为该商标不符合《商标法》规定的条件，予以驳回，不予注册。该公司认为，“洁白”商标符合《商标法》规定的“申请注册的商标，应当有显著特征，便于识别”的条件，应当获准注册。于是，该公司向商标评审委员会申请复审，商标评审委员会认为商标局驳回申请理由成立，维持决定。

问题：商标局和商标评审委员会驳回甲公司的申请能否成立？为什么？

2. 甲厂去年以来生产薯片、锅巴等小食品，使用“香脆”二字为未注册商标。现甲厂决定提出“香脆”商标注册申请，使用商品仍为薯片、锅巴。根据上述情况，请回答：

(1) 该商标注册申请能否被核准？为什么？

(2) 如果商标局驳回该注册申请，甲厂不服，应在何时向谁提出复审请求？

四、实训题

假设你创业开设一家餐饮公司，请结合餐饮公司的特色，设计一个餐饮服务企业商标。要求能够吸引顾客眼球，并符合《商标法》有关商标注册的相关规定。

第八章 市场秩序管理法

市场秩序关系到企业的生存和发展，也关系到消费者的权益保护，对于市场秩序进行规范管理意义重大。只有具备公平、公正的市场秩序，形成统一开放竞争有序的现代市场体系，市场才能合理配置资源，良好的市场秩序依赖市场规则来维护。我国一直致力于维护良好市场秩序。市场秩序管理法是社会主义市场经济法律制度的重要组成部分，以保障市场在配置资源方面充分发挥基础性作用为目的，是维护市场正常秩序、弥补市场缺陷的重要法律制度。

第一节 产品质量法

学习目标

- 了解产品质量法的概念和立法宗旨、我国的产品质量监管制度。
- 理解产品的概念。
- 理解和掌握生产者、销售者的产品质量责任和义务。
- 掌握产品质量的损害赔偿责任。

案例导入

2014 年 3 月 20 日，魏先生在某电器商场购买了一部手机。魏先生在正常为手机充电的过程中，因手机漏电而被电流击伤，造成手部残疾。2015 年 4 月 2 日，魏先生以该电器商场为被告在法院提起诉讼，请求法院判令电器商场对其因触电致残承担赔偿责任。该商场在答辩状中称：被告作为产品销售者无法控制产品质量，故在本案中没有过错，因此原告无权要求商场承担赔偿责任。法院认为，被告的答辩理由均不成立，最后判被告败诉。

问题： 为什么被告的答辩理由不成立？

一、产品质量法的概述

（一）产品质量法的概念

产品质量法，是调整在生产、流通和消费过程中因产品质量所产生的社会关系的法律规范的总称。1993 年 2 月 22 日第七届全国人民代表大会常务委员会第三十次会议通过《中华人民共和国产品质量法》（以下简称《产品质量法》）。全国人大常委会分别于 2000 年、2009 年、2018 年对该法进行了修改。

（二）立法宗旨

《产品质量法》的立法宗旨在于加强对产品质量的监督管理，提高产品质量水平，明确产品质量责任，保护消费者的合法权益，维护社会经济秩序。

（三）产品的定义

我国《产品质量法》规定，产品是指经过加工、制作，用于销售的产品。建筑工程不适用于本法；但是，建筑工程使用的建筑材料、建筑构配件和设备，属于本法规定产品范围的，适用本法规定。同时，我国《产品质量法》第 73 条规定，军工产品质量监督管理办法，由国务院、中央军事委员会另行制定。

二、产品质量的监督管理体制

我国《产品质量法》规定，国务院市场监督管理部门主管全国产品质量监督工作。国务院有关部门在各自的职责范围内负责产品质量监督工作。县级以上地方市场监督管理部门主管本行政区域内的产品质量监督工作。县级以上地方人民政府有关部门在各自的职责范围内负责产品质量监督工作。法律对产品质量的监督部门另有规定的，依照有关法律的规定执行。

三、产品质量监督管理的主要制度

（一）产品质量标准制度

我国《产品质量法》规定，可能危及人体健康和人身、财产安全的工业产品，必须符合保障人体健康和人身、财产安全的国家标准、行业标准；未制定国家标准、行业标准的，必须符合保障人体健康和人身、财产安全的要求。禁止生产、销售不符合保障人体健康和人身、财产安全的标准和要求的工业产品。具体管理办法由国务院规定。

（二）企业质量体系认证制度

国家根据国际通用的质量管理标准，推行企业质量体系认证制度。企业根据自愿原则可以向国务院市场监督管理部门认可的或者国务院市场监督管理部门授权的部门认可的认证机构申请企业质量体系认证。经认证合格的，由认证机构颁发企业质量体系认证证书。

（三）产品质量认证制度

国家参照国际先进的产品标准和技术要求，推行产品质量认证制度。企业根据自愿原则可以向国务院市场监督管理部门认可的或者国务院市场监督管理部门授权的部门认可的认证机构申请产品质量认证。经认证合格的，由认证机构颁发产品质量认证证书，准许企业在产品或者其包装上使用产品质量认证标志。

（四）产品质量监督检查制度

国家对产品质量实行以抽查为主要方式的监督检查制度，对可能危及人体健康和人身、财产安全的产品，影响国计民生的重要工业产品以及消费者、有关组织反映有质量问题的产品进行抽查。抽查的样品应当在市场上或者企业成品仓库内的待销产品中随机抽取。监督抽查工作由国务院市场监督管理部门规划和组织。县级以上地方市场监督管理部门在本行政区域内也可以组织监督抽查。法律对产品质量的监督检查另有规定的，依照有关法律的规定执行。国家监督抽查的产品，地方不得另行重复抽查；上级监督抽查的产品，下级不得另行重复抽查。

根据监督抽查的需要，可以对产品进行检验。检验抽取样品的数量不得超过检验的合理需要，并不得向被检查人收取检验费用。监督抽查所需检验费用按照国务院规定列支。

生产者、销售者对抽查检验的结果有异议的，可以自收到检验结果之日起15日内向实施监督抽查的市场监督管理部门或者其上级市场监督管理部门申请复检，由受理复检的产品质量监督部门作出复检结论。

阅读资料

国家质量监督检验检疫总局监督抽查不合格产品发布

2018年学生用品产品质量国家监督抽查不合格企业名单

受检企业名称	生产企业名称	生产企业所在地	产品名称	规格型号	生产日期/批号	抽查结果	主要不合格项目	承检机构
杭州物美大卖场商业有限公司	上海富乐梦新潮文化用品有限公司	上海市	2H圆杆涂头铅笔-10入吊袋（学生用品）	PC-K3014	2014/05	不合格	硬度	宁波市产品质量监督检验研究院

四、生产者、销售者的产品质量责任和义务

（一）生产者的产品质量责任和义务

1. 生产者保证生产的产品质量责任

产品质量应当符合下列要求：

（1）不存在危及人身、财产安全的不合理的危险，有保障人体健康和人身、财产安全的国家标准、行业标准的，应当符合该标准；

（2）具备产品应当具备的使用性能，但是，对产品存在使用性能的瑕疵作出说明的除外；

（3）符合在产品或者其包装上注明采用的产品标准，符合以产品说明、实物样品等方式表明的质量状况。

2. 生产者的产品标识义务

产品或者其包装上的标识必须真实，并符合下列要求：

（1）有产品质量检验合格证明。

（2）有中文标明的产品名称、生产厂厂名和厂址。

（3）根据产品的特点和使用要求，需要标明产品规格、等级、所含主要成分的名称和含量的，用中文相应予以标明；需要事先让消费者知晓的，应当在外包装上标明，或者预先向消费者提供有关资料。

（4）限期使用的产品，应当在显著位置清晰地标明生产日期和安全使用期或者失效日期。

（5）使用不当，容易造成产品本身损坏或者可能危及人身、财产安全的产品，应当有警示标志或者中文警示说明。

裸装的食品和其他根据产品的特点难以附加标识的裸装产品，可以不附加产品标识。

3. 对危险品的义务

易碎、易燃、易爆、有毒、有腐蚀性、有放射性等危险物品以及储运中不能倒置和其他有特殊要求的产品，其包装质量必须符合相应要求，依照国家有关规定作出警示标志或者中文警示说明，标明储运注意事项。

4. 生产者的禁止性义务

（1）生产者不得生产国家明令淘汰的产品；

（2）生产者不得伪造产地，不得伪造或者冒用他人的厂名、厂址；

（3）生产者不得伪造或者冒用认证标志等质量标志；

（4）生产者生产产品，不得掺杂、掺假，不得以假充真、以次充好，不得以不合格产品冒充合格产品。

（二）销售者的产品质量责任和义务

（1）销售者应当建立并执行进货检查验收制度，验明产品合格证明和其他标识；

（2）销售者应当采取措施，保持销售产品的质量；

（3）销售者不得销售国家明令淘汰并停止销售的产品和失效、变质的产品；

（4）销售者销售的产品的标识应当符合《产品质量法》第 27 条的规定；

（5）销售者不得伪造产地，不得伪造或者冒用他人的厂名、厂址；

（6）销售者不得伪造或者冒用认证标志等质量标志；

（7）销售者销售产品，不得掺杂、掺假，不得以假充真、以次充好，不得以不合格产品冒充合格产品。

五、产品质量责任

（一）产品瑕疵担保责任

瑕疵担保责任，又称“担保责任”，是指依法律规定，在交易活动中当事人一方移转财产（或权利）给另一方时，应担保该财产（或权利）无瑕疵，若移转的财产（或权利）有瑕疵，则应向对方当事人承担相当的责任。我国《产品质量法》规定，售出的产品有下列情形之一的，销售者应当负责修理、更换、退货；给购买产品的消费者造成损失的，销售者应当赔偿损失：（1）不具备产品应当具备的使用性能而事先未作说明的；（2）不符合在产品或者其包装上注明采用的产品标准的；（3）不符合以产品说明、实物样品等方式表明的质量状况的。

销售者依照上述规定负责修理、更换、退货、赔偿损失后，属于生产者的责任或者属于向销售者提供产品的其他销售者（以下简称供货者）的责任的，销售者有权向生产者、供货者追偿。销售者未按照上述规定给予修理、更换、退货或者赔偿损失的，由产品质量监督部门或者工商行政管理部门责令改正。生产者之间、销售者之间、生产者与销售者之间订立的买卖合同、承揽合同有不同约定的，合同当事人按照合同约定执行。

（二）产品缺陷责任

产品缺陷责任，是指由于产品存在缺陷导致消费者或者第三人的人身、财产损害而发生的民事赔偿责任。

1. 产品缺陷责任的构成要件

（1）产品存在缺陷。缺陷，是指产品存在危及人身、他人财产安全的不合理的危险；产品有保障人体健康和人身、财产安全的国家标准、行业标准的，不符合该标准。

（2）因产品缺陷造成消费者人身伤害或财产损失。

（3）产品缺陷与损害事实之间有因果关系。是指损害事实的发生是因为产品缺陷所致。如果损害事实不是产品缺陷所致，则不负民事责任。

2. 归责原则

（1）对生产者实行严格责任原则。即不论生产者主观上是否有过错，只要产品存在缺陷并造成他人人身、财产损害，受害人即可要求赔偿，不要求受害人举证证明侵权人有过错。生产者能够证明有下列情形之一的，不承担赔偿责任：未将产品投入流通的；产品投入流通时，引起损害的缺陷尚不存在的；将产品投入流通时的科学技术水平尚不能发现缺陷的存在的。

（2）对销售者实行过错责任原则。由于销售者的过错使产品存在缺陷，造成人身、他人财产损害的，销售者应当承担赔偿责任。销售者不能指明缺陷产品的生产者也不能指明缺陷产品的供货者的，销售者应当承担赔偿责任。

3. 赔偿主体和范围

《产品质量法》规定，因产品存在缺陷造成人身、他人财产损害的，受害人可以向产品的生产者要求赔偿，也可以向产品的销售者要求赔偿。属于产品的生产者的责任，产品的销售者赔偿的，产品的销售者有权向产品的生产者追偿。属于产品的销售者的责任，产品的生产者赔偿的，产品的生产者有权向产品的销售者追偿。

《产品质量法》规定，因产品存在缺陷造成受害人人身伤害的，侵害人应当赔偿医疗费、治疗期间的护理费、因误工减少的收入等费用；造成残疾的，还应当支付残疾者生活自助具费、生活补助费、残疾赔偿金以及由其扶养的人所必需的生活费等费用；造成受害人死亡的，并应当支付丧葬费、死亡赔偿金以及由死者生前扶养的人所必需的生活费等费用。

因产品存在缺陷造成受害人财产损失的，侵害人应当恢复原状或者折价赔偿。受害人因此遭受其他重大损失的，侵害人应当赔偿损失。

六、产品质量纠纷的解决途径

因产品质量发生民事纠纷时，当事人可以通过协商或者调解解决，也可以向仲裁机构申请仲裁，还可以向人民法院起诉，仲裁机构和人民法院可以委托具备合法资格的产品质量检验机构，对产品质量进行检验。

因产品存在缺陷造成损害要求赔偿的诉讼时效期间为 2 年，自当事人知道或者应当知道其权益受到损害时起计算。因产品存在缺陷造成损害要求赔偿的请求权，在造成损害的缺陷产品交付最初消费者满 10 年丧失；但是，尚未超过明示的安全使用期的除外。

案例思考8-1

原告贾某在家中吃饭，不慎将橱门旁边的一瓶珍珠啤酒碰倒，引起爆炸，玻璃瓶碎片将贾某的右眼球击伤。经鉴定为伤残六级。于是，贾某提起诉讼，要求被告珍珠啤酒厂赔偿经济损失 6 000 元。

问题：酒瓶爆炸致人眼睛受伤由谁承担证明责任？

第二节 消费者权益保护法

学习目标

- 了解消费者权益保护法的概念、立法宗旨。
- 理解和掌握消费者的含义。
- 掌握和理解消费者的权利和经营者的义务。
- 掌握消费争议的解决方式以及经营者民事责任的承担。

案例导入

李先生在某大型网购平台上的一个手机卖家处购买了一台智能手机。使用半年后，李先生的手机出现无法通话的性能故障，他联系卖家时，发现该店已注销。经询网购平台得知，手机卖家提供的身份信息系假冒。网购平台答复李先生说他们也无能为力，李先生遭受的损失只能自己承担。

问题：李先生应如何维权？

一、消费者权益保护法概述

（一）消费者权益保护法的概念

消费者权益保护法，是调整在消费者权益保护的过程中发生的社会关系的法律规范的总称。现行的《中华人民共和国消费者权益保护法》（以下简称《消费者权益保护法》）是在 1993 年 10 月 31 日第八届全国人民代表大会常务委员会第四次会议通过，并于 1994 年 1 月 1 日施行的。根据 2009 年 8 月 27 日第十一届全国人民代表大会常务委员会第十次会议《关于修改部分法律的决定》第一次修正。根据2013年10月25日第十二届全国人民代表大会常务委员会第五次会议《关于修改〈中华人民共和国消费者权益保护法〉的决定》第二次修正，自2014年3月15日起实施。

阅读资料

12315消费者投诉举报电话

12315为消费者投诉举报专线电话和全国互联网平台。

1999年3月15日，国家工商行政管理总局在原国家信息产业部的大力支持下，决定在全国设立专门受理消费者投诉举报的电话号码。

2019年2月28日，国家市场监督管理总局官网发布《市场监管总局关于整合建设12315行政执法体系更好服务市场监管执法的意见》。2020年底前市场监管投诉电话统一为12315。

拨打情形

（1）当消费者的权益受到侵害，被投诉方属于工商行政管理部门管辖时；

（2）当消费者在消费过程中，合法权益受到侵害时；

（3）当消费者发现假冒伪劣商品及制售假冒伪劣商品的“黑窝点”时。

消费者拨打12315投诉举报电话，工作人员将帮助其调解纠纷；如发现经济违法违规行为，相关部门将依法查处。

拨打应符合条件

（1）有明确的被诉方（投诉前一定要了解清楚具体的商家信息，如店名、地址、电话等）；

（2）有具体的申诉请求、事实和理由；

（3）属于工商行政管理机关管辖范围（管辖范围涉及职能和属地两个方面，包括负责市场监督管理和行政执法的有关工作）；

（4）消费者因生活消费需要购买、使用商品或者接受服务。

（二）立法宗旨

国家制定《消费者权益保护法》的宗旨在于，保护消费者的合法权益，维护社会经济秩序，促进社会主义市场经济健康发展。

（三）《消费者权益保护法》的适用范围

（1）消费者为生活消费需要而购买、使用商品或者接受服务，其权益受该法保护。

（2）经营者为消费者提供其生产、销售的商品或者提供服务，其行为受该法规范。

（3）农民购买、使用直接用于农业生产的生产资料，参照《消费者权益保护法》执行。

（四）《消费者权益保护法》的基本原则

1. 自愿、平等、公平、诚实信用的原则

经营者与消费者进行交易，应当遵循自愿、平等、公平、诚实信用的原则。

2. 国家保护原则

国家保护消费者的合法权益不受侵害。国家采取措施，保障消费者依法行使权利，维护消费者的合法权益。

3. 社会保护原则

保护消费者的合法权益是全社会的共同责任。国家鼓励、支持一切组织和个人对损害消费者合法权益的行为进行社会监督。大众传播媒介应当做好维护消费者合法权益的宣传，对损害消费者合法权益的行为进行舆论监督。

（五）消费者的概念

消费者是指为了生活消费需要而购买、使用商品或接受服务的人。《消费者权益保护法》第 2 条规定："消费者为生活消费需要购买、使用商品或者接受服务，其权益受本法保护；本法未作规定的，受其他有关法律、法规保护。"第 62 条规定："农民购买、使用直接用于农业生产的生产资料，参照本法执行。"

二、消费者的权利

（一）安全保障权

消费者在购买、使用商品和接受服务时享有人身、财产安全不受损害的权利。消费者有权要求经营者提供的商品和服务，符合保障人身、财产安全的要求。

（二）知悉真情权

消费者享有知悉其购买、使用的商品或者接受的服务的真实情况的权利。消费者有权根据商品或者服务的不同情况，要求经营者提供商品的价格、产地、生产者、用途、性能、规格、等级、主要成分、生产日期、有效期限、检验合格证明、使用方法说明书、售后服务，或者服务的内容、规格、费用等有关情况。

（三）自主选择权

消费者享有自主选择商品或者服务的权利。消费者有权自主选择提供商品或者服务的经营者，自主选择商品品种或者服务方式，自主决定购买或者不购买任何一种商品、接受或者不接受任何一项服务。消费者在自主选择商品或者服务时，有权进行比较、鉴别和挑选。

（四）公平交易权

消费者享有公平交易的权利。消费者在购买商品或者接受服务时，有权获得质量保障、价格合理、计量正确等公平交易条件，有权拒绝经营者的强制交易行为。

（五）获得赔偿权

消费者因购买、使用商品或者接受服务受到人身、财产损害的，享有依法获得赔偿的权利。

（六）结社权

消费者享有依法成立维护自身合法权益的社会组织的权利。

（七）获得有关知识权

消费者享有获得有关消费和消费者权益保护方面的知识的权利。消费者应当努力掌握所需商品或者服务的知识和使用技能，正确使用商品，提高自我保护意识。

（八）获得尊严权

消费者在购买、使用商品和接受服务时，享有人格尊严、民族风俗习惯得到尊重的权利，享有个人信息依法得到保护的权利。

（九）监督批评权

消费者享有对商品和服务以及保护消费者权益工作进行监督的权利。消费者有权检举、控告侵害消费者权益的行为和国家机关及其工作人员在保护消费者权益工作中的违法失职行为，有权对保护消费者权益工作提出批评、建议。

三、经营者的义务

（一）依法定或约定履行义务

经营者向消费者提供商品或者服务，应当依照本法和其他有关法律、法规的规定履行义务。经营者和消费者有约定的，应当按照约定履行义务，但双方的约定不得违背法律、法规的规定。经营者向消费者提供商品或者服务，应当恪守社会公德，诚信经营，保障消费者的合法权益；不得设定不公平、不合理的交易条件，不得强制交易。

（二）听取意见和接受监督的义务

经营者应当听取消费者对其提供的商品或者服务的意见，接受消费者的监督。

（三）安全保障义务

经营者应当保证其提供的商品或者服务符合保障人身、财产安全的要求。对可能危及人身、财产安全的商品和服务，应当向消费者作出真实的说明和明确的警示，并说明和标明正确使用商品或者接受服务的方法以及防止危害发生的方法。宾馆、商场、餐馆、银行、机场、车站、港口、影剧院等经营场所的经营者，应当对消费者尽到安全保障义务。

（四）缺陷产品召回义务

经营者发现其提供的商品或者服务存在缺陷，有危及人身、财产安全危险的，应当立即向有关行政部门报告和告知消费者，并采取停止销售、警示、召回、无害化处理、销毁、停止生产或者服务等措施。采取召回措施的，经营者应当承担消费者因商品被召回支出的必要费用。

（五）提供真实信息的义务

经营者向消费者提供有关商品或者服务的质量、性能、用途、有效期限等信息，应当真实、全面，不得作虚假或者引人误解的宣传。经营者对消费者就其提供的商品或者服务的质量和使用方法等问题提出的询问，应当作出真实、明确的答复。经营者提供商品或者服务应当明码标价。

（六）标明真实名称和标记的义务

经营者应当标明真实名称和标记；租赁他人柜台或者场地的经营者，应当标明其真实名称和标记。

（七）出具购货凭证或服务单据的义务

经营者提供商品或者服务，应当按照国家有关规定或者商业惯例向消费者出具发票等购货凭证或者服务单据；消费者索要发票等购货凭证或者服务单据的，经营者必须出具。

（八）保证商品或者服务质量的义务

经营者应当保证在正常使用商品或者接受服务的情况下其提供的商品或者服务应当具有的质量、性能、用途和有效期限；但消费者在购买该商品或者接受该服务前已经知道其存在瑕疵，且存在该瑕疵不违反法律强制性规定的除外。经营者以广告、产品说明、实物样品或者其他方式表明商品或者服务的质量状况的，应当保证其提供的商品或者服务的实际质量与表明的质量状况相符。

《消费者权益保护法》还对特殊商品或服务争议的举证责任进行了分配。《消费者权益保护法》规定，经营者提供的机动车、计算机、电视机、电冰箱、空调器、洗衣机等耐用商品或者装饰装修等服务，消费者自接受商品或者服务之日起 6 个月内发现瑕疵，发生争议的，由经营者承担有关瑕疵的举证责任。

（九）履行“三包”的义务

经营者提供的商品或者服务不符合质量要求的，消费者可以依照国家规定、当事人约定退货，或者要求经营者履行更换、修理等义务。没有国家规定和当事人约定的，消费者可以自收到商品之日起 7 日内退货；7 日后符合法定解除合同条件的，消费者可以及时退货，不符合法定解除合同条件的，可以要求经营者履行更换、修理等义务。依照前款规定进行退货、更换、修理的，经营者应当承担运输费等必要费用。

（十）无理由退货义务

经营者采用网络、电视、电话、邮购等方式销售商品，消费者有权自收到商品之日起7日内退货，且无须说明理由，但下列商品除外：（1）消费者定做的；（2）鲜活易腐的；（3）在线下载或者消费者拆封的音像制品、计算机软件等数字化商品；（4）交付的报纸、期刊。除前款所列商品外，其他根据商品性质并经消费者在购买时确认不宜退货的商品，不适用无理由退货。消费者退货的商品应当完好。经营者应当自收到退回商品之日起7日内返还消费者支付的商品价款。退回商品的运费由消费者承担；经营者和消费者另有约定的，按照约定。

（十一）不得从事不公平、不合理的交易的义务

经营者在经营活动中使用格式条款的，应当以显著方式提请消费者注意商品或者服务的数量和质量、价款或者费用、履行期限和方式、安全注意事项和风险警示、售后服务、民事责任等与消费者有重大利害关系的内容，并按照消费者的要求予以说明。经营者不得以格式条款、通知、声明、店堂告示等方式，作出排除或者限制消费者权利、减轻或者免除经营者责任、加重消费者责任等对消费者不公平、不合理的规定，不得利用格式条款并借助技术手段强制交易。格式条款、通知、声明、店堂告示等含有前款所列内容的，其内容无效。

（十二）不得侵犯消费者人格权的义务

经营者不得对消费者进行侮辱、诽谤，不得搜查消费者的身体及其携带的物品，不得侵犯消费者的人身自由。

（十三）提供商品或服务信息的义务

采用网络、电视、电话、邮购等方式提供商品或者服务的经营者，以及提供证券、保险、银行等金融服务的经营者，应当向消费者提供经营地址、联系方式、商品或者服务的数量和质量、价款或者费用、履行期限和方式、安全注意事项和风险警示、售后服务、民事责任等信息。

（十四）保护消费者信息的义务

经营者收集、使用消费者个人信息，应当遵循合法、正当、必要的原则，明示收集、使用信息的目的、方式和范围，并经消费者同意。经营者收集、使用消费者个人信息，应当公开其收集、使用规则，不得违反法律、法规的规定和双方的约定收集、使用信息。经营者及其工作人员对收集的消费者个人信息必须严格保密，不得泄露、出售或者非法向他人提供。经营者应当采取技术措施和其他必要措施，确保信息安全，防止消费者个人信息泄露、丢失。在发生或者可能发生信息泄露、丢失的情况时，应当立即采取补救措施。经营者未经消费者同意或者请求，或者消费者明确表示拒绝的，不得向其发送商业性信息。

四、国家对消费者合法权益的保护

（一）立法保护

国家制定有关消费者权益的法律、法规、规章和强制性标准，应当听取消费者和消费者协会等组织的意见。

（二）行政保护

各级人民政府应当加强领导，组织、协调、督促有关行政部门做好保护消费者合法权益的工作，落实保护消费者合法权益的职责。各级人民政府应当加强监督，预防危害消费者人身、财产安全行为的发生，及时制止危害消费者人身、财产安全的行为。各级人民政府工商行政管理部门和其他有关行政部门应当依照法律、法规的规定，在各自的职责范围内，采取措施，保护消费者的合法权益。有关行政部门应当听取消费者和消费者协会等组织对经营者交易行为、商品和服务质量问题的意见，及时调查处理。有关行政部门在各自的职责范围内，应当定期或者不定期对经营者提供的商品和服务进行抽查检验，并及时向社会公布抽查检验结果。有关行政部门发现并认定经营者提供的商品或者服务存在缺陷，有危及人身、财产安全危险的，应当立即责令经营者采取停止销售、警示、召回、无害化处理、销毁、停止生产或者服务等措施。

（三）司法保护

有关国家机关应当依照法律、法规的规定，惩处经营者在提供商品和服务中侵害消费者合法权益的违法犯罪行为。人民法院应当采取措施，方便消费者提起诉讼。对符合《中华人民共和国民事诉讼法》起诉条件的消费者权益争议，必须受理，及时审理。

五、消费者组织

（一）消费者组织的概念

消费者协会和其他消费者组织是依法成立的对商品和服务进行社会监督的保护消费者合法权益的社会组织。

（二）消费者协会的公益性职责

（1）向消费者提供消费信息和咨询服务，提高消费者维护自身合法权益的能力，引导文明、健康、节约资源和保护环境的消费方式；

（2）参与制定有关消费者权益的法律、法规、规章和强制性标准；

（3）参与有关行政部门对商品和服务的监督、检查；

（4）就有关消费者合法权益的问题，向有关部门反映、查询，提出建议；

（5）受理消费者的投诉，并对投诉事项进行调查、调解；

（6）投诉事项涉及商品和服务质量问题的，可以委托具备资格的鉴定人鉴定，鉴定人应当告知鉴定意见；

（7）就损害消费者合法权益的行为，支持受损害的消费者提起诉讼或者依照本法提起诉讼；

（8）对损害消费者合法权益的行为，通过大众传播媒介予以揭露、批评。

各级人民政府对消费者协会履行职责应当予以必要的经费等支持。消费者协会应当认真履行保护消费者合法权益的职责，听取消费者的意见和建议，接受社会监督。依法成立的其他消费者组织依照法律、法规及其章程的规定，开展保护消费者合法权益的活动。

消费者组织不得从事商品经营和营利性服务，不得以收取费用或者其他牟取利益的方式向消费者推荐商品和服务。

六、消费争议的解决

（一）消费争议的解决途径

消费者和经营者发生消费者权益争议的，可以通过下列途径解决：（1）与经营者协商和解；（2）请求消费者协会或者依法成立的其他调解组织调解；（3）向有关行政部门投诉；（4）根据与经营者达成的仲裁协议提请仲裁机构仲裁；（5）向人民法院提起诉讼。

（二）损害赔偿责任的承担

当消费者的合法权益受到损害后，消费者可以依法要求经营者承担损害赔偿责任，主要有如下几种情形：

（1）消费者在购买、使用商品时，其合法权益受到损害的，可以向销售者要求赔偿。销售者赔偿后，属于生产者的责任或者属于向销售者提供商品的其他销售者的责任的，销售者有权向生产者或者其他销售者追偿。

（2）消费者或者其他受害人因商品缺陷造成人身、财产损害的，可以向销售者要求赔偿，也可以向生产者要求赔偿。属于生产者责任的，销售者赔偿后，有权向生产者追偿。属于销售者责任的，生产者赔偿后，有权向销售者追偿。

（3）消费者在接受服务时，其合法权益受到损害的，可以向服务者要求赔偿。

（4）消费者在展销会、租赁柜台购买商品或者接受服务，其合法权益受到损害的，可以向销售者或者服务者要求赔偿。展销会结束或者柜台租赁期满后，也可以向展销会的举办者、柜台的出租者要求赔偿。展销会的举办者、柜台的出租者赔偿后，有权向销售者或者服务者追偿。

（5）消费者在购买、使用商品或者接受服务时，其合法权益受到损害，因原企业分立、合并的，可以向变更后承受其权利义务的企业要求赔偿。

（6）使用他人营业执照的违法经营者提供商品或者服务，损害消费者合法权益的，消费者可以向其要求赔偿，也可以向营业执照的持有人要求赔偿。

（7）消费者通过网络交易平台购买商品或者接受服务，其合法权益受到损害的，可以向销售者或者服务者要求赔偿。网络交易平台提供者不能提供销售者或者服务者的真实名称、地址和有效联系方式的，消费者也可以向网络交易平台提供者要求赔偿；网络交易平台提供者作出更有利于消费者的承诺的，应当履行承诺。网络交易平台提供者赔偿后，有权向销售者或者服务者追偿。

网络交易平台提供者明知或者应知销售者或者服务者利用其平台侵害消费者合法权益，未采取必要措施的，依法与该销售者或者服务者承担连带责任。

(8) 消费者因经营者利用虚假广告或者其他虚假宣传方式提供商品或者服务，其合法权益受到损害的，可以向经营者要求赔偿。广告经营者、发布者不能提供经营者的真实名称、地址和有效联系方式的，应当承担赔偿责任。

广告经营者、发布者设计、制作、发布关系消费者生命健康商品或者服务的虚假广告，造成消费者损害的，应当与提供该商品或者服务的经营者承担连带责任。

(9) 社会团体或者其他组织、个人在关系消费者生命健康商品或者服务的虚假广告或者其他虚假宣传中向消费者推荐商品或者服务，造成消费者损害的，应当与提供该商品或者服务的经营者承担连带责任。

七、法律责任

(一) 民事责任

(1) 经营者提供商品或者服务有下列情形之一的，除本法另有规定外，应当依照其他有关法律、法规的规定，承担民事责任：

1) 商品或者服务存在缺陷的；

2) 不具备商品应当具备的使用性能而出售时未作说明的；

3) 不符合在商品或者其包装上注明采用的商品标准的；

4) 不符合商品说明、实物样品等方式表明的质量状况的；

5) 生产国家明令淘汰的商品或者销售失效、变质的商品的；

6) 销售的商品数量不足的；

7) 服务的内容和费用违反约定的；

8) 对消费者提出的修理、重作、更换、退货、补足商品数量、退还货款和服务费用或者赔偿损失的要求，故意拖延或者无理拒绝的；

9) 法律、法规规定的其他损害消费者权益的情形。

经营者对消费者未尽到安全保障义务，造成消费者损害的，应当承担侵权责任。

(2) 经营者提供商品或者服务，造成消费者或者其他受害人人身伤害的，应当赔偿医疗费、护理费、交通费等为治疗和康复支出的合理费用，以及因误工减少的收入。造成残疾的，还应当赔偿残疾生活辅助具费和残疾赔偿金。造成死亡的，还应当赔偿丧葬费和死亡赔偿金。

(3) 经营者侵害消费者的人格尊严、侵犯消费者人身自由或者侵害消费者个人信息依法得到保护的权利的，应当停止侵害、恢复名誉、消除影响、赔礼道歉，并赔偿损失。

(4) 经营者有侮辱诽谤、搜查身体、侵犯人身自由等侵害消费者或者其他受害人人身权益的行为，造成严重精神损害的，受害人可以要求精神损害赔偿。

(5) 经营者提供商品或者服务，造成消费者财产损害的，应当依照法律规定或者当事人约定承担修理、重作、更换、退货、补足商品数量、退还货款和服务费用或者赔偿损失等民事责任。

(6) 经营者以预收款方式提供商品或者服务的，应当按照约定提供。未按照约定提供的，应当按照消费者的要求履行约定或者退回预付款；并应当承担预付款的利息、消费者必须支付的合理费用。

(7) 依法经有关行政部门认定为不合格的商品，消费者要求退货的，经营者应当负责退货。

(8) 经营者提供商品或者服务有欺诈行为的，应当按照消费者的要求增加赔偿其受到的损失，增加赔偿的金额为消费者购买商品的价款或者接受服务的费用的三倍；增加赔偿的金额不足500元的，为500元。法律另有规定的，依照其规定。

(9) 经营者明知商品或者服务存在缺陷，仍然向消费者提供，造成消费者或者其他受害人死亡或者健康严重损害的，受害人有权要求经营者依照《消费者权益保护法》第49条、第51条等法律规定赔偿损失，并有权要求所受损失二倍以下的惩罚性赔偿。

(二) 行政责任

《消费者权益保护法》规定，经营者有下列情形之一，除承担相应的民事责任外，其他有关法律、法规对处罚机关和处罚方式有规定的，依照法律、法规的规定执行；法律、法规未作规定的，由工商行政管理部门或者其他有关行政部门责令改正，可以根据情节单处或者并处警告、没收违法所得、处以违法所得一倍以上十倍以下的罚款，没有违法所得的，处以50万元以下的罚款；情节严重的，责令停业整顿、吊销营业执照：

(1) 提供的商品或者服务不符合保障人身、财产安全要求的；

(2) 在商品中掺杂、掺假，以假充真，以次充好，或者以不合格商品冒充合格商品的；

(3) 生产国家明令淘汰的商品或者销售失效、变质的商品的；

(4) 伪造商品的产地，伪造或者冒用他人的厂名、厂址，篡改生产日期，伪造或者冒用认证标志等质量标志的；

(5) 销售的商品应当检验、检疫而未检验、检疫或者伪造检验、检疫结果的；

(6) 对商品或者服务作虚假或者引人误解的宣传的；

(7) 拒绝或者拖延有关行政部门责令对缺陷商品或者服务采取停止销售、警示、召回、无害化处理、销毁、停止生产或者服务等措施的；

(8) 对消费者提出的修理、重作、更换、退货、补足商品数量、退还货款和服务费用或者赔偿损失的要求，故意拖延或者无理拒绝的；

(9) 侵害消费者人格尊严、侵犯消费者人身自由或者侵害消费者个人信息依法得到保护的权利的；

(10) 法律、法规规定的对损害消费者权益应当予以处罚的其他情形。

经营者有前款规定情形的，除依照法律、法规规定予以处罚外，处罚机关应当记入信用档案，向社会公布。

经营者拒绝、阻碍有关行政部门工作人员依法执行职务，未使用暴力、威胁方法的，由公安机关依照《中华人民共和国治安管理处罚法》的规定处罚。

经营者对行政处罚决定不服的，可以依法申请行政复议或者提起行政诉讼。

（三）刑事责任

（1）经营者违反本法规定提供商品或者服务，侵害消费者合法权益，构成犯罪的，依法追究刑事责任。

（2）以暴力、威胁等方法阻碍有关行政部门工作人员依法执行职务的，依法追究刑事责任。

（3）国家机关工作人员玩忽职守或者包庇经营者侵害消费者合法权益的行为的，由其所在单位或者上级机关给予行政处分；情节严重，构成犯罪的，依法追究刑事责任。

案例思考8-2

王女士在某商场购物，发现一款促销产品，标注原价 26 元、现价 16 元。王女士遂选购一款，结账后发现，商场仍按 26 元原价销售该款产品，于是王女士找到商场要求赔偿。

问题： 根据《消费者权益保护法》，王女士可向商场提出何种赔偿请求？

自测练习

一、单项选择题

1. 下列产品属于《产品质量法》调整的范围是（　　）。

A. 初级农产品质量　　B. 建筑工程质量
C. 军工产品质量　　D. 建筑材料质量

2. 使用不当，容易造成产品本身损坏或者可能危及人身、财产安全的产品，应当有（　　）或者中文警示说明。

A. 警示标志　　B. 质量标识
C. 质量合格证明　　D. 失效日期

3. 消费者在购买、使用商品或接受服务时其合法权益受到损害，因原企业分立、合并的，（　　）要求赔偿。

A. 无法
B. 可向原企业
C. 可向变更后承受其权利义务的企业
D. 可向原企业的上级主管部门

4. 经营者提供商品有欺诈行为的，应当根据消费者的要求增加赔偿所收取商品价款或者服务费用（　　）的惩罚性赔偿金。

A. 一半　　B. 1 倍　　C. 2 倍　　D. 3 倍

5. 钱某在某商厦买了一台电视机，使用不到 3 个月，发生爆炸事故，家中财产损失达

12 000 元。经查属于质量事故，钱某要求商厦赔偿其经济损失。商厦认为产品质量责任在生产厂家，让钱某找生产者予以赔偿。依照有关法律规定，钱某可向谁提出赔偿请求（　　）？

A. 只能向该商厦请求赔偿

B. 只能向生产者请求赔偿

C. 可以向该商厦也可以向生产者请求

D. 找不到生产者时，才能向该商厦请求赔偿

二、多项选择题

1. 产品质量必须符合下列要求（　　）。

A. 不存在危及人身、财产安全的不合理的危险，有保障人体健康和人身、财产安全的国家标准、行业标准的应当符合该标准

B. 不具备产品应当具备的使用性能，但是，对产品存在使用性能的瑕疵作出说明的除外

C. 符合在产品或其包装上注明采用的产品标准

D. 符合以产品说明、实物样品等方式表明的质量状况

2. 因产品缺陷造成消费者受到伤害的，生产者在（　　）情况下，不承担赔偿责任。

A. 未将产品投入流通的

B. 产品投入流通时，引起损害的缺陷上不存在的

C. 将产品投入流通时的科学技术水平尚不能发现缺陷存在的

D. 事故是由于外购件存在缺陷引起的

3. 消费者在展销会或租赁柜台上购买商品或接受服务，合法权益受到损害的，（　　）。

A. 可向销售者或服务提供者索赔

B. 任何情况下，只能向销售者或服务提供者索赔

C. 在展销会结束后，可向展销会的举办者索赔

D. 柜台的出租者赔偿后，有权向销售者或服务提供者追偿

4. 消费者和经营者发生消费者权益争议的，可以通过下列哪几种途径解决？（　　）

A. 与经营者协商和解

B. 请求消费者协会调解

C. 根据与经营者达成的仲裁协议提请仲裁机构仲裁

D. 向有关行政部门投诉

5. 经营者不得（　　）。

A. 对消费者进行侮辱、诽谤

B. 侵犯消费者的人身自由

C. 搜查消费者的身体及携带的物品

D. 拒绝消费者索要服务单据的要求

三、案例分析题

2018 年 2 月 4 日，王某在某百货公司买到一台冰箱，冰箱附有产品合格证。王某买回

冰箱 6 天后，发现冰箱噪音太大，就去找百货公司交涉，百货公司称冰箱一开始使用时有些噪音是正常的，过一段时间就会好。没过多长时间，冰箱的制冷器又出了问题，到后来完全丧失了冷冻食品的功能，成了一个食品储藏柜。王某再去找百货公司，百货公司说冰箱不是他们生产的，冰箱不制冷属于冰箱的技术问题，此事只有生产厂家才能解决，因此让王某去找生产厂家。王某觉得生产厂家离本市有上千公里，况且冰箱又不像小件物品，可以来回搬运，只有先找百货公司，让百货公司找生产厂家。王某遭到百货公司拒绝，于是王某于 6 月 15 日向人民法院起诉，要求百货公司对冰箱进行维修，如修理不好，应负责退货。

根据《产品质量法》的有关规定，请回答如下问题：

（1）什么是产品的瑕疵担保责任?

（2）该百货公司对售出的有瑕疵的产品是否负责任?

四、实训题

假设你在网上购物时买到假货，请结合所学知识，谈一下如何维护自己的权利。

第九章 票据法

在经济日益飞速发展的当今社会，票据作为快捷、安全、便利的一种支付方式，在实践中广为应用。本章根据我国现行的票据法，讲授了汇票、银行本票、支票三种票据的概念和种类；票据行为、票据权利的基本原理，以汇票为核心，以汇票的出票、背书、承兑、保证、付款、追索等票据行为为主线，对汇票制度作了较详尽的阐述，最后对本票和支票的相关法律制度也作了介绍。通过本章的学习，使同学们今后走向社会后，会正确使用票据，在实践中能运用票据法知识分析和处理经济生活中的各种票据问题。

第一节 票据法概述

学习目标

- 掌握票据的概念、特征和功能。
- 熟悉票据行为有效条件的法律规定。
- 掌握票据权利内容及票据权利行使的时效。
- 理解票据的更改、变造和伪造以及票据丧失后的补救措施。

案例导入

甲公司从乙公司购买一批价值50万元的货物，甲公司向乙公司签发了一张金额为50万元的商业汇票作为货款。之后，乙公司因购买丙公司的机器设备，将该汇票背书转让给丙公司。后来甲、乙之间经协商解除了买卖合同。甲公司要求乙公司、丙公司返还汇票。

问题：甲公司有权要求返还汇票吗？为什么？

一、票据与票据法

（一）票据

1. 票据的概念和种类

票据，是指由出票人依法签发的，承诺自己或者委托付款人在见票时或者指定日期无条件支付一定金额给收款人或者持票人并可转让的有价证券。根据《中华人民共和国票据法》（以下简称《票据法》）的规定，我国法律上的“票据”是汇票、本票和支票的合称。

票据有广义和狭义之分。广义上的票据包括各种有价证券和凭证，如股票、国库券、企业债券、发票、提单、仓单等；狭义的、法律意义上的票据，仅指《票据法》所规定的银行汇票、商业汇票、银行本票和支票。

2. 票据的特征和功能

（1）票据的特征。

第一，票据是有价证券。票据权利与票据本身融为一体、不可分离，即票据权利的产生、行使、转让和消灭都离不开票据。

第二，票据是文义证券。票据上的权利必须以票据上记载的文义为准，不得离开票据上记载的文义，文义之外的任何理由、事项都不得作为根据。为了保护善意持票人和维护交易安全，票据上记载的文义即使有错，通常也不得依据票据之外的其他证据变更或者补充。

第三，票据是无因证券。票据权利的行使只以持有票据为必要条件，票据的持票人行使票据权利时，不必证明其取得票据的原因以及票据权利发生的原因。这些原因存在与否、有效与否，与票据权利原则上互不影响。占有票据的当事人就是票据债权人，就可以对票据债务人行使票据上的权利。至于票据权利人取得票据的原因、票据权利发生的原因均可不问。票据的无因性是保证票据流通的必要条件。

第四，票据是要式证券。票据的制成必须严格依据《票据法》，在法定的票样上记载法定的事项，否则会造成票据无效。《票据法》规定汇票、本票、支票的格式应当统一，票据凭证的格式和印制管理办法由中国人民银行规定。中国人民银行的《支付结算办法》规定，未使用按中国人民银行统一规定印制的票据，票据无效。

第五，票据是流通证券。票据的重要机能在于流通，只有流通转让，票据的功能才能充分发挥，持票人可以将票据权利人转让给他人或者将一定的票据权利授予他人行使，应当背书并交付票据。

第六，票据是金钱债权证券。票据是一种无条件支付确定金额给收款人或持票人的有价证券，权利人持有票据，就有权请求债务人支付票据上载明的确定金额，而债务人有义务在见票时或在指定日期无条件支付。票据上体现的权利性质是财产权而不是其他权利，财产权的内容是请求支付一定的金钱，而不是物品。

(2) 票据的功能。

在生活中，特别是在商事活动中，票据可以发挥不同的功能。

第一，支付功能。票据记载的是金钱债权，可以代替现金使用充当支付工具，避免了运送和清点现金的麻烦。

第二，汇兑功能。异地之间需要支付金钱时，携带现金既不方便，也不安全。应付款方可以签发或者转让票据给异地的收款方，从而使票据发挥汇兑的职能。

第三，信用功能。这是远期票据可以发挥的功能，票据当事人可以凭借自己的信誉，将未来才能获得的金钱，作为现在的金钱来使用。票据法上的追索权制度，使得票据权利人实现其权利的可能性大大增加，从而增强了票据的信用职能。

第四，结算功能。互负票据债务的双方当事人可以不必分别实际支付票据金额，而可以在金额相同的范围内待票据到期日可以相互抵销债务，从而简化程序，减少交易费用。

第五，融资功能。对于远期票据来说，虽然票据权利人无权在到期日之前请求票据债务人支付票据金额，但是可以在法律允许的范围内将票据权利转让给他人，并从受让人处立即获得对价，或者将票据权利为他人设定质押，从而达到融资的目的。

3. 票据当事人

票据当事人是指在票据上签章并承担责任的人和享有票据权利的人，包括基本当事人和非基本当事人。

(1) 基本当事人。是指在票据发行时就已经存在于票据上的当事人，是构成票据法律关系的必要主体，包括出票人、付款人和收款人三种。基本当事人不存在或者不完全，票据法律关系就不能成立，票据也就无效。

(2) 非基本当事人。是指票据发出后，通过各种票据行为而加入票据关系而享有一定权利、承担一定义务的当事人，包括背书人、被背书人、承兑人、保证人。

（二）票据法的概念和票据立法

票据法是指调整票据的签发、使用而产生的各种关系的法律规范的总称。票据法也有广义和狭义之分。广义的票据法是一切与票据有关的法律规范的总称，不但包括专门的票据法，还包括民法、刑法、破产法、诉讼法等法律规范中有关票据的一切规定。狭义的票据法，指有关票据的专门立法。

我国的票据法律制度主要包括：1995年5月10日通过、1996年1月1日起施行的《票据法》，该法于2004年8月28做了修改，并于同日实施；中国人民银行于1997年先后制定了《票据管理实施办法》（2011年1月8日修改）和《支付结算办法》；最高人民法院于2000年11月14日公布了《最高人民法院关于审理票据纠纷案件若干问题的规定》（以下简称“票据法司法解释”）。

二、票据行为

（一）票据行为的概念

票据行为，是指票据关系的当事人之间以发生、变更或终止票据关系为目的而进行的法律行为。票据行为包括：出票、背书、承兑、保证四种，其中承兑为汇票所独有。

（二）票据行为成立的有效条件

票据行为属于特殊的民事法律行为，除具备一般民事法律行为成立的一般条件外，还必须符合《票据法》规定的条件。票据行为的成立，必须符合以下条件：

1. 行为人必须具有从事票据行为的能力

《票据法》规定：无民事行为能力人或者限制民事行为能力人在票据上签章的，其签章无效。也就是说，无民事行为能力人或者限制民事行为能力人不具有票据行为能力，只有完全民事行为能力的自然人才具有票据行为能力。法人的票据行为能力一般不受限制。

2. 行为人的意思表示必须真实或者无缺陷

《票据法》规定：以欺诈、偷盗或者胁迫等手段取得票据的，或者明知有前列情形，出于恶意取得票据的，不得享有票据权利。这一规定表明，尽管票据的形式符合法定条件，但从事票据行为的意思表示不真实或者存在缺陷，票据持有人也不得享有票据上的权利。

3. 票据行为必须符合法定形式

票据行为是一种要式行为，即须采用法律规定的形式，因此，票据行为必须符合法律、法规规定的形式。形式要件的欠缺极易导致票据的无效。

（1）书面形式。出票、背书、承兑、保证等各种票据行为都必须以书面形式做成才能生效，口头的票据行为无效。

（2）记载事项。票据的记载事项一般分为绝对必要记载事项、相对必要记载事项、非法定记载事项等。绝对必要记载事项是指《票据法》明文规定必须记载的，未记载，票据无效；相对必要记载事项未记载，适用法律的有关推定，不影响票据的效力；非法定记载事项是指票据上可以记载《票据法》规定以外的其他事项，但是该记载事项不具有《票据法》上的效力。

(3) 签章。签章是票据行为生效的一个重要条件，如无该项内容，票据行为即为无效。

第一，银行汇票的出票人在票据上的签章和银行承兑汇票的承兑人的签章，应为经中国人民银行批准使用的该银行汇票专用章加其法定代表人或其授权的代理人的签名或者盖章；商业汇票的出票人在票据上的签章，为该法人或者该单位的财务专用章或者公章加其法定代表人、单位负责人或者其授权的代理人的签名或者盖章；银行本票的出票人在票据上的签章，应为经中国人民银行批准使用的该银行本票专用章加其法定代表人或者授权的代理人的签名或者盖章；单位在票据上的签章，应为该单位的财务专用章或者公章加其法定代表人或其授权的代理人的签名或者盖章；个人在票据上的签章，应为该个人的签名或者盖章；支票的出票人或商业承兑汇票的承兑人在票据上的签章，应为其预留银行的签章。

第二，出票人在票据上的签章不符合规定的，票据无效。出票人签章是票据必须记载事项，票据缺少必须记载事项无效；承兑人、保证人在票据上的签章，不符合规定的，其签章无效，但不影响其他符合规定签章的效力；承兑人、保证人签章是承兑和保证的必须记载事项，缺少该签章，其承兑对行为和保证行为无效，但出票人的签章是符合规定的，则出票行为是有效的；背书人在票据上的签章不符合规定的，签章无效，但不影响其前手符合规定签章的效力。

三、票据权利与票据抗辩

(一) 票据权利

1. 票据权利的概念及种类

票据权利，是指票据持有人向票据债务人请求支付票据金额的权利。包括付款请求权和追索权。票据权利是以获得一定金钱为目的的债权。

(1) 付款请求权。是指持票人向汇票的承兑人、本票的出票人、支票的付款人出示票据要求付款的权利，是第一顺序权利。行使付款请求权的持票人可以是票据记载的收款人或最后的被背书人，担负付款请求权付款义务的主要是主债务人。

(2) 追索权，这是第一次请求权没有获得满足或者有可能无法获得满足的情况下，在符合了法定的条件之后，向付款人以外的票据债务人要求清偿票据金额以及其他法定费用的权利，是第二顺序权利。行使追索权的当事人，除票据记载收款人和最后被背书人外，还可能是代为清偿票据债务的保证人、背书人。

《票据法》规定："汇票的出票人、背书人、承兑人和保证人对持票人承担连带责任。持票人可以不按照汇票债务人的先后顺序，对其中任何一人、数人或者全体行使追索权。持票人对汇票债务人中的一人或者数人已经进行追索的，对其他汇票债务人仍可以行使追索权。"

2. 票据权利的取得

票据权利以持有票据为前提，行为人合法取得票据，即取得了票据权利。取得票据主要有以下几种途径：第一，从出票人处取得。出票是创设票据权利的票据行为，从出票人处取得票据，即取得票据权利。第二，背书转让取得。票据通过背书或交付等方式可以转让他人，以此取得票据即获得票据权利。第三，因税收、继承、赠与、企业合并等方式取得票据。

但并非以任何一种方式取得的票据，持票人都对该票据享有票据权利。《票据法》规定："以欺诈、偷盗或者胁迫等手段取得票据的，或者明知有前列情形，出于恶意取得票据的，不得享有票据权利。持票人因重大过失取得不符合本法规定的票据的，也不得享有票据权利。"

3. 票据权利丧失补救

票据丧失是指票据因灭失、遗失、被盗等原因而使票据权利人脱离其对票据的占有。票据权利与票据是紧密相连的，如果票据丧失，票据权利的实现就会受到影响。根据《票据法》的规定，票据丧失后的补救措施主要有三种形式，即挂失止付、公示催告、普通诉讼。

（1）挂失止付。失票人将丧失票据的情况通知付款人或者代理付款人，由接受通知的付款人或代理付款人审查后暂停支付的一种方式。只有确定付款人或代理付款人的票据丧失时才可进行挂失止付。

已承兑的商业汇票、支票、填明"现金"字样和代理付款人的银行汇票以及填明"现金"字样的银行本票丧失，可以由失票人通知付款人或代理付款人挂失止付。

挂失止付并不是票据丧失后采取的必经措施，而只是一种暂时的预防措施，最终要通过申请公示催告或提起普通诉讼来补救票据权利。

付款人或者代理付款人自收到挂失止付通知书之日起12日内没有收到人民法院的止付通知书的，自第13日起，则不再承担止付责任，持票人提示付款即依法向持票人付款。

（2）公示催告。在票据丧失后由失票人向人民法院提出申请，请求人民法院以公告方式通知不确定的利害关系人限期申报权利。失票人应当在挂失止付后的3日内，也可以在票据丧失后，依法向票据支付地人民法院申请公示催告。

申请公示催告的主体必须是可以背书转让的票据的最后持有人。

付款人或者代理付款人收到人民法院发出的止付通知，应当立即停止支付，直至公示催告程序终结。非经发出止付通知的人民法院许可，擅自解付的，不得免除票据责任。

法院受理公示催告申请后，申请人应当在全国性报刊上登载；公告期限，国内票据自公告发布之日起60日，涉外票据可根据具体情况适当延长，但最长不得超过90日。

在公示催告期间利害关系人向法院提出申报的，法院应裁定终结公示催告程序，同时通知申请人和支付人。在收到通知后，若申请人或者申报人没有向法院起诉主张自己的权利，法院应当根据申请人的申请，作出除权判决，宣告票据无效，并通知支付人。

（3）普通诉讼。如果与票据上的权利有利害关系的人是明确的，无须公示催告，可按一般的票据纠纷向法院提起诉讼。丧失票据的人为原告，以承兑人或出票人为被告，请求法院判决其向失票人付款的诉讼活动。

4. 票据权利的消灭与票据权利时效

(1) 票据权利的消灭。是指因发生一定的法律事实而使票据权利不复存在。票据权利消灭之后，票据上的债权、债务关系也随之消灭。

一是因付款票据权利的消灭。票据债务人向票据债权人履行了支付票据上记载金额的义务，从而原持票人的票据权利消灭。

二是因时效票据权利的消灭。是指权利人在法律规定的时效期间内不行使权利，即引起权利丧失的一种制度。

(2) 票据权利时效。是指票据权利在时效期间内不行使，即引起票据权利丧失。我国《票据法》规定了持票人的票据权利因在一定期限内不行使而消灭的四种情形：

第一，持票人对票据的出票人和承兑人的权利，自票据到期日起 2 年。见票即付的汇票、本票，自出票日起 2 年。

第二，持票人对支票出票人的权利，自出票日起 6 个月。

第三，持票人对前手的追索权，自被拒绝承兑或者被拒绝付款之日起 6 个月。

第四，持票人对前手的再追索权，自清偿日或者被提起诉讼之日起 3 个月。

前述四种情形中，第一种和第二种所指的持票人对出票人和承兑人的权利，包括付款请求权和追索权；第三种和第四种所指的持票人对前手的追索权，不包括对票据出票人的追索权。

(二) 票据抗辩

1. 票据抗辩的概念和种类

票据抗辩是指票据债务人根据《票据法》规定，对票据债权人拒绝履行义务的行为。根据抗辩事由不同，票据抗辩分为对物抗辩和对人抗辩两种。

(1) 对物抗辩。是指基于票据本身的内容而发生的事由所进行的抗辩。这一抗辩可以对任何持票人提出。其主要包括以下情形：1) 票据行为不成立而为的抗辩。如票据的绝对必要记载事项有欠缺、票据债务人无行为能力。2) 依票据记载不能提出请求而为的抗辩。如票据未到期、付款地不符等。3) 票据载明的权利已消灭或已失效而为的抗辩。如票据债权因付款、抵销、提存、免除、除权判决、时效届满而消灭等。4) 票据权利的保全手续欠缺而为的抗辩。如应作成拒绝证书而未作等。5) 票据上有伪造、变造情形而为的抗辩。

(2) 对人抗辩。这是指票据债务人对抗特定债权人的抗辩。这一抗辩多与票据的基础关系有关。《票据法》规定：票据债务人可以对不履行约定义务的与自己有直接债权债务关系的持票人，进行抗辩。应注意的是：票据债务人只能对基础关系中的直接相对人不履行约定义务的行为进行抗辩，该基础关系必须是该票据赖以产生的民事法律关系。

2. 票据抗辩的限制

《票据法》规定："票据债务人不得以自己与出票人或者持票人的前手之间的抗辩事由，对抗持票人。但是，持票人明知存在抗辩事由而取得票据的除外。"根据这一规定，票据抗辩的限制主要表现在以下方面：

（1）票据债务人不得以自己与出票人之间的抗辩事由对抗善意持票人。这就是说，如果票据债务人与出票人之间存在的抗辩事由（如出票人与票据债务人存在合同纠纷、出票人存入票据债务人的资金不足等），该票据债务人不得以此抗辩事由对抗善意持票人。

（2）票据债务人不得以自己与持票人的前手之间的抗辩事由对抗善意持票人。例如：票据债务人与持票人的前手（如背书人、保证人等）存在抵销关系，而持票人的前手将票据转让给了善意持票人，票据债务人就不能以其与持票人的前手存在抗辩事由而拒绝向持票人付款。

（3）凡是善意的、已付对价的正当持票人可以向票据上的一切债务人请求付款，不受前手权利瑕疵和前手相互间抗辩的影响。例如：持票人不知道其前手取得票据存在欺诈、偷盗、胁迫、重大过失等情形，并已为取得票据支付了相应的代价，那么票据债务人不能以持票人的前手存在权利瑕疵而对抗持票人。

（4）持票人取得的票据是无对价或不相当对价的，由于其享有的权利不优先于其前手的权利，因此票据债务人可以对抗持票人前手的抗辩事由对抗该持票人。

四、票据的更改、伪造和变造

（一）票据的更改

票据的更改，是指原记载人对法律允许变更的票据记载事项所作的改动。

票据更改的规则是：（1）只能由原记载人更改。其他人未经原记载人授权不得变更票据上的记载事项，否则构成票据的变造。（2）只能对法律允许的变更的票据记载事项进行更改。根据《票据法》的规定，对票据金额、日期、收款人名称不得更改，更改的票据无效。根据《票据法》的规定，票据金额的中文大写与数码不一致，或者票据载明的金额、出票日期或者签发日期、收款人名称更改，或者违反规定加盖银行部门印章代替专用章，付款人或者代理付款人对此类票据付款的，应当承担责任。（3）原记载人必须在更改事项上签章证明。

（二）票据的伪造

票据的伪造是指假冒他人名义或虚构人的名义而进行的票据行为。其构成要件是：（1）伪造者伪造的必须是票据行为。如伪造出票、背书、保证、承兑等票据行为。如果伪造的是其他行为，如冒领他人的邮局汇款，不构成票据的伪造。（2）必须是假冒他人的名义或者以虚构人的名义实施票据行为。如果不是假冒他人名义或者以虚构人的名义而是受他人委托实施票据行为的，不构成票据的伪造，而是票据代理。（3）必须以行使票据上的权利义务为目的。否则，即使假冒他人名义或者以虚构人的名义实施票据行为，也不构成票据的伪造，如为教学或者研究之用而假造票据样本。

依照《票据法》的规定，票据伪造的，伪造者应当承担法律责任，包括民事责任、行政责任或者刑事责任，但不影响票据上其他真实签章的效力。被伪造签章者不承担票据责任。

（三）票据的变造

票据的变造是指无权更改票据内容的人，对票据上签章以外的记载事项加以变更的行为。例如：变更票据上的到期日、付款日、付款地、金额等。构成票据的变造，须符合以下条件：一是变造的票据是合法成立的有效票据；二是变造的内容是票据上所记载的除签章以外的事项；三是变造人无权变更票据的内容。

票据变造的法律后果是：(1) 变造者承担法律责任，包括民事责任、行政责任或者刑事责任。(2) 在变造之前签章的人，对原记载事项负责；在变造之后签章的人，对变造之后的事项负责；不能辨别是在变造之前或者之后签章的，视同在变造之前签章，签章人对原记载事项负责。

案例思考9-1

甲公司与李某签订货物买卖合同，甲公司以李某为收款人签发了一张银行承兑汇票。双方各自履行了买卖合同中约定的义务。后李某因病死亡，其子小李继承了这张以李某为收款人的银行承兑汇票。

问题：小李可以行使票据权利吗？请说明理由。

第二节 汇票

学习目标

- 掌握汇票的概念及其分类。
- 熟悉汇票的出票、背书、承兑、保证等票据行为的法律规定。
- 会正确开具票据，及时行使票据权利，处理票据行为过程中的各种问题。

案例导入

甲公司为了支付给乙公司 100 万元的货款，于 2019 年 4 月 1 日签发一张商业汇票给乙公司，但是在汇票的“收款人”一栏中未记载乙公司的名称。

问题：乙公司收到这张票据后能否行使票据权利？为什么？

一、汇票的概念和分类

（一）汇票的概念

汇票是出票人签发的，委托付款人在见票时或者在指定日期无条件支付确定的金额给收款人或者持票人的票据。汇票的特征如下：

（1）汇票有三个基本当事人，即出票人、付款人和收款人。

（2）汇票是由出票人委托他人支付的票据，是一种委付证券。

（3）汇票是见票即付和指定到期日付款的票据。指定到期日付款有定日付款、出票后定期付款和见票后定期付款三种。

（4）汇票是付款人无条件支付票据金额的票据。

（二）汇票的分类

1. 依签发人的不同，分为银行汇票和商业汇票

（1）银行汇票。它是出票银行签发的，在见票时付款人无条件给收款人或者持票人按照实际结算金额支付款项的票据。银行汇票可以用于转账或者办理单位和个人各种款项结算等。填明“现金”字样的银行汇票也可以用于支取现金。

（2）商业汇票。它是出票人签发的，委托付款人在指定日期无条件支付确定的金额给收款人或者持票人的票据。商业汇票的出票人，为银行以外的企业和其他组织。按照承兑人的不同，商业汇票又分为商业承兑汇票和银行承兑汇票。商业承兑汇票是由银行以外的付款人承兑的商业汇票。银行承兑汇票是由银行承兑的商业汇票。

商业汇票仅限于单位之间使用，在银行开立存款账户的法人以及其他组织之间，必须具有真实的交易关系或债权债务关系，才能使用商业汇票。个人不能使用商业汇票结算。

2. 依付款期限长短的不同，分为即期汇票和远期汇票

（1）即期汇票。它是见票即行付款的汇票，包括票面上载明“见票即付”字样的汇票、出票日与到期日相同的汇票、未载明到期日的商业汇票等。在我国，银行汇票为即期汇票。

（2）远期汇票。它是在将来一个可确定的日期付款的汇票。在我国，商业汇票为远期汇票。远期汇票又分为：1）定日付款汇票，是指明确记载付款日期的汇票。2）出票后定期付款汇票，是指在出票日后经过一定期间付款的汇票。3）见票后定期付款汇票，汇票付款期限自承兑或拒绝承兑日起按月计算，并在汇票上记载。

电子商业汇票的出票日是指出票人记载在电子商业汇票上的出票日期。纸质商业汇票的付款期限，最长不得超过6个月。电子承兑汇票期限自出票日至到期日不超过1年。

二、出票

（一）出票的概念

《票据法》规定：“出票是出票人签发票据并将其交付给收款人的票据行为。”出票包括两个行为：一是出票人依照《票据法》的规定作成票据，即在原始票据上记载法定事项并签章；二是交付票据，即将作成的票据交付给他人占有。

（二）汇票出票的记载事项

1. 绝对必要记载事项

汇票出票的绝对必要记载事项包括：（1）表明“汇票”的字样；（2）无条件支付的委

托；（3）确定的金额；（4）付款人名称；（5）收款人名称；（6）出票日期；（7）出票人签章。汇票上未记载前款规定事项之一的，汇票无效。

票据金额以中文大写和数码同时记载，且二者必须一致，否则票据无效。

2. 相对必要记载事项

汇票出票的相对必要记载事项有付款日期、付款地、出票地。《票据法》规定："汇票上未记载付款日期的，为见票即付。汇票上未记载付款地的，付款人的营业场所、住所或者经常居住地为付款地。汇票上未记载出票地的，出票人的营业场所、住所或者经常居住地为出票地。"

3. 任意记载事项

出票人在出票时，在汇票上记载"不得转让"字样的，那么汇票不得转让。如果票据持有人背书转让的，背书转让后的受让人不得享有票据权利，票据的出票人、承兑人对受让人不承担票据责任。出票人在票据上记载"不得转让"字样，其后手以此票据进行贴现、质押的，通过贴现、质押取得票据的持票人主张票据权利的，人民法院不予支持。

4. 不具有票据效力的记载事项

《票据法》规定："汇票上可以记载本法规定事项以外的其他出票事项，但是该记载事项不具有汇票上的效力。"汇票出票时记载的这类事项，实践中主要是：第一，签发汇票的原因或者用途；第二，该汇票项下的交易合同号码和有关单证。

（三）出票的效力

出票人依照《票据法》的规定完成出票行为之后，即产生票据上的效力。第一，对收款人的效力：收款人取得出票人签发的汇票后即取得票据权利，包括付款请求权和追索权。第二，对出票人的效力：出票人签发汇票后，即承担保证该汇票承兑和付款的责任。出票人在汇票得不到承兑或者付款时，应当向持票人清偿被拒绝付款的汇票金额及其利息、取得有关拒绝证明和发出通知书的费用。第三，对付款人的效力：付款人只有对汇票进行承兑后，才能成为汇票上的主债务人。付款人不对汇票承兑的，则不负付款义务。

三、背书

（一）背书的概念和种类

1. 背书的概念

背书是指在票据背面或者粘单上记载有关事项并签章的票据行为。背书一般是将有关事项记载于票据凭证背面。但若票据凭证不能满足背书人记载事项需要的，可加附粘单，粘附于票据凭证上。粘单的第一记载人，应当在汇票和粘单的粘接处签章。持票人应将背书后的票据，交付被背书人。

票据可以背书转让，但填明"现金"字样的银行汇票、银行本票和用于支取现金的支票不得背书转让。区域性银行汇票仅限于在本区域内背书转让。银行本票、支票仅限于在其票据交换区域内背书转让。

2. 背书的种类

依背书目的不同，背书分为转让背书和非转让背书。转让背书是以转让票据权利为目的的背书。非转让背书是不以转让票据权利为目的的背书，只是将一定的票据权利授予他人行使，包括委托收款背书和质押背书。

（二）背书的记载事项

1. 绝对必要记载事项

（1）背书人签章。《票据法》规定，背书由背书人签章并记载背书日期。

（2）委托收款背书和质押背书还应当记载“委托收款”“质押”字样。

2. 相对必要记载事项

背书日期。背书未记载日期的，视为在票据到期日前背书。

3. 可以补记事项

被背书人名称。《票据法》规定，票据以背书转让或者以背书将一定的票据权利授予他人行使时，必须记载被背书人名称。若背书人未记载被背书人名称即将票据交付他人的，持票人在票据被背书人栏内记载自己的名称与背书人记载具有同等法律效力。

4. 任意记载事项

《票据法》规定：背书人在汇票上记载“不得转让”字样，其后手再背书转让的，原背书人对后手的被背书人不承担保证责任。

5. 不得记载事项

《票据法》规定：背书不得附有条件。背书时附有条件的，所附条件不具有汇票上的效力。将汇票金额的一部分转让的背书或者将汇票金额分别转让给二人以上的背书无效。

（三）背书连续

背书连续，是指在票据转让过程中，转让汇票的背书人与受让汇票的被背书人在汇票上的签章依次前后衔接。即前次背书转让的被背书人是后一次背书转让的背书人，依次前后衔接，最后一次背书转让的被背书人是票据的最后持票人。

背书连续，应当以下列原则认定：（1）各次背书应该都是形式上有效的背书，实质上无效的背书，如伪造的背书不影响背书的连续；（2）连续的背书应为同一性质的背书，即同一汇票的背书中，转让背书和非转让背书并存时，仅以转让背书的连续来认定背书的连续；（3）背书的记载顺序应该有连续性；（4）对于非经背书转让，而以其他合法方式取得汇票的，不涉及背书连续问题。如因税收、继承、赠与等方式而取得票据的，都不是依背书而取得的票据，只要取得票据的人依法举证，表明其取得票据的合法性，就能享有票据上的权利。

（四）委托收款背书和质押背书

1. 委托收款背书

委托收款背书是持票人以行使票据权利为目的，授予被背书人以代理权的背书。其性质为非转让背书，不因背书而转让票据权利。委托收款背书中，背书人为被代理人，应在票据上记载“委托收款”字样；被背书人为代理人，有权代背书人行使票据权利，但不得再以背书转让票据权利。委托收款背书与其他背书一样，持票人依照法律规定的记载事项作成背书并交付，才能生效。

2. 质押背书

质押背书，是以在票据上设定质权为目的的背书。质押背书中，背书人为出质人，应在票据上记载“质押”字样；被背书人为质权人，其依法实现质权时，可以行使票据权利。质押背书和其他背书一样，也必须依照法定的形式作成背书并交付。另外票据法司法解释规定，以汇票设定质押时，出质人在汇票上只记载了“质押”字样而未在票据上签章的，或者出质人未在汇票、粘单上记载“质押”字样而另行签订质押合同、质押条款的，不构成票据质押。背书人在票据上记载“不得转让”“委托收款”“质押”字样，其后手再背书转让、委托收款或者质押的，原背书人对后手的被背书人不承担票据责任，但不影响出票人、承兑人以及原背书人之前手的票据责任。

（五）法定禁止背书

《票据法》规定：“汇票被拒绝承兑、被拒绝付款或者超过付款提示期限的，不得背书转让；背书转让的，背书人应当承担汇票责任。”

四、承兑

（一）承兑的概念

承兑是指汇票付款人承诺在汇票到期日支付汇票金额的票据行为。承兑是汇票所特有的一种制度。汇票付款人并不因为出票人的付款委托成为当然的汇票债务人，必须有承兑行为。付款人一经承兑，就叫作承兑人，是汇票的主债务人。承兑是一种附属的法律行为，目的在于使付款人到期负担票面金额的支付义务。

（二）承兑的程序

1. 持票人提示承兑

提示承兑，是指持票人向付款人出示汇票，并要求付款人承诺付款的行为。

定日付款、出票后定期付款和见票后定期付款的汇票，必须提示承兑；见票即付的汇票，无须提示承兑。

定日付款或者出票后定期付款的汇票，持票人应当在汇票到期日以前向付款人提示承兑；见票后定期付款的汇票，持票人应当自出票日起1个月内向付款人提示承兑。

汇票未按规定期限提示承兑的，持票人丧失对其前手的追索权，但不丧失对出票人的追索权。

2. 承兑成立

（1）承兑时间。付款人对向其提示承兑的汇票，应当自收到提示承兑的汇票之日起3日内承兑或者拒绝承兑。一般来说，如果付款人在3日内不作承兑与否表示的，视为拒绝承兑，持票人可以请求其作出拒绝承兑证明，向其前手行使追索权。

（2）接受承兑。这是指持票人向付款人提示承兑时，付款人需要向持票人办理的收取汇票的手续。付款人收到持票人提示承兑的汇票时，应当向持票人签发收到汇票的回单。回单上应当记明汇票提示承兑日期并签章。

（3）承兑的格式。付款人承兑汇票的，应当在汇票正面记载“承兑”字样和承兑日期并签章；见票后定期付款的汇票，还应当在承兑时记载付款日期。汇票上未记载承兑日期的，以承兑期限的最后一日为承兑日期。因此，承兑的绝对必要记载事项是承兑文句和承兑人签章，相对必要记载事项是承兑日期。

付款人承兑汇票，不得附有条件；承兑附有条件的，视为拒绝承兑。

（4）退回已承兑的汇票。付款人依承兑的格式填写完毕应记载的事项后，只有在将已承兑的汇票退回持票人才产生承兑的效力。

五、保证

（一）票据保证的概念

汇票的保证是票据保证的一种。所谓票据保证，是票据债务人以外的人，以自己的名义担保票据债务人履行票据债务的行为。

国家机关、以公益为目的的事业单位、社会团体、企业法人的分支机构和职能部门作为票据保证人的，票据保证无效，但经国务院批准为使用外国政府或者国际经济组织贷款进行转贷，国家机关提供票据保证的，以及企业法人的分支机构在法人书面授权范围内提供票据保证的除外。票据保证无效的，票据的保证人应当承担与其过错相应的民事责任。

（二）保证的格式

1. 票据保证必须作成于汇票或粘单之上

保证是一种书面行为，须作成于汇票或粘单之上，保证人未在票据或者粘单上记载“保证”字样而另行签订保证合同或者保证条款的，不属于票据保证，人民法院应当适用《中华人民共和国担保法》的有关规定。

2. 票据保证记载事项

保证人必须在汇票或者粘单上记载下列事项：（1）表明“保证”的字样；（2）保证人名称和住所；（3）被保证人的名称；（4）保证日期；（5）保证人签章。其中，绝对必要记载事项包括保证文句和保证人签章两项，相对必要记载事项包括被保证人的名称、保证日期和保证人住所。保证人在汇票或者粘单上未记载被保证人名称的，已承兑的汇票，承兑人为被保证人；未承兑的汇票，出票人为被保证人。保证人在汇票或者粘单上未记载保证日期的，出票日期为保证日期。关于保证人住所，如果不记载这一内容，依据《票据法》的规定，可以推定为保证人的营业场所或者住所。

3. 保证的记载方法

保证人为出票人、付款人、承兑人保证的，应当在票据的正面记载保证事项；保证人为背书人保证的，应当在票据的背面或者其粘单上记载保证事项。

4. 保证不得记载事项

保证不得附有条件，附有条件的，不影响保证人对汇票的保证责任。因此，保证附有条件的，所附条件无效，保证本身仍然具有效力，保证人应向持票人承担保证责任。

（三）保证的效力

保证一旦成立，即在保证人和被保证人之间产生法律效力，保证人必须对保证行为承担相应的责任。

1. 保证人的责任

保证人对合法取得汇票的持票人所享有的汇票权利，承担保证责任。但是，被保证人的债务因汇票记载事项欠缺而无效的除外。因此，如果被保证人的债务因形式条件欠缺而无效，保证人的债务，即承担的保证责任也将归于无效。

保证具有从属性，这是指保证人的责任与被保证人的责任是同一的。我国《票据法》规定，被保证的汇票，保证人应当与被保证人承担连带责任。汇票到期后得不到付款的，持票人有权向保证人请求付款，保证人应当足额付款。

2. 共同保证人的责任

保证人为二人以上的，保证人之间承担连带责任。

3. 保证人的追索权

这是指保证人在向持票人清偿债务后，依照法律规定取得持票人对被保证人及其被保证人之前手的偿还请求权。《票据法》规定，保证人清偿汇票债务后，可以行使持票人对被保证人及其前手的追索权。

六、付款

（一）付款的概念和到期日

付款是指票据的付款人或者承兑人向持票人支付票据金额的行为。

到期日是票据上记载的或者法律规定的付款人或者承兑人应该支付票据金额的日期。确定到期日的方法是：（1）见票即付的汇票和支票，以提示付款日为到期日；本票，以提示见票日为到期日。（2）定日付款汇票，以出票人在票据上明确记载的付款日期为到期日。（3）出票后定期付款汇票，以出票日和出票人所定经过期间计算到期日。（4）见票后定期付款汇票，以承兑日和出票人所定经过期间计算到期日。

（二）付款的程序

1. 提示付款

提示付款，亦称付款提示，是持票人向付款人或者承兑人出示票据并请求付款的行为。

提示付款的方式是：（1）持票人亲自向付款人或者承兑人提示付款；（2）持票人通过委托收款银行或者通过票据交换系统向付款人或者承兑人提示付款。

提示付款的期限是：（1）见票即付的汇票，自出票日起1个月内向付款人提示付款；（2）定日付款、出票后定期付款或者见票后定期付款的汇票，自到期日起10日内向承兑人提示付款。

《票据法》规定，持票人未按照规定期限提示付款的，在作出说明后，承兑人或者付款人仍应当继续对持票人承担付款责任。商业汇票的持票人超过规定期限提示付款的，丧失对其前手的追索权，持票人在作出说明后，仍可以向承兑人请求付款。银行汇票、银行本票的持票人超过规定期限提示付款的，丧失对出票人以外的前手的追索权，持票人在作出说明后，仍可以向出票人请求付款。支票的持票人超过规定的期限提示付款的，丧失对出票人以外的前手的追索权。

2. 支付票据金额

（1）审查。付款人及其代理付款人付款时，应当审查汇票背书的连续，并审查提示付款人的合法身份证明或者有效证件。银行以善意且符合规定和正常操作程序审查，对伪造、变造的票据的签章以及需要交验的个人有效身份证件，未发现异常而支付金额的，对出票人或付款人不再承担受委托付款的责任，对持票人或收款人不再承担付款的责任。

（2）付款。持票人依照《票据法》提示付款的，付款人必须在当日足额付款。汇票金额为外币的，按照付款日的市场汇价，以人民币支付。汇票当事人对支付的货币种类另有约定的，从其约定。

3. 在汇票上签收和交付汇票

持票人获得付款的，应当在汇票上签收，并将汇票交给付款人。持票人委托银行收款的，受委托的银行将代收的汇票金额转账收入持票人账户，视同签收。

（三）付款的效力

《票据法》规定，付款人依法足额付款后，全体汇票债务人的责任解除。付款人依照票据文义支付票据金额之后，票据关系随之消灭，汇票上的全体债务人的责任便予以解除。但是付款人及其代理付款人以恶意或者重大过失付款的，应当自行承担责任。付款人或者代理付款人未能识别出伪造、变造的票据或者身份证件而错误付款，属于“重大过失”，给持票人造成损失的，应当依法承担民事责任。付款人或者代理付款人承担责任后有权向伪造者、变造者依法追偿。持票人有过错的，也应当承担相应的民事责任。

七、追索权

（一）追索权概述

追索权，是指持票人在票据到期不获付款或者到期前不获承兑或者有其他法定原因时，在履行保全手续后，请求其前手偿还票据金额、利息和有关费用的权利。

依追索权人的不同，追索权分为最初追索权和再追索权。最初追索权也称初次追索权，是指票据到期被拒绝付款或者在到期日前有法定情形的，持票人所享有的追索权。再追索权，是指清偿了最初追索金额的被追索人，对其他票据债务人所享有的追索权。依行使追索权时间的不同，追索权又分为到期追索权和期前追索权。到期追索权是票据到期被拒绝付款的，持票人可以行使的追索权。期前追索权是在票据到期日前有法定情形的，持票人可以行使的追索权。

（二）追索权的要件

1. 实质要件

根据《票据法》规定，汇票到期被拒绝付款的，持票人可以对背书人、出票人以及汇票的其他债务人行使追索权。汇票到期日前，有下列情形之一的，持票人也可以行使追索权：（1）汇票被拒绝承兑的；（2）承兑人或者付款人死亡、逃匿的；（3）承兑人或者付款人被依法宣告破产的或者因违法被责令终止业务活动的。

2. 形式要件

形式要件是持票人行使追索权必须履行一定的保全手续而不致使追索权丧失。这些保全手续包括：（1）在法定提示期限持票人依法提示承兑或者提示付款；（2）在不获承兑或不获付款时，在法定期限内作成拒绝证明。

拒绝证明是证明持票人曾经依法行使票据权利而未获实现或者无从行使票据权利的文书。它包括：（1）被拒绝承兑或者被拒绝付款的有关证明。《票据法》规定："持票人提示承兑或者提示付款被拒绝的，承兑人或者付款人必须出具拒绝证明，或者出具退票理由书。未出具拒绝证明或者退票理由书的，应当承担由此产生的民事责任。"（2）承兑人或者付款人死亡、逃匿的证明。（3）人民法院依法宣告承兑人或者付款人破产的司法文书。（4）承兑人或者付款人因违法被责令终止业务活动的，有关行政主管部门的处罚决定书。

（三）追索权的行使

1. 发出追索通知

（1）通知的当事人。追索权的主体包括追索人和被追索人。追索人分为：一是持票人。它是最初追索人，但持票人为出票人的，对其前手无追索权；持票人为背书人的，对其后手无追索权。二是因清偿了最初金额而取得票据的人。它是再追索权人，包括背书人、保证人。被追索人又称偿还义务人，包括：出票人，但出票人在票据上记载"不得转让"字样的，除其直接后手外，其他后手对出票人不享有追索权；背书人，但背书人在票据上记载"不得转让"字样的，除其直接后手外，对背书人不享有追索权；承兑人；保证人。

（2）通知的期限。持票人应当自收到被拒绝承兑或者被拒绝付款的有关证明之日起3日内，将被拒绝事由书面通知其前手；其前手应当自收到通知之日起3日内书面通知其再前手。持票人也可以同时向各汇票债务人发出书面通知。书面通知是否逾期，以持票人或者其前手发出书面通知之日为准；以信函通知的，以信函投寄邮戳记载之日为准。

上述书面通知应当记载汇票的主要记载事项，并说明该汇票已被退票。

在规定期限内将通知按照法定地址或者约定的地址邮寄的，视为已经发出通知。未按照规定期限通知的，持票人仍可以行使追索权。因延期通知给其前手或者出票人造成损失的，由没有按照规定期限通知的汇票当事人，承担该损失的赔偿责任，但是所赔偿的金额以汇票金额为限。

2. 确定被追索人

这里所指的被追索人为出票人、背书人、承兑人和保证人。汇票的出票人、背书人、承兑人和保证人对持票人承担连带责任。持票人可以不按照汇票债务人的先后顺序，对其中任何一人、数人或者全体行使追索权。持票人对汇票债务人中的一人或者数人已经进行追索的，对其他汇票债务人仍可以行使追索权。被追索人清偿债务后，与持票人享有同一权利。但是持票人为出票人的，对其前手无追索权。持票人为背书人的，对其后手无追索权。

3. 请求和受领清偿金额

（1）请求清偿金额。第一，最初追索权。《票据法》规定，持票人行使追索权，可以请求被追索人支付下列金额和费用：被拒绝付款的汇票金额；汇票金额自到期日或者提示付款日至清偿日止，按照中国人民银行规定的利率计算的利息；取得有关拒绝证明和发出通知书的费用。第二，再追索权。《票据法》规定，被追索人依法清偿后，可以向其他票据债务人行使再追索权，请求其他汇票债务人支付下列金额和费用：已清偿的全部金额；前项金额自清偿日起到再追索清偿日止，按照中国人民银行规定的利率计算的利息；发出通知书的费用。

（2）受领清偿金额。被追索人清偿债务时，持票人应当交出汇票和有关拒绝证明，并出具所收到利息和费用的收据。

案例思考9-2

甲、乙签订了一份购销合同，甲将自己取得的银行承兑汇票背书转让给乙，以支付货款。甲在汇票的背书栏内记载有“若乙不按期履行交货义务，则不享有票据权利”，乙又将此票据背书转让给丙。

问题：

（1）乙如果不按期履行交货义务，是否享有票据权利？为什么？

（2）丙是否享有票据权利？

第三节 本票和支票

学习目标

- 了解本票的概念、本票的绝对必要记载事项。
- 掌握支票的概念、种类，法律对支票的特殊规定。
- 依法正确开具支票和行使票据权利。

案例导入

2019年3月1日，甲卖给了乙一批价值60万元的家具，乙为支付货款，就把自己持有的一张出票日期为 2018 年 8 月 1 日的支票背书转让给甲。

问题：如果你是甲的话，你是否接受这张支票？为什么？

一、本票

（一）本票的概念和适用范围

本票是出票人签发的，承诺自己在见票时无条件支付确定的金额给收款人或者持票人的票据。

在我国，本票仅限于银行本票，即银行出票、银行付款。银行本票可以用于转账，注明“现金”字样的银行本票可以用于支取现金。单位和个人在同一票据交换区域需要支付各种款项，均可以使用银行本票。

（二）银行本票的出票

1. 银行本票的出票人

本票的出票人，为经中国人民银行当地分支行批准办理银行本票业务的银行机构。

2. 本票出票的记载事项

（1）绝对必要记载事项。包括 6 项：1）表明“本票”的字样；2）无条件支付的承诺；3）确定的金额；4）收款人名称；5）出票日期；6）出票人签章。本票上未记载上述事项之一的，本票无效。

只有当申请人将银行本票交付给本票上记明的收款人时，出票行为才生效。

（2）相对必要记载事项。包括 2 项：付款地和出票地。本票上未记载付款地的，出票人的营业场所为付款地。本票上未记载出票地的，出票人的营业场所为出票地。

（3）其他事项。根据《票据法》的规定，本票出票时可以记载《票据法》规定事项以外的其他事项，但是这些事项不发生《票据法》上的效力。需要注意的是，如果出票人出票时，在票据上记载了“不得转让”字样，该本票不得转让，这一事项属于任意记载事项。

3. 出票的效力

出票行为生效后，出票人成为第一债务人，收款人成为票据权利人。

（三）银行本票的付款

1. 提示付款

银行本票属于见票即付，与汇票不同，本票的出票人是最终的票据责任人，持票人应当向出票人提示付款。

2. 提示付款期限

《票据法》规定，持票人可以在出票日起 2 个月内随时提示付款。超过这一期限提示付款的，代理付款人不予受理，按照《票据法》的规定，持票人即丧失对出票人之外的前手的追索权。

本票的背书、保证和追索权的行使等，除《票据法》另有规定外，适用该法关于汇票的规定。

二、支票

（一）支票的概念、种类和适用范围

1. 支票的概念

支票是出票人签发的，委托办理支票存款业务的银行或者其他金融机构在见票时无条件支付确定的金额给收款人或者持票人的票据。支票的基本当事人有三个：出票人、付款人、收款人。支票的出票人为在经中国人民银行批准办理支票存款业务的银行、城市信用合作社和农村信用合作社开立支票存款账户的企业、其他组织和个人。支票的付款人仅限于银行或其他金融机构。支票为见票即付的票据，不存在远期支票。

2. 支票的种类

按照支付票款方式，支票分为现金支票、转账支票、普通支票。

（1）现金支票。支票上印有“现金”字样的为现金支票，现金支票只能用于支取现金。

（2）转账支票。支票上印有“转账”字样的为转账支票，转账支票只能用于转账，不得支取现金。

（3）普通支票。支票上未印有“现金”或“转账”字样的为普通支票，普通支票既可以用于支取现金，也可以用于转账。但是，普通支票左上角划两条平行线的，为划线支票。划线支票只能用于转账，不得支取现金。

3. 支票的适用范围

单位和个人在同一票据交换区域的各种款项结算，均可以使用支票。2007 年 7 月 8 日，中国人民银行宣布，支票可以实现全国范围内互通使用。支票可以背书转让，但用于支取现金的支票不能背书转让。

（二）支票出票的要求

1. 支票的记载事项

（1）绝对必要记载事项。包括 6 项：1）表明“支票”的字样；2）无条件支付的委托；3）确定的金额；4）付款人名称；5）出票日期；6）出票人签章。支票上未记载上述任一事项的，支票无效。但是，根据《票据法》的规定，支票上的金额可以由出票人授权补记，未补记前不得使用。

（2）相对必要记载事项。包括 2 项：付款地和出票地。支票上未记载付款地的，付款人的营业场所为付款地；支票上未记载出票地的，出票人的营业场所、住所或者经常居住地为出票地。上述两个事项未记载，可以通过法律规定进行推定，而不会导致票据无效。

（3）任意记载事项。支票上未记载收款人名称的，经出票人授权，可以补记。收款人名称并不属于绝对必要记载事项。可理解为，出票人既可以授权收取支票的相对人补记，也可以由相对人再授权他人补记。

（4）记载无效事项。《票据法》规定：支票限于见票即付，不得另行记载付款日期。另行记载付款日期的，该记载无效。

2. 签发支票的注意事项

（1）禁止签发空头支票。支票的出票人签发支票的金额不得超过付款时在付款人处实有的存款金额。

（2）支票上的出票人的签章，出票人为单位的，为与该单位在银行预留签章一致的财务专用章或者公章加其法定代表人或者其授权的代理人的签名或者盖章；出票人为个人的，为与该个人在银行预留签章一致的签名或者盖章。

（3）出票人不得签发与其预留银行签章不符的支票；使用支付密码的，出票人不得签发支付密码错误的支票。

（4）出票人签发空头支票、签章与预留银行签章不符的支票、支付密码错误的支票，银行应予以退票，并按票面金额处以5%不低于1 000元的罚款；持票人有权要求出票人赔偿支票金额2%的赔偿金。对屡次签发的，银行应停止其签发支票。

（5）签发现金支票和用于支取现金的普通支票，必须符合国家现金管理的规定。

3. 出票的效力

出票人作成支票并交付之后，出票人必须在付款人处存有足够可处分的资金，以保证支票票款的支付；当付款人对支票拒绝付款或者超过支票付款提示期限的，出票人应向持票人承担付款责任。

（三）支票的付款

支票的付款是指付款人根据持票人的请求向其支付支票金额的行为。

1. 提示付款期限

支票的持票人应当自出票日起10日内提示付款；异地使用的支票，其提示付款的期限由中国人民银行另行规定。超过提示付款期限提示付款的，持票人丧失对出票人之外的前手的追索权，付款人不予付款；但是付款人不予付款的，出票人仍应对持票人承担票据责任。

2. 付款

出票人在付款人处的存款足以支付支票金额时，付款人应当在见票当日足额付款。出票人必须按照签发的支票金额承担保证向该持票人付款的责任。

3. 付款责任的解除

付款人依法支付支票金额的，对出票人不再承担委托付款的责任，对持票人不再承担付款的责任。但是，付款人以恶意或者有重大过失付款的除外。恶意或者有重大过失付款，付款人不能解除付款责任，由此造成损失的，由付款人承担赔偿责任。

阅读资料

汇票、本票和支票的区别

汇票、本票、支票同属狭义的票据范畴，其构成要素大致相同，都具有出票、背书、承兑、付款这些流通证券的基本条件，都是可以转让的流通工具。它们之间的主要区别是：

(1) 汇票和支票有三个基本当事人，即出票人、付款人、收款人。而本票只有出票人（付款人和出票人为同一个人）和收款人两个基本当事人。

(2) 支票、银行本票属于见票即付的票据，不得另行记载付款日期。而汇票有定日付款、出票后定期付款、见票后定期付款、见票即付四种付款日期。

(3) 支票、本票无须承兑，不存在承兑行为。而汇票在出票时或者出票后必须经过承兑。

(4) 支票的出票人与付款人之间必须先有资金关系，才能签发支票；汇票的出票人与付款人之间不必先有资金关系；本票的出票人与付款人为同一个人，不存在所谓的资金关系。

(5) 汇票的出票人担保承兑付款，若另有承兑人，由承兑人担保付款；支票的出票人担保支票付款；本票的出票人自负付款责任。

(6) 汇票、支票、本票的提示付款期长短不同。支票提示付款期限较短，支票的持票人应当自出票日起10日内提示付款；异地使用的支票，其提示付款的期限由中国人民银行另行规定。超过提示付款期限的，付款人可以不予付款。汇票和本票相对为信用工具，付款期限较长。

案例思考9-3

甲公司向乙公司订购了一批家具，授权本公司员工李某携带一张记载有本单位签章、出票日期为2018年2月6日、票面金额为10万元的转账支票前往乙公司采购。同年2月7日，李某代表甲公司与乙公司签订家具买卖合同后，将该支票交付给了乙公司，交付时声明该支票未记载收款人名称，由乙公司自己填写。乙公司收到支票后在收款人一栏填写了自己的名称。

问题：

(1) 甲公司交付给乙公司的支票未记载收款人名称，是否导致该支票无效？为什么？

(2) 如果乙公司于2018年2月16前向甲公司开户银行提示付款，而甲公司在开户银行的账户上已无资金，那么甲公司的行为属于何种性质？应受到何种处罚？

自测练习

一、单项选择题

1.（　　）是银行签发的，承诺自己在见票时无条件支付确定金额给收款人或者持票人的票据。

A. 银行汇票　　B. 银行本票　　C. 商业汇票　　D. 支票

2. 下列各项中，符合《票据法》规定的是（　　）。

A. 银行汇票可分为银行承兑汇票和商业承兑汇票

B. 商业承兑汇票即为商业汇票

C. 银行承兑汇票属于商业汇票

D. 银行承兑汇票属于银行汇票

3. 甲将一张 100 万元的汇票分别转让给乙 70 万元、丙 30 万元。下列有关该背书效力的表述中，正确的是（　　）。

A. 背书无效　　B. 背书有效

C. 乙和丙中数额较大的有效　　D. 乙和丙中签章在前的有效

4. 甲将一张汇票背书转让给乙，乙将该汇票背书转让给丙，并在汇票上记载“不得转让”字样，如果丙将该汇票背书转让给丁，将产生的法律后果是（　　）。

A. 该汇票无效　　B. 该背书转让无效

C. 乙对丙和丁不负担保责任　　D. 乙对丁不负担保责任

5.（　　）在票据上的签章不符合规定的，票据无效。

A. 出票人　　B. 背书人　　C. 承兑人　　D. 保证人

6. 根据《票据法》的规定，下列表述中不正确的是（　　）。

A. 附条件的背书，条件无效，背书有效

B. 附条件的保证，条件无效，保证有效

C. 附条件的承兑，视为拒绝承兑

D. 附条件的承兑，视为有效承兑

7. 下列票据中，不属于《票据法》调整范围的是（　　）。

A. 汇票　　B. 本票　　C. 支票　　D. 发票

8. 在票据背面或者粘单上记载有关事项并签章的票据行为称为（　　）。

A. 出票　　B. 背书　　C. 保证　　D. 承兑

二、多项选择题

1. 下列属于商业汇票相对必要记载事项的是（　　）。

A. 出票日期　　B. 付款日期　　C. 出票地　　D. 付款地

2. 根据《票据法》的规定，下列（　　）属于见票即付。

A. 支票　　B. 银行本票　　C. 银行汇票　　D. 商业汇票

3. 下列各项中，属于支票绝对必要记载的事项的有（　　）。

A. 付款人名称　　B. 出票日期　　C. 确定的金额　　D. 付款日期

4. 下列表述中，符合票据法律制度规定的有（　　）。

A. 支票不得另行记载付款日期，如果记载，票据无效

B. 支票属于见票即付的票据

C. 票据权利包括付款请求权和追索权

D. 禁止签发空头支票

5. 背书是一种要式行为，其绝对必要记载事项包括（　　）。

A. 背书人签章　　B. 被背书人的名称

C. 背书用途　　D. 背书日期

6. 根据《票据法》的规定，下列关于汇票的表述中，不正确的（　　）。

A. 付款日期属于商业汇票的绝对必要记载事项

B. 出票人在出票时，在票据上记载“不得转让”字样的，票据无效

C. 出票人在出票时，签章不符合法律规定的，票据无效

D. 商业汇票被拒绝付款的，不得背书转让

7. 背书人甲将一张10万元的汇票分别背书转让给乙和丙各5万元，下列有关该背书效力的表述中，错误的是（　　）。

A. 背书无效

B. 背书有效

C. 背书转让给乙5万元有效，转让给丙5万元无效

D. 背书转让给乙5万元无效，转让给丙5万元有效

三、案例分析题

1. A公司为支付所欠B公司货款，于2018年5月5日开出一张50万元的商业承兑汇票。B公司将该汇票背书转让给C公司，以购买一批原材料。但事后不久，B公司发现C公司根本无货可供，完全是一场骗局，于是马上通知付款人停止向C公司支付款项。C公司获此票据后，又将该票据背书转让给了D公司，以支付其所欠工程款。D公司用此汇票向E公司购买一批钢丝，背书时注明了“货到后此汇票方生效”。E公司于2018年7月5日向付款人请求付款。付款人在对该汇票审查后拒绝付款，理由是：（1）C公司以欺诈行为从B公司获得票据的行为为无效票据行为，B公司已通知付款人停止付款；（2）该汇票未记载付款日期，且背书附有条件，为无效票据。随即付款人便作成退票理由书，交付E公司。

问题：

（1）付款人可否以C公司的欺诈行为为由拒绝向E公司支付票款？为什么？

（2）A公司开出的汇票未记载付款日期，是否为无效票据？为什么？

（3）D公司的背书是否有效？该条件是否影响汇票效力？

（4）E公司的付款请求权得不到实现时，可以向本案哪些当事人行使追索权？

2. 现有一张出票日为2017年7月1日的汇票，汇票上记载A为出票人，票载金额为100万元，B为收款人，票载付款人为F，且F已为承兑，同时该汇票注明为见票后10日付款。从该汇票的背书来看，B将汇票背书给C，C又将汇票背书给D。E在汇票上签章承认自己是保证人。

问题：

（1）从本案来看，该票据属于何种类型的汇票？

（2）本案中谁是票据的债权人？谁是票据的债务人？

（3）如果E在票据上没有记载被保证人的名称，应该推定何人为被保证人？

（4）如果E没有在汇票上记载保证日期，E主张该保证无效，能否成立？为什么？

四、实训题

请同学们正确签发银行转账支票。

第十章 劳动法

劳动法规范了我国用人单位和劳动者双方的合法权益，着重保护相对处于弱势的劳动者的合法权益，致力于维护和谐的劳动关系，旨在建立适应社会主义市场经济的劳动制度，促进市场经济的可持续发展和社会进步。通过对劳动法的学习，使大学生对劳动法基本理论有了一定的了解，强化大学生法治意识，培养大学生职业道德，提高大学生职业素养。

第一节 劳动法概述

学习目标

- 熟悉劳动法的概念和劳动者的基本权利和义务。
- 掌握《劳动法》的适用范围。
- 能够正确辨认劳动关系。

案例导入

外貌与工作之间的关系会有多大呢？某公司员工小薇虽然工作出色，但却接到用人单位以身材肥胖为由开出的辞退通知。小薇原来的身材是非常标准的，身高1.70米，体重110斤。这家公司里与小薇一样身材的女孩子有12个，她们被称为“十二金钗”，这些员工是老板最得力的销售骨干。后来，小薇因怀孕身材走样，老板就通知人事部门跟她解除劳动合同。

问题：该公司的做法是否符合法律规定？为什么？

一、劳动法的概念

劳动法是调整劳动关系以及与劳动关系密切联系的其他社会关系的法律规范的总称。狭义的劳动法是指1994年7月5日第八届全国人民代表大会常务委员会第八次会议通过，1995年1月1日起正式实施的《中华人民共和国劳动法》（以下简称《劳动法》）；广义的劳动法还应包括全国人大及其常委会制定的劳动法律、国务院制定的劳动行政法规、国务院所属各部委制定的劳动规章、地方性劳动法规和劳动规章等。

二、劳动法的调整对象

从劳动法的概念可知，劳动法的主要调整对象是劳动关系。除此之外，劳动法还调整与劳动关系密切联系的其他一些社会关系。

（一）劳动关系

劳动法调整的劳动关系，是指劳动者和用人单位在劳动力和生产资料的结合过程中所发生的关系。劳动关系具有以下几个特征：

（1）劳动关系是在劳动过程中产生的关系。劳动者提供劳动，包括体力劳动和脑力劳动，用人单位提供劳动所需要的生产条件和工作条件，双方在劳动过程中发生劳动关系。

（2）劳动关系的双方主体，一方是劳动者，另一方是用人单位。劳动者提供劳动能力，用人单位使用劳动能力从而支付相应的报酬。

（3）劳动关系具有从属性。即劳动关系建立后，劳动者要加入用人单位成为该单位一员，服从用人单位管理，遵守单位规章制度。

（二）与劳动关系密切联系的社会关系

劳动法的调整对象除劳动关系外，还包括一些与劳动关系密切联系的社会关系。这些关系本身不是劳动关系，但这些关系从不同角度跟劳动关系发生直接或间接的联系。

（1）国家进行劳动力管理中的关系。指劳动行政管理机关在劳动就业管理、职业认证制度、职业培训制度、工伤认定等方面与用人单位或劳动者之间发生的关系。

（2）社会保险中的某些关系。社会保险经办机构与用人单位、劳动者之间在社会保险中的权利和义务关系。如生育保险、养老保险关系。

（3）工会组织与企业在执行《劳动法》《工会法》过程中发生的关系。

（4）处理劳动争议过程中发生的一些关系。劳动争议调解、仲裁、诉讼中，用人单位、工会、行政机关等之间发生的关系。

（5）其他有关管理机构在监督《劳动法》执行过程中发生的一些关系。除劳动管理机关外，可能还要和卫生管理机关、经济管理机关等其他相关管理机构在监督《劳动法》执行过程中发生关系。

阅读资料

劳动关系的认定

实践中有的单位没有和员工签订劳动合同，而《劳动合同法》明确规定，只要存在实际用工，就认定劳动关系存在。所以，如果劳动者发现用人单位没有与自己签订劳动合同，就要注意收集以下证据来证明存在实际用工：

（1）工资支付凭证或记录（职工工资发放花名册）、缴纳各项社会保险费的记录。

（2）用人单位向劳动者发放的“工作证”“服务证”等能够证明身份的证件。

（3）劳动者填写的用人单位招工招聘“登记表”“报名表”等招用记录。

（4）考勤记录。

（5）其他劳动者的证言等。

归纳来说，劳动者要注意收集自己的收入凭证、与用人单位有关的身份证明、用人单位的招工材料、用人单位对劳动者实施管理的证明、其他可以作为旁证的证明。需要特别说明的，用人单位的报销凭证等、因公传递的电子邮件等也属于有效证据。

三、我国《劳动法》的适用范围

《劳动法》第2条规定：“在中华人民共和国境内的企业、个体经济组织（统称用人单位）和与之形成劳动关系的劳动者，适用本法。国家机关、事业单位、社会团体和与之建立劳动合同关系的劳动者，依照本法执行。”这一规定表明《劳动法》的适用范围包括：

（1）在中国境内的企业、个体经济组织和与之形成劳动关系的劳动者；

（2）国家机关、事业单位、社会团体和与之实行劳动合同制度的工勤人员；

（3）实行企业化管理的事业单位的人员；

（4）其他通过劳动合同与国家机关、事业单位、社会团体建立劳动关系的劳动者。

事业单位与实行聘用制的工作人员订立、履行、变更、解除或者终止劳动合同，法律、行政法规或者国务院另有规定的，依照其规定；未作规定的，依照本法有关规定执行。公务员和比照实行公务员制度的事业单位、社会团体的工作人员，其与国家机关、事业单位、社会团体之间形成的关系不适用《劳动法》，适用《公务员法》。农村劳动者（乡镇企业职工和进城务工、经商的农民除外）、现役军人和家庭保姆也不适用《劳动法》。

四、劳动者的基本权利和义务

（一）劳动者的基本权利

1. 平等就业和选择职业的权利

我国《劳动法》规定，劳动者就业，不因民族、种族、性别、宗教信仰不同而受歧视；妇女享有与男子平等的就业权利，在录用职工时，除国家规定的不适合妇女的工种或者岗位外，不得以性别为由拒绝录用妇女或者提高对妇女的录用标准。劳动者在就业时，有权根据自己的兴趣、意愿选择职业、选择用人单位，不受外在力量的干涉。

2. 取得劳动报酬的权利

劳动者为用人单位提供了一定数量并符合质量要求的劳动之后，就有权利向用人单位领取相应的报酬。主要包括：劳动者有依法获得合法收入的权利，等量劳动获得等量报酬的权利，同工同酬的权利。用人单位不能足额按时支付劳动报酬，就是对劳动者权益的侵害，如无法律规定的免责理由，就应当承担法律责任。

3. 休息休假的权利

规定休息休假权利的目的在于使劳动者在劳动后获得休息，身体和精神疲劳得以解除，从而能有效地恢复劳动能力。

4. 获得劳动安全卫生保护的权利

劳动者在劳动过程中，依法要求用人单位提供安全卫生的劳动条件，保护其生命和身体健康。

5. 接受职业技能培训的权利

国家通过各种途径，采取各种措施，发展职业培训事业，开发劳动者的职业技能，提高劳动者素质，增强劳动者的就业能力和工作能力。用人单位应当建立职业培训制度，按照国家规定提取和使用职业培训经费，根据本单位的实际，有计划地对劳动者进行职业培训。从事技术工种的劳动者，上岗前必须经过培训。这对生产发展和社会进步都有重要意义。

6. 享有社会保险和福利的权利

我国《宪法》规定，国家实行退休制度，退休人员的生活受到国家和社会的保障，同时规定公民在年老、疾病或者丧失劳动能力的情况下，有从国家和社会获得物质帮助的权利。据此，我国《劳动法》专门规定了“社会保险和福利”一章。该章的主要内容包括：劳动者在年老、患疾、负伤、患职业病、失业、生育、家庭出现特殊困难等情况下，可以获得相应的社会保险待遇；劳动者还有权享受国家、社会、企事业单位提供给个人的福利。

7. 提请劳动争议处理的权利

劳动争议是劳动者与用人单位有关劳动权利和义务发生的纠纷，劳动争议一旦发生，劳动者有权提请劳动争议的调解、仲裁和诉讼，有利于及时解决劳动争议，维护劳动者的合法权益。

8. 依法参加和组织工会的权利

我国《工会法》第3条规定：“在中国境内的企业、事业单位、机关中以工资收入为主要生活来源的体力劳动者和脑力劳动者，不分民族、种族、性别、职业、宗教信仰、教育程度，都有依法参加和组织工会的权利。任何组织和个人不得阻挠和限制。”

9. 参与民主管理、进行平等协商的权利

《劳动法》规定：“劳动者依照法律规定，通过职工大会、职工代表大会或者其他形式，参与民主管理或者就保护劳动者合法权益与用人单位进行平等协商。”

（二）劳动者的义务

我国《劳动法》在赋予劳动者享有以上基本权利的同时，也规定了劳动者的基本义务：

1. 按时完成劳动任务

劳动者只有完成劳动任务，才能实现建立劳动关系的目的，也只有完成一定的劳动任务，才能获得相应的劳动报酬。

2. 提高职业技能

劳动者一方面享有接受职业技能培训的权利，另一方面提高职业技能又是劳动者应当履行的法律义务。劳动者也只有通过自觉地学习、研究业务知识，提高职业技能，才能获得用人单位的认可，巩固已建立的劳动关系，增加自身的就业机会。

3. 执行安全卫生规程

劳动者执行劳动安全卫生规程，直接关系到劳动者本人的生命安全和身体健康。劳动者认真履行劳动安全卫生规程的义务，能够预防、减少工伤事故和职业病的发生，同样保护了用人单位的合法权益，保障生产顺利进行，维护良好的生产秩序，促进社会经济发展。

4. 遵守劳动纪律和职业道德

劳动纪律是劳动者在从业过程中必须遵守的从业规则和程序，它是保证劳动者执行职务、履行职责、完成自己承担的工作任务的行为规则。职业道德是从事一定职业的劳动者在其履行职业职责的过程中应遵循的特定的职业思想、行为准则和规范，是与之相适应的道德观念、道德意识、道德活动的总和。

案例思考10-1

2018年1月，某工艺厂与王林签订合同，约定由工艺厂提供原材料和花样图案，王林为工艺厂制作藤制工艺品，工艺厂则是每月按照王林交付的工艺品的数量给付报酬，合同期限为1年。合同履行6个月之后，因为市场上的藤编工艺品滞销，工艺厂单方面解除了与王林的合同，王林为此向劳动争议仲裁委员会提出仲裁申请。

问题：

（1）工艺厂与王林之间的关系是否属于劳动法的调整范围？

（2）王林能否向劳动争议仲裁委员会提出仲裁申请？工艺厂应当承担怎样的后果？

第二节 劳动合同

学习目标

- 熟悉劳动合同的种类。
- 掌握劳动合同的内容和法定解除情形。
- 能够利用所学知识拟订劳动合同。

案例导入

2019年5月，小李不愿意继续上学，就离家出走，到县城去打工。小李在一家餐厅找到了工作，主要是帮助厨师做一些杂活。因为小李年纪只有14岁，所以餐厅经理同他讲好，比别人的工资要少30%，小李表示同意。餐厅的工作十分辛苦，并且因为小李年纪小，常常受到欺负。小李觉得难以忍受，于是向经理提出辞职，但是经理说如果要提前辞职就要缴纳违约金500元，小李必须干满约定的期限。小李于是给家里写信，叫父母领自己回去。小李的父母来到县城要领小李回去，餐厅经理仍然不放人，称要放人就先交500元违约金。

问题：

（1）小李能够成为劳动合同的一方当事人吗？

（2）小李需要缴纳违约金吗？

一、劳动合同的概念

我国《劳动法》明确规定：劳动合同是劳动者与用人单位确立劳动关系、明确双方权利和义务的协议。劳动合同具有如下法律特征：

（1）主体的特定性。劳动合同主体一方为劳动者，另一方为用人单位。

（2）主体意志的限制性。劳动合同主体双方的自由协商，要在国家法律规定的范围之内，劳动合同的条款要受到国家法律和集体合同的约束。

（3）合同履行中的隶属性。劳动合同具有身份性质，双方存在管理上的依从、隶属关系。

（4）劳动合同是有偿合同。劳动合同是以劳动换取报酬的协议，有偿性是劳动合同的本质特征。

二、劳动合同的种类

（一）固定期限劳动合同、无固定期限劳动合同和以完成一定工作任务为期限的劳动合同

按照劳动者和用人单位在劳动合同中约定的劳动关系存续的期限划分，可分为固定期限劳动合同、无固定期限劳动合同和以完成一定工作任务为期限的劳动合同。

固定期限劳动合同是指用人单位和劳动者约定合同终止时间的劳动合同。劳动合同的期限可以是 1 年、2 年、3 年，也可以是 5 年、10 年、20 年，由双方当事人根据具体情况商定，劳动合同期限届满劳动关系终止。双方当事人同意续订的，可以续订合同。这种形式的劳动合同存在比较普遍，尤其是有些用人单位与劳动者只订立 1 年以内的劳动合同，这种现象使得劳动关系不稳定，劳动报酬难以提高。

无固定期限劳动合同是指用人单位和劳动者约定无确定的终止时间的劳动合同。用人单位与劳动者协商一致，可以订立无固定期限劳动合同。《劳动合同法》规定，有下列情形之一，劳动者提出或者同意续订、订立劳动合同的，除劳动者提出订立固定期限劳动合同外，应当订立无固定期限劳动合同：（1）劳动者在该用人单位连续工作满 10 年的；（2）用人单位初次实行劳动合同制度或者国有企业改制重新订立劳动合同时，劳动者在该用人单位连续工作满 10 年且距法定退休年龄不足 10 年的；（3）连续订立两次固定期限劳动合同，且劳动者没有《劳动合同法》第 39 条和第 40 条第 1 项、第 2 项规定的情形，续订劳动合同的。用人单位自用工之日起满 1 年不与劳动者订立书面劳动合同的，视为用人单位与劳动者已订立无固定期限劳动合同。无固定期限劳动合同有利于推动劳动关系的长期化、稳定化。

以完成一定工作任务为期限的劳动合同是指用人单位和劳动者约定以某项工作的完成为合同期限的劳动合同。当约定的工作任务完成后，劳动合同自行终止。由于一项工作任务完工日期大致可以推算，因此以完成一定工作任务为期限的劳动合同实质上仍然是固定期限劳动合同。根据《劳动合同法实施条例》规定，以完成一定工作任务为期限的劳动合同因任务完成而终止的，用人单位应当依照《劳动合同法》第 47 条的规定向劳动者支付经济补偿。可见，以完成一定工作任务为期限的劳动合同终止时，向劳动者支付经济补偿是参照固定期限劳动合同的终止。

（二）全日制用工劳动合同和非全日制用工劳动合同

按照用工方式划分，可分为全日制用工劳动合同和非全日制用工劳动合同。

全日制用工，是指按照《劳动合同法》的规定，用人单位与劳动者应当订立书面劳动合同，按照标准工时制度，从事全职工作的劳动用工形式。

非全日制用工，是指以小时计酬为主，劳动者在同一用人单位一般平均每日工作时间不超过4小时，每周工作时间累计不超过24小时的用工形式。从事非全日制用工的劳动者可与一个或者一个以上用人单位订立劳动合同；非全日制用工双方当事人可以订立口头劳动合同，另外不得约定试用期。非全日制用工适应了用人单位灵活用工和劳动者自主择业的需要，发展迅速，已成为促进就业的重要途径。

三、劳动合同的订立

（一）劳动合同的订立主体

劳动合同的订立，是指劳动者与用人单位之间为建立劳动关系，依法就双方的权利义务协商一致，设立劳动合同关系的法律行为。

1. 用人单位

用人单位作为劳动合同的一方主体具有用人的权利能力和行为能力。《劳动合同法》规定，用人单位设立的分支机构，依法取得营业执照或者登记证书的，可以作为用人单位与劳动者订立劳动合同；未依法取得营业执照或登记证书的，受用人单位委托可以与劳动者订立劳动合同。

根据我国《劳动合同法》的相关规定，用人单位在与劳动者订立劳动合同时履行告知义务。用人单位招用劳动者时，应当如实告知劳动者工作内容、工作条件、工作地点、职业危害、安全生产状况、劳动报酬，以及劳动者要求了解的其他情况。

用人单位招用劳动者，不得扣押劳动者的居民身份证和其他证件，不得要求劳动者提供担保或者以其他名义向劳动者收取财物。

2. 劳动者

劳动者须年满16周岁，有劳动权利能力和行为能力。文艺、体育和特种工艺单位招用未满16周岁的未成年人，必须遵守国家有关规定，并保障其接受义务教育的权利。根据《劳动合同法》的相关规定，劳动者在与用人单位订立劳动合同时应履行预先说明义务。同时用人单位有权知道劳动者与劳动合同直接相关的基本信息情况，劳动者有预先说明情况的义务。某些特种作业或行业还要求劳动者经过特种职业培训或取得执业资格证才可以从事工作。

（二）劳动合同的订立原则

订立劳动合同必须坚持的原则有：合法原则、公平原则、平等自愿原则、协商一致原则、诚实信用原则。

1. 合法原则

合法原则就是劳动合同的形式和内容必须符合法律、法规的规定。首先，劳动合同的形式要合法，除非全日制用工外，劳动合同需要以书面形式订立，这是本法对劳动合同形式的要求。如果是口头合同，用人单位要承担不订立书面合同的法律后果。其次，劳动合同的内容要合法。如工作时间，不得违法国家关于工作时间的规定；劳动报酬，不得低于当地最低工资标准；如果劳动合同的内容违法，劳动合同不仅不受法律保护，当事人还要承担相应的法律责任。

2. 公平原则

公平原则是指劳动合同的内容应当公平、合理，即在符合法律规定的前提下，劳动合同双方公正、合理地确立双方的权利和义务。公平原则是社会公德的体现，将公平原则作为劳动合同订立的原则，可以防止劳动合同当事人尤其是用人单位滥用优势地位，损害劳动者的权利，有利于平衡劳动合同双方当事人的利益，有利于建立和谐稳定的劳动关系。

3. 平等自愿原则

平等自愿原则包括两层含义：一是平等原则，二是自愿原则。平等原则是指劳动者和用人单位在订立劳动合同时在法律地位上是平等的，没有高低、从属之分，不存在命令和服从、管理和被管理关系。自愿原则是指订立劳动合同完全是出于劳动者和用人单位双方的真实意志，是双方协商一致达成的，任何一方不得把自己的意志强加给另一方。

4. 协商一致原则

协商一致原则是指用人单位和劳动者要对合同的内容达成一致意见。一方不能凌驾于另一方之上，不得把自己的意志强加给对方，也不能强迫命令、胁迫对方订立劳动合同。在订立劳动合同时，用人单位和劳动者都要仔细研究合同的每项内容，进行充分的沟通和协商，解决分歧，达成一致意见。只有体现双方真实意志的劳动合同，双方才能忠实地按照合同约定履行。

5. 诚实信用原则

诚实信用原则是指用人单位和劳动者在订立劳动合同时要诚实，讲信用，双方都不得有欺诈行为。用人单位招用劳动者时，应当如实告知劳动者工作内容、工作条件、工作地点、职业危害、安全生产状况、劳动报酬，以及劳动者要求了解的其他情况；用人单位有权了解劳动者与劳动合同直接相关的基本情况，劳动者应当如实说明。双方都不得隐瞒真实情况。如果用人单位不告诉劳动者职业危害，提供的工作条件与约定的不一样，或者劳动者提供假文凭等，这些行为都违反了诚实信用原则。

（三）劳动合同的订立形式

用人单位自用工之日起即与劳动者建立劳动关系。建立劳动关系，应当订立书面劳动合同。对于已建立劳动关系，未订立书面劳动合同的，应当自用工之日起 1 个月内订立书面劳动合同。同时非全日制用工双方当事人可以订立口头协议。

我国《劳动合同法实施条例》相关规定中关于未订立书面劳动合同的处理办法包括：

（1）自用工之日起 1 个月内，经用人单位书面通知后，劳动者不与用人单位订立书面劳动合同的，用人单位应当书面通知劳动者终止劳动关系，无须向劳动者支付经济补偿，但是应当依法向劳动者支付其实际工作时间的劳动报酬。

（2）用人单位自用工之日起超过 1 个月不满 1 年未与劳动者订立书面劳动合同的，应当向劳动者每月支付 2 倍的工资，并与劳动者补订书面劳动合同；劳动者不与用人单位订立书面劳动合同的，用人单位应当书面通知劳动者终止劳动关系，并支付经济补偿。同时用人单位向劳动者每月支付2倍工资的起算时间为用工之日起满1个月的次日，截止时间为补订书面劳动合同的前1日。

(3) 用人单位自用工之日起满1年未与劳动者订立书面劳动合同的，自用工之日起满1个月的次日至满1年的前1日应当向劳动者每月支付2倍的工资，并视为自用工之日起满1年的当日已经与劳动者订立无固定期限劳动合同，应当立即与劳动者补订书面劳动合同。

四、劳动合同的内容

劳动合同应当以书面形式订立，劳动合同的内容具体表现为劳动合同的条款，一般分为必备条款和可选择性条款。

（一）劳动合同的必备条款

劳动合同的必备条款是我国《劳动法》和《劳动合同法》明确规定的，在合同内容中必须签订的条款，包括：(1) 用人单位的名称、住所和法定代表人或者主要负责人；(2) 劳动者的姓名、住址和居民身份证或者其他有效身份证件号码；(3) 劳动合同期限；(4) 工作内容和工作地点；(5) 工作时间和休息休假；(6) 劳动报酬；(7) 社会保险；(8) 劳动保护、劳动条件和职业危害防护；(9) 法律、法规规定应当纳入劳动合同的其他事项。

（二）劳动合同的可选择性条款

除必备条款外，当事人可以协商约定其他条款内容。根据我国《劳动合同法》的规定，可选择性条款主要包括：

1. 试用期条款

试用期是用人单位和劳动者为相互了解、选择而约定的考察期。对劳动合同的试用期，我国《劳动合同法》作了限制性规定：(1) 劳动合同期限3个月以上不满1年的，试用期不得超过1个月；(2) 劳动合同期限1年以上不满3年的，试用期不得超过2个月；(3) 3年以上固定期限和无固定期限的劳动合同，试用期不得超过6个月。同一用人单位与同一劳动者只能约定一次试用期。以完成一定工作任务为期限的劳动合同或者劳动合同期限不满3个月的，不得约定试用期。试用期包含在劳动合同期限内。劳动合同仅约定试用期的，试用期不成立，该期限为劳动合同期限。

劳动者在试用期的工资不得低于本单位相同岗位最低档工资的80%或者劳动合同约定工资的80%，并不得低于用人单位所在地的最低工资标准。

2. 专项培训与服务期

培训是按照职业或者工作岗位对劳动者提出的要求，以开发和提高劳动者的职业技能为目的的教育和训练过程。企业应建立健全职工培训的规章制度，根据本单位的实际对职工进行在岗、转岗、晋升、转业培训，对新录用人员进行上岗前的培训，并保证培训经费和其他培训条件。《劳动合同法》第22条规定："用人单位为劳动者提供专项培训费用，对其进行专业技术培训的，可以与该劳动者订立协议，约定服务期。劳动者违反服务期约定的，应当按照约定向用人单位支付违约金。”这里的专项培训应该是用人单位对劳动者进行专项的出资培训。如果提供的培训没有实际产生培训费用，或者产生的培训费用并不是专项的培训费用，则用人单位不可据此与劳动者约定违约金。

3. 保守商业秘密条款和竞业限制

用人单位与劳动者可以在劳动合同中约定保守用人单位的商业秘密和与知识产权相关的保密事项。对负有保密义务的劳动者，用人单位可以在劳动合同或者保密协议中与劳动者约定竞业限制条款，并约定在解除或者终止劳动合同后，在竞业限制期限内按月给予劳动者经济补偿。劳动者违反竞业限制约定的，应当按照约定向用人单位支付违约金。竞业限制的人员限于用人单位的高级管理人员、高级技术人员和其他负有保密义务的人员。竞业限制的范围、地域、期限由用人单位与劳动者约定，竞业限制的约定不得违反法律、法规的规定。在解除或者终止劳动合同后，前款规定的人员到与本单位生产或者经营同类产品、从事同类业务的有竞争关系的其他用人单位，或者自己开业生产或者经营同类产品、从事同类业务的竞业限制期限，不得超过二年。

4. 补充保险

补充保险是指除了国家基本保险以外，用人单位根据自己的实际情况为劳动者建立的一种保险，它用来满足劳动者高于基本保险需求的愿望，包括补充医疗保险、补充养老保险等。补充保险的建立依用人单位的经济承受能力而定，由用人单位自愿实行，国家不作强制的统一规定，只要求用人单位内部统一。

5. 福利待遇

随着市场经济的发展，用人单位给予劳动者的福利待遇也成为劳动者收入的重要指标之一。员工福利主要有：社会保险和住房公积金（五险一金），连续工作满一年后享有带薪年休假，妇女在孕期、产期、哺乳期有相应的假期，国家法定的节假日的假期，患病享有医疗期等，企业还可以和员工约定其他一些福利。

五、劳动合同的效力

（一）劳动合同的生效

劳动合同的生效，是指具备有效要件的劳动合同按其意思表示的内容产生了法律效力而劳动合同的内容对签约双方具有法律的约束力。《劳动合同法》规定，劳动合同由用人单位与劳动者协商一致，并经用人单位与劳动者在劳动合同文本上签字或者盖章生效。劳动合同文本应当由用人单位和劳动者各执一份。

（二）劳动合同的无效

无效的劳动合同是指由当事人签订成立而国家不予承认其法律效力的劳动合同。一般合同一旦依法成立，就具有法律拘束力，但是无效合同即使其成立，也不具有法律拘束力，不发生履行效力。根据《劳动合同法》第 26 条第 1 款的规定，下列劳动合同无效或者部分无效：

（1）以欺诈、胁迫的手段或者乘人之危，使对方在违背真实意思的情况下订立或者变更劳动合同的；

（2）用人单位免除自己的法定责任、排除劳动者权利的；

（3）违反法律、行政法规强制性规定的。

对劳动合同的无效或者部分无效有争议的，由劳动争议仲裁机构或者人民法院确认。劳动合同部分无效，不影响其他部分效力的，其他部分仍然有效。劳动合同被确认无效，劳动者已付出劳动的，用人单位应当向劳动者支付劳动报酬。劳动报酬的数额，参照本单位相同或者相近岗位劳动者的劳动报酬确定。

六、劳动合同的解除和终止

（一）劳动合同解除的条件和程序

劳动合同的解除，是指劳动合同当事人在劳动合同期限届满之前终止劳动合同关系的法律行为。劳动合同的解除可分为双方协商一致解除、劳动者单方解除、用人单位单方解除。

1. 双方协商一致解除

我国《劳动合同法》第36条规定："用人单位与劳动者协商一致，可以解除劳动合同。"

2. 劳动者单方解除

劳动者单方解除劳动合同有两种情况：

（1）通知解除。劳动者提前30日以书面形式通知用人单位，可以解除劳动合同。劳动者在试用期内提前3日通知用人单位，可以解除劳动合同。

（2）随时解除。《劳动合同法》第38条规定：用人单位有下列情形之一的，劳动者可以解除劳动合同：

1）未按照劳动合同约定提供劳动保护或者劳动条件的；

2）未及时足额支付劳动报酬的；

3）未依法为劳动者缴纳社会保险费的；

4）用人单位的规章制度违反法律、法规的规定，损害劳动者权益的；

5）因本法第26条第1款规定的情形致使劳动合同无效的；

6）法律、行政法规规定劳动者可以解除劳动合同的其他情形。

用人单位以暴力、威胁或者非法限制人身自由的手段强迫劳动者劳动的，或者用人单位违章指挥、强令冒险作业危及劳动者人身安全的，劳动者可以立即解除劳动合同，无须事先告知用人单位。

3. 用人单位单方解除

具备法律规定的条件时，用人单位享有单方解除权，无须双方协商达成一致意见。用人单位单方解除劳动合同的情况有三种：

（1）随时解除。《劳动合同法》第39条规定：劳动者有下列情形之一的，用人单位可以解除劳动合同：

1）在试用期间被证明不符合录用条件的；

2）严重违反用人单位的规章制度的；

3）严重失职，营私舞弊，给用人单位的利益造成重大损害的；

4）劳动者同时与其他用人单位建立劳动关系，对完成本单位的工作任务造成严重影响，或者经用人单位提出，拒不改正的；

5）因本法第 26 条第 1 款规定的情形致使劳动合同无效的；

6）被依法追究刑事责任的。

（2）通知解除。《劳动合同法》第 40 条规定：有下列情形之一的，用人单位提前 30 日以书面形式通知劳动者本人或者额外支付劳动者 1 个月工资后，可以解除劳动合同：

1）劳动者患病或者非因工负伤，在规定的医疗期满后不能从事原工作，也不能从事由用人单位另行安排的工作的；

2）劳动者不能胜任工作，经过培训或者调整工作岗位，仍不能胜任工作的；

3）劳动合同订立时所依据的客观情况发生重大变化，致使劳动合同无法履行，经用人单位与劳动者协商，未能就变更劳动合同内容达成协议的。

（3）经济性裁员。是用人单位濒临破产进行法定整顿期间或者生产经营状况发生严重困难，用人单位为改善生产经营状况而辞退人员。《劳动合同法》第 41 条规定，有下列情形之一，需要裁减人员 20 人以上或者裁减不足 20 人但占企业职工总数 10%以上的，用人单位应当提前 30 日向工会或者全体职工说明情况，听取工会或者职工的意见后，裁减人员方案经向劳动行政部门报告，可以裁减人员：

1）依照企业破产法规定进行重整的；

2）生产经营发生严重困难的；

3）企业转产、重大技术革新或者经营方式调整，经变更劳动合同后，仍需裁减人员的；

4）其他因劳动合同订立时所依据的客观经济情况发生重大变化，致使劳动合同无法履行的。

裁减人员时，应当优先留用下列劳动者：

1）与本单位订立较长期限的固定期限劳动合同的；

2）与本单位订立无固定期限劳动合同的；

3）家庭无其他就业人员，有需要扶养的老人或者未成年人的。

用人单位在 6 个月内重新招用人员的，应当通知被裁减的人员，并在同等条件下优先招用被裁减的人员。

（二）解除劳动合同的限制

《劳动合同法》第 42 条规定，劳动者有下列情形之一的，用人单位不得依照本法第 40 条、第 41 条的规定解除劳动合同：

（1）从事接触职业病危害作业的劳动者未进行离岗前职业健康检查，或者疑似职业病病人在诊断或者医学观察期间的；

（2）在本单位患职业病或者因工负伤并被确认丧失或者部分丧失劳动能力的；

（3）患病或者非因工负伤，在规定的医疗期内的；

（4）女职工在孕期、产期、哺乳期的；

（5）在本单位连续工作满15年，且距法定退休年龄不足5年的；

（6）法律、行政法规规定的其他情形。

（三）劳动合同的终止

劳动合同的终止，是指用人单位与劳动者所确立的劳动关系终结，具体来说是指劳动合同解除以外，劳动合同法律效力归于消灭的法定情形。

《劳动合同法》第44条规定，有下列情形之一的，劳动合同终止：（1）劳动合同期满的；（2）劳动者开始依法享受基本养老保险待遇的；（3）劳动者死亡，或者被人民法院宣告死亡或者宣告失踪的；（4）用人单位被依法宣告破产的；（5）用人单位被吊销营业执照、责令关闭、撤销或者用人单位决定提前解散的；（6）法律、行政法规规定的其他情形。

（四）解除或者终止劳动合同的经济补偿

解除劳动合同的经济补偿，是指因解除劳动合同而由用人单位给予劳动者的一次性经济补偿。经济补偿的目的在于从经济方面制约用人单位的解除行为，并对失去工作的劳动者给予经济上的补偿。有下列情形之一的，用人单位应当向劳动者支付经济补偿：

（1）劳动者依照《劳动合同法》第38条规定解除劳动合同的，即劳动者符合随时通知用人单位解除劳动合同情形的；

（2）用人单位依照《劳动合同法》第36条规定向劳动者提出解除劳动合同并与劳动者协商一致解除劳动合同的，即用人单位和劳动者协商一致解除，由用人单位提出解除劳动合同的；

（3）用人单位依照《劳动合同法》第40条规定解除劳动合同的，即用人单位符合提前30日通知劳动者解除劳动合同情形的；

（4）用人单位依照《劳动合同法》第41条第1款规定解除劳动合同的，即用人单位濒临破产进行法定整顿期间或者生产经营状况发生严重困难，需要经济性裁员而解除劳动合同的；

（5）除用人单位维持或者提高劳动合同约定条件续订劳动合同，劳动者不同意续订的情形外，依照《劳动合同法》第44条第1项规定终止固定期限劳动合同的，即劳动合同期限届满而终止劳动合同的；

（6）依照《劳动合同法》第44条第4项、第5项规定终止劳动合同的，即劳动合同因用人单位被依法宣告破产的、用人单位被吊销营业执照、责令关闭、撤销或者用人单位决定提前解散等原因而终止劳动合同的；

（7）法律、行政法规规定的其他情形。

经济补偿按劳动者在本单位工作的年限，每满1年支付1个月工资的标准向劳动者支付。6个月以上不满1年的，按1年计算；不满6个月的，向劳动者支付半个月工资的经济补偿。劳动者月工资高于用人单位所在直辖市、设区的市级人民政府公布的本地区上年度职工月平均工资3倍的，向其支付经济补偿的标准按职工月平均工资3倍的数额支付，向其支付经济补偿的年限最高不超过12年。

案例思考10-2

2018年2月，21岁的小燕被某公司录用为办公文员，公司与小燕签订了为期5年的劳动合同。合同条款中规定，凡是被录用为本公司的员工，不经过公司的批准，在合同期限内不得结婚，否则，公司有权提前解除劳动合同。随后，在2018年6月，小燕与恋人李某结婚，公司以此为由提前解除了劳动合同。在通知中写道：由于小燕违约，公司决定自即日起解除与小燕的劳动合同，小燕应在本月内办理有关工作交接手续，领取本月工资。小燕不服，向当地劳动争议仲裁委员会申请仲裁。

问题：该公司提前解除合同是否合法？为什么？

第三节 劳动用工

学习目标

- 熟悉工作时间和休息休假的种类。
- 理解派遣单位和用工单位的权利和义务。
- 能够掌握特殊情形下的工资支付。

案例导入

2018年，高师傅经人介绍进入郑州某乳品公司从事送奶工作。同年年底，双方签订了奶站站长聘用合同，约定由高师傅负责的奶站工作时间为早上6点至下午6点。2019年6月，乳品公司以欠缴奶款为由对高师傅作出除名决定。但高师傅认为自己每天工作12小时，公司应按规定支付加班工资。高师傅的要求获得了郑州市劳动仲裁委员会的支持。可乳品公司提出异议，认为高师傅从事的是奶站工作，每天不用到乳品公司上班，乳品公司无法为其记考勤，基于工作特殊性对他实行的是不定时工作制，不存在所谓的加班工资。

问题：高师傅要求支付加班工资是否应获得支持？为什么？

一、工作时间

（一）工作时间的概念

工作时间又称劳动时间，是指根据国家法律规定，劳动者在一昼夜和一周内从事劳动的时间。工作时间不限于实际工作时间。工作时间的范围，不仅包括作业时间，还包括准备工作时间、结束工作时间以及法定非劳动消耗时间。其中，法定非劳动消耗时间是指劳动者自然中断的时间、工艺需中断时间、停工待活时间、女职工哺乳婴儿时间、出差时间等。此外，工作时间还包括依据法律、法规或单位行政安排离岗从事其他活动的时间。工作时间的长度由法律直接规定，或由集体合同或劳动合同直接规定。工作时间分为标准工作时间、计件工作时间和其他工作时间。

（二）工作时间的种类

1. 标准工作时间

标准工作时间是指法律规定的在一般情况下普遍适用的，按照正常作息办法安排的工作日和工作周的工时制度。根据《劳动法》第36条和《国务院关于职工工作时间的规定》的有关规定，我国现行的标准工时制度是劳动者每日工作时间不超过8小时，平均每周工作时间不超过40小时。对实行计件工作的劳动者，用人单位应当根据每日工作8小时、每周工作40小时的工时制度，合理确定其劳动定额和计件报酬标准。

2. 非标准工作时间

《劳动法》规定，企业因生产特点不能实行标准工时制的，经劳动行政部门批准，可以实行其他工作和休息办法。主要包括：缩短工作时间、不定时工作制和综合工时制。

缩短工作时间，是指法律规定的在特殊情况下劳动者的工作时间长度少于标准工作时间的工时制度。即每日工作少于8小时。缩短工作时间主要适用于：（1）从事矿山井下、高温、有毒有害、特别繁重或过度紧张等作业的劳动者；（2）从事夜班工作的劳动者；（3）哺乳期内的女职工。

不定时工时制，是指没有固定工作时间的限制，是针对因生产特点、工作性质特殊需要或职责范围的关系，需要连续上班或难以按时上下班，无法适用标准工作时间或需要机动作业的职工而采用的一种工作时间制度。例如：企业中高级管理人员、外勤人员、推销人员、部分值班人员和其他因工作无法按标准工作时间衡量的职工等可以实行不定时工时制。

综合工时制，是指分别以周、月、季、年等为周期综合计算工作时间，但其平均工作时间和平均周工作时间应与法定标准工作时间基本相同。实行综合工时制的有：（1）交通、铁路、邮电、水运、航空、渔业等行业中因工作性质特殊，需连续作业的职工；（2）地质、石油及资源勘探、建筑、制盐、制糖、旅游等受季节和自然条件限制的行业的职工；（3）其他适合实行综合工时制的职工。

（三）工时的延长

根据《劳动法》第41条的规定，用人单位由于生产经营需要，经与工会和劳动者协商后可以延长工作时间，一般每日不得超过1小时；因特殊原因需要延长工作时间的，在保障劳动者身体健康的条件下延长工作时间每日不得超过3小时，但是每月不得超过36小时。用人单位不得违反本法规定延长劳动者的工作时间。

但有下列情形之一的，延长工作时间不受《劳动法》的限制：（1）发生自然灾害、事故或者因其他原因，威胁劳动者生命健康和财产安全，需要紧急处理的；（2）生产设备、交通运输线路、公共设施发生故障，影响生产和公众利益，必须及时抢修的；（3）法律、行政法规规定的其他情形。

二、休息休假

（一）休息休假的概念

休息休假又称休息时间，是指劳动者在国家规定的法定工作时间外自行支配的时间，包括劳动者工作日内休息的时间、工作日之间休息的时间、工作周之间休息的时间、法定的节假日、年休假、探亲假等。

国家规定休息休假制度主要是为了实现公民享有的休息权，保障劳动者劳逸结合，有充分的工作精力，更好地从事社会主义建设；同时保证劳动者有必要的时间料理家务，教育子女，改善健康状况和生活环境等；保证劳动者有更多的机会参加科学技术学习，提高自身的业务水平和综合素质。

（二）休息休假的种类

1. 工作日内的间歇时间

每个工作日内，为了减少劳动者的疲劳和紧张状态，给予劳动者必要的休息和用餐时间（即午休时间）。一般为1小时，不得少于半小时。实行轮班制的单位，在调换班次时，不得使劳动者连续工作两班。

2. 周公休假日

根据《劳动法》第38条的规定，用人单位应当保证劳动者每周至少休息一日。即用人单位必须保证劳动者每周至少一次24小时不间断的休息。

3. 法定节假日

根据《全国年节及纪念日放假办法》的规定，全体公民放假的节日：（1）新年，放假1天（1月1日）；（2）春节，放假3天（农历正月初一、初二、初三）；（3）清明节，放假1天（农历清明当日）；（4）劳动节，放假1天（5月1日）；（5）端午节，放假1天（农历端午当日）；（6）中秋节，放假1天（农历中秋当日）；（7）国庆节，放假3天（10月1日、2日、3日）。

部分公民放假的节日及纪念日：（1）妇女节（3月8日），妇女放假半天；（2）青年节（5月4日），14周岁以上的青年放假半天；（3）儿童节（6月1日），不满14周岁的少年儿童放假1天；（4）中国人民解放军建军纪念日（8月1日），现役军人放假半天。

全体公民放假的假日，如果适逢星期六、星期日，应当在工作日补假。部分公民放假的假日，如果适逢星期六、星期日，则不补假。

4. 年休假

年休假是指劳动者每年享受的一定期限的带薪休假。根据《职工带薪年休假条例》的规定，机关、团体、企业、事业单位、民办非企业单位、有雇工的个体工商户等单位的职工连续工作1年以上的，享受带薪年休假（以下简称年休假）。单位应当保证职工享受年休假。职工在年休假期间享受与正常工作期间相同的工资收入。职工累计工作已满1年不满10年的，年休假5天；已满10年不满20年的，年休假10天；已满20年的，年休假15天。国家法定休假日、休息日不计入年休假的假期。

年休假在1个年度内可以集中安排，也可以分段安排，一般不跨年度安排。单位因生产、工作特点确有必要跨年度安排职工年休假的，可以跨1个年度安排。单位确因工作需要不能安排职工休年休假的，经职工本人同意，可以不安排职工休年休假。对职工应休未休的年休假天数，单位应当按照该职工日工资收入的300%支付年休假工资报酬。

职工有下列情形之一的，不享受当年的年休假：(1) 职工依法享受寒暑假，其休假天数多于年休假天数的；(2) 职工请事假累计20天以上且单位按照规定不扣工资的；(3) 累计工作满1年不满10年的职工，请病假累计2个月以上的；(4) 累计工作满10年不满20年的职工，请病假累计3个月以上的；(5) 累计工作满20年以上的职工，请病假累计4个月以上的。

5. 探亲假

探亲假，是指职工享有保留工作岗位和工资而同分居两地、又不能在公休假日团聚的配偶或父母团聚的假期。根据《国务院关于职工探亲待遇的规定》，享受探亲假必须具备以下条件：(1) 只有在国家机关、人民团体和全民所有制企业、事业单位工作的职工才可以享受探亲假待遇。(2) 工作满一年。(3) 一是与配偶不住在一起，又不能在公休假日团聚的，可以享受探望配偶的待遇；二是与父亲、母亲都不住在一起，又不能在公休假日团聚的，可以享受探望父母的待遇。“不能在公休假日团聚”是指不能利用公休假日在家居住一夜和休息半个白天。职工与父亲或与母亲一方能够在公休假日团聚的，不能享受本规定探望父母的待遇。学徒、见习生、实习生在学习、见习、实习期间不能享受探亲假。

探亲假期分为以下几种：(1) 探望配偶，每年给予一方探亲假一次，30天；(2) 未婚员工探望父母，每年给假一次，20天，也可根据实际情况，2年给假一次，45天；(3) 已婚员工探望父母，每4年给假一次，20天。探亲假期是指职工与配偶、父、母团聚的时间，另外，根据实际需要给予路程假。上述假期均包括公休假日和法定节日在内。(4) 凡实行休假制度的职工（例如学校的教职工），应该在休假期间探亲；如果休假期较短，可由本单位适当安排，补足其探亲假的天数。

6. 产假

产假，是指在职妇女产期前后的休假待遇。法律规定，女职工生育享受不少于98天的产假。难产的，增加产假15天；生育多胞胎的，每多生育1个婴儿，增加产假15天；怀孕未满4个月流产的，享受15天产假；怀孕满4个月流产的，享受42天产假。我国实施“全面放开二胎”政策后，各省不同程度上延长了产假时间，基本上都不少于128天。

职业女性在休产假期间，用人单位不得降低其工资、辞退或者以其他形式解除劳动合同。职业女性休产假享受生育保险待遇，由社保统筹基金报销相关医疗费和发放生育津贴；职业女性没有参加生育保险的，由用人单位承担。

7. 婚丧假

婚丧假，是指劳动者本人结婚以及劳动者的直系亲属死亡时依法享受的假期。职工本人结婚时，企业应该根据具体情况，酌情给予1～3天的婚假。如果夫妻双方不在同一地方工作，一方需要去对方所在地点结婚，企业还应该根据实际需要，另外给予职工路程假。在职工休婚假和路程假期间，企业应该照发工资。

丧假享有的条件是，职工的直系亲属死亡。所谓直系亲属，是指职工的父母、配偶、子女。职工的直系亲属（父母、配偶、子女）死亡时，可以根据具体情况，由本单位行政领导批准，酌情给予1～3天的丧假。

三、工资制度

（一）工资的概念

工资是指用人单位按照劳动者的工作数量和质量，以货币形式支付的劳动报酬。用人单位承担或者支付给员工的下列费用不属于工资：（1）社会保险费；（2）劳动保护费；（3）福利费；（4）解除劳动关系时支付的一次性补偿费；（5）计划生育费用；（6）其他不属于工资的费用。用人单位根据本单位的生产经营特点和经济效益，依法自主确定本单位的工资分配方式和工资水平。工资分配应当遵循按劳分配为主的原则，实行同工同酬。工资水平在经济发展的基础上逐步提高。

（二）工资的形式

我国现行的工资形式主要有计时工资、计件工资两种基本形式，以及奖金、津贴和补贴辅助形式。

1. 计时工资

计时工资是指按计时工资标准和工作时间支付给个人的劳动报酬。计时工资是按劳动者技术熟练程度、劳动繁重程度等标准确定的。包括：对已做工作按计时工资标准支付的工资；实行结构工资制的单位支付给职工的基础工资和职务（岗位）工资；新参加工作职工的见习工资。计时工资可以分为月工资制、日工资制、小时工资制三种。

2. 计件工资

计件工资是指按照劳动者提供的合格产品数量和规定的计件单价支付的劳动报酬。包括：实行超额累进计件、直接无限计件、限额计件、超定额计件等工资制，按劳动部门或主管部门批准的定额和计件单价支付给个人的工资；按工会任务包干方法支付给个人的工资；按营业额提成或利润提成办法支付给个人的工资。

3. 奖金

奖金是指支付给职工的超额劳动报酬和增收节支的劳动报酬。包括：生产奖，节约奖，劳动竞赛奖，机关、事业单位的奖励工资，其他奖金。

4. 津贴和补贴

津贴和补贴是指为了补偿职工特殊劳动条件下或额外的劳动消耗和因其他特殊原因支付给职工的津贴，以及为了保证职工工资水平不受物价影响支付给职工的物价补贴。津贴包括：补偿职工特殊或额外劳动消耗的津贴、保健性津贴、技术性津贴及其他津贴。物价补贴包括：为保证职工工资水平不受物价上涨或变动影响而支付的各种补贴。

5. 特殊情况下支付的工资

特殊情况下支付的工资包括：根据国家法律、法规和政策规定，因病、工伤、产假、计划生育假、婚丧假、事假、探亲假、定期休假、停工学习、执行国家或社会义务等原因按计时工资标准或计时工资标准的一定比例支付的工资。

（三）最低工资制度

最低工资是指由国家法律明文规定的，当劳动者在法定的工作时间或依法签订的劳动合同约定的工作时间内提供了正常劳动的前提下，用人单位依法在最低限度内应当支付的、足以维持职工及其平均供养人口基本生活需要的工资，即工资的法定最低限额。它不包括加班加点工资，夜班、高温、低温、井下、有毒等特殊条件下的津贴以及法律法规和国家规定的劳动者享受的福利待遇。

最低工资制度还是一项社会保障制度，保障劳动者个人及其家庭成员的基本生活需要，维持劳动力的再生产。实施最低工资制度，不仅有利于维护我国社会主义市场经济秩序，规范企业在工资分配中的行为，而且有利于保护劳动者的合法权益，促进社会和谐稳定发展，促使企业工资调整走上法制化的道路。国家实行最低工资保障制度。

最低工资的具体标准由省、自治区、直辖市人民政府规定，报国务院备案。用人单位支付劳动者的工资不得低于当地最低工资标准。确定和调整最低工资标准应当综合参考下列因素：（1）劳动者本人及平均赡养人口的最低生活费用；（2）社会平均工资水平；（3）劳动生产率；（4）就业状况；（5）地区之间经济发展水平的差异。

（四）工资支付保障

工资应当以货币形式按月支付给劳动者本人，用人单位不得克扣或者无故拖欠劳动者的工资。劳动者在法定休假日和婚丧假期间以及依法参加社会活动期间，用人单位应当依法支付工资。

有下列情形之一的，用人单位应当按照下列标准支付高于劳动者正常工作时间工资的工资报酬：（1）安排劳动者延长工作时间的，支付不低于工资的 150%的工资报酬；（2）休息日安排劳动者工作又不能安排补休的，支付不低于工资的 200%的工资报酬；（3）法定休假日安排劳动者工作的，支付不低于工资的 300%的工资报酬。休假期间，工资、福利待遇照发。

四、劳务派遣

劳务派遣又称人才派遣、劳动力租赁，是指由劳务派遣机构与劳动者订立劳动合同，由要派企业（实际用工单位）向劳动者给付劳务报酬，劳动合同关系存在于劳务派遣机构与被派遣劳动者之间，但劳动力给付的事实则发生于劳动者与要派企业（实际用工单位）之间。劳务派遣由劳务派遣单位、劳动者和实际用工单位三方当事人组成。

劳务派遣用工是补充形式，只能在临时性、辅助性或者替代性的工作岗位上实施。其中，临时性工作岗位是指存续时间不超过 6 个月的岗位；辅助性工作岗位是指为主营业务岗位提供服务的非主营业务岗位；替代性工作岗位是指用工单位的劳动者因脱产学习、休假等原因无法工作的一定期间内，可以由其他劳动者替代工作的岗位。另外，用工单位应当严格控制劳务派遣用工数量，不得超过其用工总量的一定比例，具体比例由国务院劳动行政部门规定。

（一）劳务派遣中的法律关系

（1）劳务派遣单位与实际用工单位是劳务派遣关系。

（2）劳务派遣单位与劳动者是劳动关系。

（3）劳动者与实际用工单位是劳务服务关系。

（二）劳务派遣单位的设立及义务

1. 劳务派遣单位的设立

劳务派遣单位应当依照《公司法》的有关规定设立，注册资本不得少于200万元。经营劳务派遣业务，应当向劳动行政部门依法申请行政许可；经许可的，依法办理相应的公司登记。未经许可，任何单位和个人不得经营劳务派遣业务。

2. 劳务派遣单位的义务

（1）劳务派遣单位应当与被派遣劳动者订立2年以上的固定期限劳动合同，按月支付劳动报酬；被派遣劳动者在无工作期间，劳务派遣单位应当按照所在地人民政府规定的最低工资标准，向其按月支付报酬。

（2）劳务派遣单位派遣劳动者应当与实际用工单位订立劳务派遣协议。劳务派遣协议应当约定派遣岗位和人员数量、派遣期限、劳动报酬和社会保险费的数额与支付方式以及违反协议的责任。

实际用工单位应当根据工作岗位的实际需要与劳务派遣单位确定派遣期限，不得将连续用工期限分割订立数个短期劳务派遣协议。

（3）劳务派遣单位应当将劳务派遣协议的内容告知被派遣劳动者。劳务派遣单位不得克扣用工单位按照劳务派遣协议支付给被派遣劳动者的劳动报酬。劳务派遣单位和用工单位不得向被派遣劳动者收取费用。

（三）实际用工单位的义务

（1）执行国家劳动标准，提供相应的劳动条件和劳动保护；

（2）告知被派遣劳动者的工作要求和劳动报酬；

（3）支付加班费、绩效奖金，提供与工作岗位相关的福利待遇；

（4）对在岗被派遣劳动者进行工作岗位所必需的培训；

（5）连续用工的，实行正常的工资调整机制。

用工单位不得将被派遣劳动者再派遣到其他用人单位。

（四）被派遣劳动者的权利

1. 被派遣劳动者享有与实际用工单位劳动者同工同酬的权利

用工单位应当按照同工同酬原则，对被派遣劳动者与本单位同类岗位的劳动者实行相同的劳动报酬分配办法。用工单位无同类岗位劳动者的，参照用工单位所在地相同或者相近岗位劳动者的劳动报酬确定。劳务派遣单位与被派遣劳动者订立的劳动合同和与用工单位订立的劳务派遣协议，载明或者约定的向被派遣劳动者支付的劳动报酬应当符合该规定。

2. 被派遣劳动者享有参加工会的权利

被派遣劳动者有权在劳务派遣单位或者实际用工单位依法参加或者组织工会，维护自身的合法权益。

3. 被派遣劳动者享有解除劳动合同的权利

被派遣劳动者可以依照《劳动合同法》第 36 条、第 38 条的规定与劳务派遣单位解除劳动合同。

被派遣劳动者有《劳动合同法》第 39 条和第 40 条第 1 项、第 2 项规定情形的，用工单位可以将劳动者退回劳务派遣单位，劳务派遣单位依照《劳动合同法》有关规定，可以与劳动者解除劳动合同。

案例思考10-3

苏阿姨是某家政公司的员工，受公司指派到某私营企业做保洁服务。在擦窗户玻璃时，她一不小心从办公室的窗台上跌倒在地板上，导致手部骨折。该企业老板及时将她送到医院治疗，但拒绝支付医疗费。苏阿姨找家政公司要医疗费，不料家政公司老板却说："你是为那家企业打扫卫生时受的伤，可以找他们索赔。"而该私营企业老板却认为自己已经支付了保洁费，且已及时将苏阿姨送到了医院，可以说是仁至义尽了。两单位对于医疗费互相踢皮球，都表示不予支付。

问题：苏阿姨的医疗费该由哪家单位承担？

第四节 劳动保护

学习目标

- 熟悉劳动保护中用人单位和劳动者的义务。
- 掌握社会保险的种类。
- 能够根据所学知识认定工伤。

案例导入

2015 年 5 月 15 日 18 时左右，孙某下班后，准备回父母家过周末，在顺道去超市买菜途中行驶至某路段处发生了交通事故，致孙某当场死亡。经公安局交警大队出具《道路交通事故认定书》认定，孙某在本次事故中无责任。之后，孙某母亲向人社局申请认定工伤，要求单位及社保中心对其进行赔偿。但孙某所在单位不认为其属于工伤认定的情形，二者发生纠纷诉至法院。

问题：孙某能否获得工伤待遇？

一、劳动安全卫生制度

劳动安全卫生制度，又称劳动保护，是国家和单位为保护劳动者在劳动生产过程中的安全和健康所采取的立法、组织和技术措施的总称。劳动保护的目的是为劳动者创造安全、卫生、舒适的劳动工作条件，消除和预防劳动生产过程中可能发生的劳动保护伤亡、职业病和急性职业中毒，保障劳动者以健康的劳动力参加社会生产，促进劳动生产率的提高，保证社会主义现代化建设顺利进行。

（一）劳动安全卫生制度对用人单位的要求

用人单位必须建立、健全劳动安全卫生制度，严格执行国家劳动安全卫生规程和标准，对劳动者进行劳动安全卫生教育，防止劳动过程中的事故，减少职业危害。劳动安全卫生设施必须符合国家规定的标准。新建、改建、扩建工程的劳动安全卫生设施必须与主体工程同时设计、同时施工、同时投入生产和使用。用人单位必须为劳动者提供符合国家规定的劳动安全卫生条件和必要的劳动防护用品，对从事有职业危害作业的劳动者应当定期进行健康检查。

（二）劳动安全卫生制度对劳动者的要求

从事特种作业的劳动者必须经过专门培训并取得特种作业资格。劳动者在劳动过程中必须严格遵守安全操作规程。劳动者对用人单位管理人员违章指挥、强令冒险作业，有权拒绝执行；对危害生命安全和身体健康的行为，有权提出批评、检举和控告。

（三）伤亡事故和职业病统计报告和处理制度

国家建立伤亡事故和职业病统计报告和处理制度。县级以上各级人民政府劳动行政部门、有关部门和用人单位应当依法对劳动者在劳动过程中发生的伤亡事故和劳动者的职业病状况，进行统计、报告和处理。

二、女职工、未成年工特殊劳动保护

（一）国家对女职工实行特殊劳动保护

国家对女职工实行特殊劳动保护：（1）禁止安排女职工从事矿山井下、国家规定的第四级体力劳动强度的劳动和其他禁忌从事的劳动；（2）不得安排女职工在经期从事高处、低温、冷水作业和国家规定的第三级体力劳动强度的劳动；（3）不得安排女职工在怀孕期间从事国家规定的第三级体力劳动强度的劳动和孕期禁忌从事的劳动；（4）对怀孕 7 个月以上的女职工，不得安排其延长工作时间和夜班劳动；（5）女职工生育享受不少于 128 天的产假；(6) 不得安排女职工在哺乳未满1周岁的婴儿期间从事国家规定的第三级体力劳动强度的劳动和哺乳期禁忌从事的其他劳动，不得安排其延长工作时间和夜班劳动。

(二) 国家对未成年工实行特殊劳动保护

未成年工是指年满16周岁未满18周岁的劳动者。国家对未成年工实行特殊劳动保护：(1) 不得安排未成年工从事矿山井下、有毒有害、国家规定的第四级体力劳动强度的劳动和其他禁忌从事的劳动；(2) 用人单位应当对未成年工定期进行健康检查。

三、社会保险

(一) 社会保险的概念和特征

社会保险是指国家通过立法实施的，对遭遇年老、疾病、失业、生育、因公致残或患职业病等社会风险的社会成员和劳动者提供一定物质补偿或帮助的社会保障制度。社会保险是一种再分配制度，它的目标是保证物质及劳动力的再生产和社会的稳定。社会保险的主要项目包括养老保险、医疗保险、工伤保险、生育保险、失业保险。

社会保险具有以下特征：

(1) 保障性：指保障劳动者的基本生活。

(2) 普遍性：社会保险覆盖所有社会劳动者。

(3) 互助性：利用参加保险者的合力，帮助某个遇到风险的人，互助互济，满足急需。

(4) 强制性：由国家立法限定，强制用人单位和职工参加。

(5) 福利性：社会保险是一种政府行为，不以营利为目的。

(二) 社会保险的分类

1. 养老保险

养老保险，又称老年社会保险或年金保险，是指在劳动者达到法定退休年龄并从事某种劳动达到法定年限后，由国家和社会依法给予一定的物质帮助，以维持其老年生活的一种社会保险法律制度。

(1) 养老保险的特征。

1) 劳动者达到法定退休年龄，并从事某种劳动达到法定年限；

2) 劳动者被依法解除法定劳动义务是享受养老保险的事实前提；

3) 国家和社会依法提供一定物质帮助给被解除劳动义务的劳动者，以维持其老年生活是养老保险的宗旨；

4) 养老保险是适用范围最为广泛的社会保险项目。

(2) 养老保险的适用范围。

1) 企业职工；

2) 灵活就业人员；

3) 事业单位职工；

4) 公务员和参照《公务员法》管理的工作人员。

(3) 我国基本养老保险的筹资方式和缴费比例。

1) 用人单位的缴费基数和缴费比例。用人单位缴纳基本养老保险费的比例，一般不超过企业工资总额的20%，具体比例由省、自治区、直辖市人民政府确定。根据人力资源和社会保障部、财政部《关于阶段性降低社会保险费率的通知》：从2016年5月1日起，企业职工基本养老保险单位缴费比例超过20%的省（区、市），将单位缴费比例降至20%；单位缴费比例为20%且2015年底企业职工基本养老保险基金累计结余可支付月数高于9个月的省（区、市），可以阶段性将单位缴费比例降低至19%，降低费率的期限暂按两年执行。

2018年4月20日人力资源和社会保障部、财政部《关于继续阶段性降低社会保险费率的通知》规定：阶段性执行19%的单位缴费比例延续至2019年4月30日。具体方案由各省（区、市）研究确定。

2019年4月1日，国务院办公厅印发《降低社会保险费率综合方案》，明确自2019年5月1日起，降低城镇职工基本养老保险（包括企业和机关事业单位基本养老保险，以下简称养老保险）单位缴费比例。各省、自治区、直辖市及新疆生产建设兵团（以下统称省）养老保险单位缴费比例高于16%的，可降至16%；目前低于16%的，要研究提出过渡办法。

2) 职工个人的缴费基数和缴费比例。职工个人一般按照本人缴费工资的8%缴费，记入个人账户。

个体工商户和灵活就业人员的缴费基数和缴费比例。《降低社会保险费率综合方案》同时完善了个体工商户和灵活就业人员的缴费基数政策。个体工商户和灵活就业人员参加企业职工基本养老保险，可以在本省全口径城镇单位就业人员平均工资的60%至300%之间选择适当的缴费基数。所谓本省全口径城镇单位就业人员平均工资是指，各省应以本省城镇非私营单位就业人员平均工资和城镇私营单位就业人员平均工资加权计算的全口径城镇单位就业人员平均工资。

国有企业、事业单位职工参加基本养老保险前，视同缴费年限期间应当缴纳的基本养老保险费由政府承担。

(4) 养老保险金的发放。

所在单位和个人依法参加了养老保险并履行了养老保险的缴费义务，达到法定退休年龄，个人缴费满15年的，按月领取基本养老金。缴费不足15年的人员可以缴费至满15年，按月领取基本养老金；也可以转入新型农村社会保险或者城镇居民社会养老保险，按照国务院规定享受相应的养老保险待遇。

阅读资料

退休年龄延长

2012年7月，人力资源和社会保障部社会保障研究所所长何平提出，我国应逐步延长退休年龄，建议到2045年不论男女，退休年龄均为65岁。现行退休年龄：

(1) 干部。党政机关、群众团体、企业、事业单位的干部符合下列条件之一的，都可以退休：

1) 男年满60周岁，女年满55周岁，参加革命工作年限满10年的；

2）男年满50周岁，女年满45周岁，参加革命工作年限满10年，经过医院证明完全丧失工作能力的；

3）因工致残，经过医院证明完全丧失工作能力的。

（2）工人。全民所有制企事业单位、机关群众团体工人符合下列条件之一的，应该退休：

1）男年满60周岁，女年满50周岁，连续工龄满10年的。

2）从事井下、高空、高温、特别繁重体力劳动或者其他有害身体健康的工作，男年满55周岁，女年满45周岁，连续工龄满10年的，本项规定也适用于工作条件与工人相同的基层干部。

3）男年满50周岁，女年满45周岁，连续工龄满10年的，由医院证明，并经过劳动鉴定委员会确认，完全丧失劳动能力的。

4）因工致残。由医院证明，并经劳动鉴定委员会确认，完全丧失劳动能力。

（3）自谋职业者。城镇个体工商户等自谋职业者、农民合同制工人以及采取各种灵活方式就业人员在男年满60周岁、女年满55周岁时，累计缴费年限满15周年的，可按规定领取基本养老金。

2. 医疗保险

（1）医疗保险的概念。

医疗保险制度，又称疾病保险、疾病津贴等，是指劳动者由于患病或非因工负伤后，由社会提供医疗服务或经济补偿的社会保险制度。

（2）医疗保险的覆盖范围和缴费方式。

1）覆盖范围：

城镇所有用人单位及其职工都要参加基本医疗保险，包括企业、机关、事业单位、社会团体、民办非企业单位及其职工。

2）缴费方式：

基本医疗保险费由用人单位和职工双方共同负担，用人单位缴费比例一般控制在职工工资总额的6%左右，职工缴费比例一般为本人工资收入的2%。

（3）职工基本医疗保险的待遇标准。

职工基本医疗保险的统筹基金和个人账户按照各自的支付范围，分别核算，不得互相挤占。

个人账户，用于支付门诊费用、住院费用中个人自付部分以及在定点药店购物费用。

统筹基金，用于支付住院医疗和部分门诊大病费用。

（4）享受基本医疗保险待遇的条件。

达到缴费年限。目前，国家对最低缴费年限尚无统一规定，由各统筹地区根据本地情况自行确定，一般为达到退休年龄时，男职工30年，女职工25年。经济较发达统筹地区规定的缴费年限比较短。

参保职工退休时未达到国家规定的缴费年限的，可以缴费至国家规定的年限。

3. 工伤保险

工伤保险是指劳动者在生产工作中因意外事故或职业病致伤、致病、致残、死亡时依法所享有的社会保险。

(1) 工伤保险的参保范围：

1) 企业，包括法人企业和非法人企业；

2) 有雇工的个体工商户；

3) 事业单位、社会团体、基金会和民办非企业单位；

4) 灵活就业人员。

(2) 保险费的承担主体：工伤保险实行用人单位单方缴费制度，用人单位为本单位职工缴纳工伤保险费，职工不缴纳工伤保险费。

(3) 保险费率：工伤保险缴费比例根据各行业工伤风险类别和工伤事故及职业病的发生频率实行行业差别费率和浮动费率。根据工伤风险程度，对行业划分为三类：一类为风险较小行业，如证券业、银行业、保险业等；二类为中等风险行业，如房地产业、环境管理业、娱乐业、农副食品加工业等；三类为风险较大行业，如炼焦及核心燃料加工业、石油加工、化学原料及化学制品制造业等。

三类行业的基准费率分别为用人单位职工工资总额0.5%、1.0%、2.0%。工伤保险平均费率为0.75%。

(4) 享受工伤保险待遇的条件：

1) 工作原因工伤。①在工作时间和工作场所内，因工作原因受到事故伤害的；②工作时间前后在工作场所内，从事与工作有关的预备性或者收尾性工作受到事故伤害的；③在工作时间和工作场所内，因履行工作职责受到暴力等意外伤害的；④因工外出期间，由于工作原因受到伤害或者发生事故下落不明的；⑤在上下班途中，受到非本人主要责任的交通事故或者城市轨道交通、客运轮渡、火车事故伤害的；⑥法律、行政法规规定应当认定为工伤的其他情形。

2) 视同工伤。①在工作时间和工作岗位，突发疾病死亡或者在48小时之内经抢救无效死亡的；②在抢险救灾等维护国家利益、公共利益活动中受到伤害的；③职工原在军队服役，因战、因公负伤致残，已取得革命伤残军人证，到用人单位后旧伤复发的。

3) 患职业病的。当职业性有害因素作用于人体的强度与时间超过一定限度时，人体不能代偿其所造成的功能性或器质性病理改变，从而出现相应的临床症状，影响劳动能力，这类疾病统称为职业病。根据我国政府的规定：凡诊断为法定职业病的必须向主管部门报告；凡属法定职业病者，在治疗和休假期间及在确定为伤残或治疗无效而死亡时，应按劳动保险法律法规有关规定给予劳保待遇。

(5) 不予认定工伤的情形：根据《中华人民共和国社会保险法》(以下简称《社会保险法》) 第37条的规定，职工因下列情形之一导致本人在工作中伤亡的，不认定为工伤：故意犯罪、醉酒或者吸毒、自残或者自杀和法律、行政法规规定的其他情形。

4. 生育保险

生育保险，是指国家通过立法强制实施的，在女职工因怀孕、分娩、哺乳而暂时中止劳动时，从国家和社会获得物质帮助的一项社会保险制度。参加生育保险，用人单位缴纳参保费，职工个人不用缴纳任何费用。用人单位缴纳的参保费，按照本单位职工工资总额的一定比例计算，一般不超过0.5%。

（1）享受生育保险待遇的范围。

享受生育保险待遇的范围包括参保的职工以及参保职工的未就业配偶。《社会保险法》第54条规定："用人单位已经缴纳生育保险费的，其职工享受生育保险待遇；职工未就业配偶按照国家规定享受生育医疗费用待遇。所需资金从生育保险基金中支付。生育保险待遇包括生育医疗费用和生育津贴。"

（2）生育保险待遇的内容。

1）生育医疗费用，包括女职工因怀孕、生育发生的检查费、接生费、手术费、住院费、药费和计划生育手术费。

2）生育津贴，是指根据国家法律、法规规定对职业妇女因生育而离开工作岗位期间，给予的生活费用。在实行生育保险社会统筹的地区，由生育保险基金按本单位上年度职工月平均工资的标准支付，支付期限一般与产假期限相一致。

5. 失业保险

失业保险，是指保障劳动者失业期间的基本生活，促进其再就业的一种社会保险制度。

（1）失业保险的参保范围。

《失业保险条例》规定将城镇所有企业、事业单位及其职工都纳入失业保险的范围，并且规定各省级人民政府可以确定社会团体及其专职人员、民办非企业单位及其职工、城镇有雇工的个体工商户及其雇工可否纳入失业保险范围。目前，公务员和参照《公务员法》管理的工作人员未纳入失业保险范围。

（2）失业保险费负担。

城镇企业事业单位按照本单位工资总额的2%缴纳失业保险费，职工按照本人工资的1%缴纳失业保险费。根据人力资源和社会保障部、财政部《关于阶段性降低社会保险费率的通知》：从2016年5月1日起，失业保险总费率在2015年已降低1个百分点的基础上可以阶段性降至1%～1.5%，其中个人费率不超过0.5%，降低费率的期限暂按两年执行。具体方案由各省（区、市）确定。

为降低单位缴费成本，2018年4月20日人力资源和社会保障部、财政部《关于继续阶段性降低社会保险费率的通知》规定：实施失业保险总费率1%的省（区、市），延长阶段性降低费率的期限至2019年4月30日。具体方案由各省（区、市）研究确定。

为进一步减轻企业社保缴费成本，2019年4月1日，国务院办公厅印发《降低社会保险费率综合方案》，明确自2019年5月1日起，实施失业保险总费率1%的省，延长阶段性降低失业保险费率的期限至2020年4月30日。工伤保险基金累计结余可支付月数在18至23个月的统筹地区可以现行费率为基础下调20%，累计结余可支付月数在24个月以上的统筹地区可以现行费率为基础下调50%。

失业保险基金由下列各项构成：城镇企业事业单位及其职工缴纳的失业保险费、失业保险基金的利息、财政补贴、依法纳入失业保险基金的其他资金。

(3) 领取失业保险金的条件。

《社会保险法》第 45 条规定，失业人员符合下列条件的，从失业保险基金中领取失业保险金：失业前用人单位和本人已经缴纳失业保险费满一年的；非因本人意愿中断就业的；已经进行失业登记，并有求职要求的。

(4) 失业保险金标准。

《社会保险法》第 47 条规定：失业保险金的标准，由省、自治区、直辖市人民政府确定，不得低于城市居民最低生活保障标准。目前，各省级人民政府大多采用以当地最低工资标准的百分比来确定失业保险金的具体数额。失业保险金的标准应低于当地最低工资标准，高于城市居民最低生活保障标准的水平。

案例思考10-4

2017 年 3 月，马某与一煤矿签订了一份合同，合同规定，在合同期间发生意外事故，不论什么原因，煤矿概不负责。两个月后，矿井大面积倒塌，马某受重伤。马某家属要求煤矿支付医疗费，但煤矿以合同规定为由，拒不支付医疗费。马某及其家属诉诸法院。

问题：本案该如何处理？

第五节 劳动监察与劳动争议处理

学习目标

- 熟悉劳动监察的对象和范围。
- 掌握劳动争议的范围。
- 能够选择合适方式解决劳动争议。

案例导入

霍某系某超市员工，入职时便与公司签订了劳动合同。2016 年 2 月，由于工作时和同事发生口角，下班后再次发生争执，霍某不慎将同事的鼻梁打裂，被判刑罚免除处罚。同年 4 月，该超市以霍某被法院判处故意伤害罪为由解除了与霍某的劳动合同，并决定不予支付任何经济补偿金。

霍某收到书面通知后，对超市解除劳动合同的决定不服，向当地劳动争议仲裁委员会提出劳动仲裁申请，要求超市撤销解除劳动合同的决定，恢复与其的劳动关系。

问题：本案双方争议是否属于劳动争议？仲裁委员会是否会支持霍某的申请？依据是什么？

一、劳动监察

（一）劳动监察的概念

劳动监察是指依法享有劳动监察权的专门机构，对用人单位执行劳动法律、法规的整个过程进行监督、检查，并对违法行为予以行政处理或处罚的活动的总称。劳动监察具有法定性、行政性、专门性。

（二）劳动监察的对象和范围

劳动监察的对象是劳动监察所针对的用人单位。劳动监察的范围主要包括：用人单位招聘员工，订立、变更和解除劳动合同的情况；用人单位遵守国家规定的工作时间、工资支付、社会保险的情况；用人单位制定劳动管理规章制度的情况；用人单位遵守女职工和未成年工的特殊劳动保护的情况；职业技能培训机构、社会劳务中介机构等遵守国家有关规定的情况；法律、法规、规章规定的其他劳动保障监察事项。

（三）劳动监察的主体

根据《劳动法》的规定，县级以上各级人民政府劳动行政部门可以依法对用人单位遵守劳动法律、法规的情况进行监督检查，对违反劳动法律、法规的行为有权制止，可责令改正。可以对违法行为予以处罚，任何单位和劳动者均有权对违反劳动法律的行为向劳动监察机构举报。劳动监察职责的实施者为劳动监察大队。

通过监察执法检查和法律宣传，能够有效预防和减少违法案件的发生，促使用人单位和劳动者建立和谐稳定的劳动关系，进而维护劳动者的合法权益及调动劳动者的积极性。

二、劳动争议

（一）劳动争议的概念和特征

劳动争议又称劳动纠纷，是指劳动关系双方当事人因执行劳动法律、法规或履行劳动合同发生的纠纷。劳动争议具有以下几方面的特征：

（1）劳动争议主体一方为用人单位，另一方必须是劳动者；

（2）劳动争议主体之间必须存在劳动关系；

（3）劳动争议是在劳动关系存续期间发生的；

（4）劳动争议的内容必须与劳动权利义务有关。

（二）劳动争议的范围

《中华人民共和国劳动争议调解仲裁法》（以下简称《劳动争议调解仲裁法》）第 2 条规定，劳动争议的范围包括：

（1）因确认劳动关系发生的争议；

（2）因订立、履行、变更、解除和终止劳动合同发生的争议；

(3) 因除名、辞退和辞职、离职发生的争议;

(4) 因工作时间、休息休假、社会保险、福利、培训以及劳动保护发生的争议;

(5) 因劳动报酬、工伤医疗费、经济补偿或者赔偿金等发生的争议;

(6) 法律、法规规定的其他劳动争议。

(三) 劳动争议的解决途径

《劳动法》第77条规定:用人单位与劳动者发生劳动争议,当事人可以依法申请调解、仲裁、提起诉讼,也可以协商解决。根据这一规定,解决劳动争议的途径有:协商、调解、仲裁和诉讼。

劳动争议发生后,当事人可以向本单位劳动争议调解委员会申请调解;调解不成,当事人一方要求仲裁的,可以向劳动争议仲裁委员会申请仲裁。当事人一方也可以直接向劳动争议仲裁委员会申请仲裁。对仲裁裁决不服的,可以向人民法院提起诉讼。

1. 协商

劳动争议发生后,当事人应当协商解决,协商一致后,双方可达成和解协议,但和解协议无必须履行的法律效力,而是由双方当事人自觉履行。协商不是处理劳动争议的必经程序,当事人不愿协商或协商不成,可以向本单位劳动争议调解委员会申请调解或向劳动争议仲裁委员会申请仲裁。

2. 调解

根据《劳动争议调解仲裁法》的规定,发生劳动争议,当事人可以到下列调解组织申请调解:

(1) 企业劳动争议调解委员会;

(2) 依法设立的基层人民调解组织;

(3) 在乡镇、街道设立的具有劳动争议调解职能的组织。

经调解达成协议的,应当制作调解协议书。调解协议书由双方当事人签名或者盖章,经调解员签名并加盖调解组织印章后生效,对双方当事人具有约束力,当事人应当履行。自劳动争议调解组织收到调解申请之日起15日内未达成调解协议的,当事人可以依法申请仲裁。达成调解协议后,一方当事人在协议约定期限内不履行调解协议的,另一方当事人可以依法申请仲裁。

3. 仲裁

根据《劳动争议调解仲裁法》的规定,劳动争议发生后,当事人任何一方都可以直接向劳动争议仲裁委员会申请仲裁。劳动争议申请仲裁的时效期间为1年。仲裁时效期间从当事人知道或者应当知道其权利被侵害之日起计算。劳动关系存续期间因拖欠劳动报酬发生争议的,劳动者申请仲裁的时效期间不受1年限制;但是劳动关系终止的,应当自劳动关系终止之日起1年内提出。劳动争议仲裁委员会收到仲裁申请之日起5日内,认为符合受理条件的,应当受理,并通知申请人;认为不符合受理条件的,应当书面通知申请人不予受理,并说明理由。对劳动争议仲裁委员会不予受理或者逾期未作出决定的,申请人可以就该劳动争议事项向人民法院提起诉讼。

当事人申请劳动争议仲裁后,可以自行和解。达成和解协议的,可以撤回仲裁申请。

仲裁庭在作出裁决前，应当先行调解。调解达成协议的，仲裁庭应当制作调解书。调解书应当写明仲裁请求和当事人协议的结果。调解书由仲裁员签名，加盖劳动争议仲裁委员会印章，送达双方当事人。调解书经双方当事人签收后，发生法律效力。调解不成或者调解书送达前，一方当事人反悔的，仲裁庭应当及时作出裁决。

4. 诉讼

劳动争议诉讼，是指劳动争议当事人不服劳动争议仲裁委员会的裁决，在规定的期限内向人民法院起诉，人民法院受理后，依法对劳动争议案件进行审理的活动。劳动争议案件当事人只限于劳动者和用人单位。

根据《劳动争议调解仲裁法》的规定，当事人对劳动争议案件的仲裁裁决不服的，可以自收到仲裁裁决书之日起15日内向人民法院提起诉讼；期满不起诉的，裁决书发生法律效力。当事人对发生法律效力的调解书、裁决书，应当依照规定的期限履行。一方当事人逾期不履行的，另一方当事人可以依照民事诉讼法的有关规定向人民法院申请执行。受理申请的人民法院应当依法执行。

劳动争议案件由用人单位所在地或者劳动合同履行地的基层人民法院管辖。劳动合同履行地不明确的，由用人单位所在地的基层人民法院管辖。当事人双方就同一仲裁裁决分别向有管辖权的人民法院起诉的，后受理的人民法院应当将案件移送给先受理的人民法院。

根据《诉讼费用交纳办法》规定，劳动争议案件的诉讼费用为每件10元。

案例思考10-5

王某是本市一家企业的员工，该企业经营效益一直不错，员工的工资及奖金均是按月发放的。2018年，由于该企业生产的产品出口数量剧减，企业的资金周转出现困难，员工的工资无法按月结清。于是，经过企业领导与员工协商，该企业财务部以企业的名义向王某等员工出具欠条。王某的欠条上写着："某企业欠王某2018年5月份工资及奖金人民币两千五百元，于明年1月还清。"2018年5月至12月，王某共收到这样的欠条6张。2019年1月，王某等拿着欠条向企业财务部领取现金，可是财务部只付给员工两个月的工资和奖金，王某等人不服，拿着"工资欠条"诉诸法院，法院以劳动争议未经仲裁为由不予受理。企业领导对王某等人说："按照法律规定，劳动争议申请仲裁的时效只有60天，5月至10月的工资已经超过申请仲裁的时效了，你们不要再告了，等公司经营情况好转就把工资补发给你们。"王某等人不知该如何是好。

问题：

（1）法院以劳动争议未经仲裁为由不予受理合法吗？

（2）企业领导说王某工资已经超过申请仲裁的时效了，对吗？

自测练习

一、单项选择题

1. 李冰为某市一个体工商户，2018年9月的收入为8 000元，某市上年度在岗职工月均工资为 6 000 元，则李冰当月应缴纳的基本养老保险费中计入个人账户的是（　　）元。

A. 2 300　　B. 800　　C. 128　　D. 96

2. 张某在甲公司任 6 年会计，在乙公司任 8 年出纳。乙公司安排张某休带薪年休假，按规定张某可以享受的带薪年休假的天数是（　　）。

A. 5 天　　B. 7 天　　C. 10 天　　D. 15 天

3. 下列各项保险，职工不需要缴纳费用的是（　　）。

A. 工伤保险　　B. 失业保险

C. 基本养老保险　　D. 基本医疗保险

4. 用人单位与劳动者约定了试用期的，劳动者在试用期的工资不得低于本单位相同岗位最低档工资或者劳动合同约定工资的（　　）。

A. 50%　　B. 60%　　C. 80%　　D. 70%

5. 用人单位招用劳动者的下列情形中，符合法律规定的是（　　）。

A. 甲超市与刚满 14 周岁的初中毕业生丁某签订劳动合同

B. 乙公司以只招男性为由拒绝录用应聘者李女士从事会计工作

C. 丙公司设立的分公司已领取营业执照，该分公司与张某签订劳动合同

D. 丁公司要求李某提供 3 000 元押金后才与其签订劳动合同

6. 与劳动者已经建立了劳动关系，但是未同时订立书面劳动合同，应当自用工之日起（　　）订立书面合同。

A. 1 个月内　　B. 2 个月内　　C. 3 个月内　　D. 6 个月内

7. 依据《劳动合同法》规定，劳动合同可以约定试用期。试用期最长不超过（　　）。

A. 12 个月　　B. 10 个月　　C. 6 个月　　D. 3 个月

二、多项选择题

1. 下列情形中，可导致劳动合同终止的有（　　）。

A. 劳动者患病在规定的医疗期满后不能从事原工作，也不能从事由用人单位另行安排的工作

B. 劳动者死亡

C. 劳动合同期满

D. 劳动者因工负伤并被确认丧失劳动能力

2. 根据劳动合同法律制度的规定，下列表述中，正确的有（　　）。

A. 非全日制用工劳动者的劳动报酬结算支付周期最长不得超过 15 日

B. 全日制用工劳动者的劳动报酬至少每周支付一次

C. 被派遣劳动者的劳动报酬，在结束劳务派遣用工时支付

D. 全日制用工劳动者的劳动报酬按月支付

3. 根据劳动合同法律制度的规定，下列情形中，劳动者可以随时通知用人单位解除劳动合同的有（　　）。

A. 用人单位未按照劳动合同约定提供劳动保护的

B. 用人单位未提供足够工作量的

C. 用人单位以欺诈手段使劳动者在违背真实意思的情况下签订劳动合同的

D. 用人单位未及时足额支付劳动报酬的

4. 根据劳动合同法律制度的规定，劳动合同解除或者终止的下列情形中，用人单位应向劳动者支付经济补偿的有（　　）。

A. 劳动者提前30日以书面形式通知无过错用人单位而解除劳动合同的

B. 劳动者提出并与无过错用人单位协商一致解除劳动合同的

C. 符合劳动者不需事先告知用人单位即可解除劳动合同的情形解除劳动合同的

D. 劳动合同期限届满而终止的

5. 根据社会保险法律制度的规定，下列各项中，不属于应当认定为工伤的情形有（　　）。

A. 张某在工作时间内自杀死亡

B. 王某因工作压力太大，在工作时间自残的

C. 李某在工作时间内因为履行工作职责而被人殴打受伤

D. 赵某在因公外出期间，由于非本人责任受到的交通事故伤害

6. 被派遣劳动者在无工作期间，下列说法正确的是（　　）。

A. 劳动者无权要求支付报酬

B. 由用工单位应向其按月支付报酬

C. 劳务派遣单位应支付单位所在地的最低工资标准

D. 劳务派遣单位应向其按月支付报酬

7. 根据我国法律规定，企业和职工之间属于劳动争议受理范围的争议有（　　）。

A. 因履行劳动合同的争议

B. 因企业开除、辞退职工的争议

C. 因职工离职发生的争议

D. 因履行承包合同发生的争议

三、案例分析题

1. 2019年10月某人力资源公司安排职工刘真于10月1日、2日（国庆节）、10月12日（周六）、10月13日（周日）加班共4天，事后未安排其补休。已知公司实行标准工时制，刘真的日工资为300元。计算该公司应支付刘真10月最低加班工资。

2. 职工丽丽原在一家企业工作并与企业签订了为期5年的劳动合同。在合同期内，丽丽以收入偏低为由，口头提出解除劳动合同，企业未予答复。过了10天，丽丽就被另一家企业招用，又与该企业签订了劳动合同。丽丽走后，原企业因生产受到影响，要求丽丽回去上班。同时，与丽丽现在的企业联系，希望让丽丽回去，但现企业以已签订劳动合同为由，不予放人。

试分析：丽丽与原企业的劳动合同是否已经解除？丽丽如何做才是正确的离职方式？

第十一章
经济仲裁与经济诉讼

在市场经济条件下，经济法主体由于各自的经济利益而各自独立，为保护当事人合法权益，维持经济秩序，必须及时解决各主体之间的纠纷。通过学习本章内容，培养大学生学会运用所学知识及时化解经济纠纷，用最有效的手段处理经济纠纷，学会用仲裁与诉讼两大救济手段维护社会公平正义，构建和谐社会。

第一节 经济仲裁

学习目标

- 了解我国的仲裁程序。
- 明确仲裁的适用范围、基本原则和制度。
- 能够正确拟订仲裁协议。

案例导入

2019年5月，高某与某市房地产开发有限公司因商品房买卖合同发生纠纷，高某将该房地产开发有限公司诉至A区人民法院。立案后，房地产开发有限公司以在签订商品房买卖合同时双方约定有仲裁协议为由提出抗辩，向某市中级人民法院起诉要求确认仲裁协议效力，A区人民法院遂依法裁定中止诉讼。某市中级人民法院立案后经审理查明，2018年8月22日某市房地产开发有限公司与高某签订了商品房买卖合同，合同第19条约定：本合同在履行过程中发生的争议，由双方当事人协商解决；协商不成的按下述第一种方式解决：(1) 提交A区仲裁委员会仲裁；(2) 依法向人民法院起诉。经查，某市仲裁委员会在A区只设有办事处，并没有A区仲裁委员会这个部门。

问题：该仲裁协议是否生效？

一、经济仲裁的概念

仲裁是指当事人发生争议时，当事人双方自愿将争议的事项提交给双方同意的非司法机构的第三方依照专门的仲裁规则进行裁决，由其作出对双方均有约束力的裁决。该第三方成为双方选定的仲裁人或仲裁机构。

我国当前主要有三种仲裁：经济仲裁、劳动争议仲裁和农村土地承包经营纠纷仲裁。劳动争议的仲裁机构为劳动争议仲裁委员会，仲裁所适用的程序法律为《劳动争议调解仲裁法》；农村土地承包经营纠纷的仲裁机构为农村土地承包仲裁委员会，仲裁所适用的程序法律为《中华人民共和国农村土地承包经营纠纷调解仲裁法》。

经济仲裁，又称民商事仲裁，是指当事人根据他们之间订立的仲裁协议，自愿将其经济纠纷提交由非司法机构的仲裁员组成的仲裁庭进行裁判，并受该裁判约束的一种制度。我国的经济仲裁适用于《中华人民共和国仲裁法》（以下简称《仲裁法》）。

根据《仲裁法》的规定，平等主体的公民、法人和其他组织之间发生的合同纠纷和其他财产权益纠纷，可以仲裁。下列纠纷不能仲裁：

(1) 婚姻、收养、监护、扶养、继承纠纷；

(2) 依法应当由行政机关处理的行政争议。

二、经济仲裁的特征

作为一种解决纠纷的民间性裁判制度，经济仲裁与诉讼制度相比较具有以下特征：

（一）自愿性

自愿性是经济仲裁最突出的特征。经济仲裁以双方当事人的自愿为前提，即当事人之间的经济纠纷是否提交仲裁，交与谁仲裁，仲裁庭如何组成，由谁组成，以及仲裁的审理方式、开庭形式等都是在当事人自愿的基础上，由双方当事人协商确定的。因此，经济仲裁是最能充分体现当事人意思自治原则的争议解决方式。

（二）灵活性

由于经济仲裁充分体现当事人的意思自治，仲裁中的诸多具体程序都是由当事人协商确定与选择的，因此，与诉讼相比，仲裁程序更加灵活，更具有弹性。

（三）快捷性

经济仲裁实行一裁终局制，仲裁裁决一经仲裁庭作出，即发生法律效力。这使得当事人之间的经济纠纷能够迅速得以解决。

（四）经济性

仲裁的经济性主要表现在：时间上的快捷性使得仲裁所需费用相对减少；仲裁无须多审级收费，使得仲裁费往往低于诉讼费；仲裁的自愿性、保密性使当事人之间通常没有激烈的对抗，且商业秘密不必公之于世，对当事人之间今后的商业机会影响较小。

三、经济仲裁的基本原则和制度

经济仲裁的基本原则包括：

（1）仲裁自愿原则。当事人采用仲裁方式解决纠纷，应当双方自愿达成仲裁协议。没有仲裁协议，一方申请仲裁的，仲裁委员会不予受理。

（2）仲裁独立原则。仲裁依法独立进行，不受行政机关、社会团体和个人的干涉。

（3）以事实为根据，以法律为准绳原则。仲裁应当根据事实，符合法律规定，公平合理地解决纠纷。

经济仲裁制度包括：

（1）或裁或审制度。当事人达成仲裁协议，一方向人民法院起诉的，人民法院不予受理，但仲裁协议无效的除外。

（2）协议管辖制度。仲裁委员会应当由当事人协议选定。仲裁不实行级别管辖和地域管辖。

（3）仲裁不公开进行制度。仲裁不公开进行。当事人协议公开的，可以公开进行，但涉及国家秘密的除外。

（4）一裁终局制度。仲裁实行一裁终局的制度。裁决作出后，当事人就同一纠纷再申请仲裁或者向人民法院起诉的，仲裁委员会或者人民法院不予受理。

裁决被人民法院依法裁定撤销或者不予执行的，当事人就该纠纷可以根据双方重新达成的仲裁协议申请仲裁，也可以向人民法院起诉。

四、仲裁机构

（一）仲裁委员会

仲裁委员会是常设性的经济仲裁机构。根据《仲裁法》第10条规定，仲裁委员会可以在直辖市和省、自治区人民政府所在地的市设立，也可以根据需要在其他设区的市设立，不按行政区划层层设立。仲裁委员会由上述可以设立仲裁委员会的市的人民政府组织有关部门和商会统一组建。设立仲裁委员会，应当经省、自治区、直辖市的司法行政部门登记。

（二）仲裁员应具备的条件

仲裁委员会应当从具备仲裁员资格的人员中聘任仲裁员，并按照不同的专业创设仲裁员名册。仲裁委员会不设专职仲裁员。

仲裁委员会应当从公道正派的人员中聘任仲裁员。仲裁员应当符合下列条件之一：（1）通过国家统一法律职业资格考试取得法律职业资格，从事仲裁工作满八年的；（2）从事律师工作满八年的；（3）曾任法官满八年的；（4）从事法律研究、教学工作并具有高级职称的；（5）具有法律知识、从事经济贸易等专业工作并具有高级职称或者具有同等专业水平的。

五、仲裁协议

（一）仲裁协议的概念和内容

仲裁协议是指双方当事人自愿把他们之间已经发生或者将来可能发生的财产权益纠纷提交仲裁解决的协议。

仲裁协议包括合同中订立的仲裁条款和以其他书面方式在纠纷发生前或者纠纷发生后达成的请求仲裁的协议。后者包括以合同书、信件和数据电文（包括电报、电传、传真、电子数据交换和电子邮件）等形式达成的请求仲裁的协议。

仲裁协议应当具备下列内容：

（1）请求仲裁的意思表示。在仲裁协议中，当事人应明确表示愿意将争议提交仲裁机构解决。

（2）仲裁事项。仲裁事项是指双方当事人提交仲裁的争议范围，即双方当事人将何种争议提交给仲裁机构仲裁。当事人概括约定仲裁事项为合同争议的，基于合同成立、效力、变更、转让、履行、违约责任、解释、解除等产生的纠纷都可以认定为仲裁事项。

（3）选定的仲裁委员会。双方当事人在签订仲裁协议的时候，应明确写明仲裁事项由哪一个仲裁委员会进行仲裁，否则仲裁协议无法执行。

（二）仲裁协议的无效

有下列情形之一的，仲裁协议无效：（1）约定的仲裁事项超出法律规定的仲裁范围的；（2）无民事行为能力人或者限制民事行为能力人订立的仲裁协议；（3）一方采取胁迫手段，迫使对方订立仲裁协议的。

仲裁协议对仲裁事项或者仲裁委员会没有约定或者约定不明确的，当事人可以补充协议；达不成补充协议的，仲裁协议无效。当事人约定争议可以向仲裁机构申请仲裁，也可以向人民法院起诉的，仲裁协议无效。但一方向仲裁机构申请仲裁，另一方未在仲裁庭首次开庭前提出异议的除外。

（三）仲裁协议的独立性

仲裁协议独立存在，合同的变更、解除、终止或者无效，不影响仲裁协议的效力。合同成立后未生效或者被撤销的，不影响仲裁协议的效力。当事人在订立合同时就争议达成仲裁协议的，合同未成立不影响仲裁协议的效力。

（四）对仲裁协议效力有异议的处理

当事人对仲裁协议的效力有异议的，可以请求仲裁委员会作出决定或者请求人民法院作出裁定。一方请求仲裁委员会作出决定，另一方请求人民法院作出裁定的，由人民法院裁定。

当事人对仲裁协议的效力有异议，应当在仲裁庭首次开庭前提出。

当事人向人民法院申请确认仲裁协议效力的案件，由仲裁协议约定的仲裁机构所在地的中级人民法院管辖；仲裁协议约定的仲裁机构不明确的，由仲裁协议签订地或者被申请人住所地的中级人民法院管辖。

六、仲裁程序

（一）申请和受理

1. 申请仲裁的条件

当事人申请仲裁应当符合下列条件：（1）有仲裁协议；（2）有具体的仲裁请求和事实、理由；（3）属于仲裁委员会的受理范围。

2. 申请仲裁的手续

当事人申请仲裁，应当向仲裁委员会递交仲裁协议、仲裁申请书及副本。

仲裁申请书应当载明下列事项：（1）当事人的姓名、性别、年龄、职业、工作单位和住所，法人或者其他组织的名称、住所和法定代表人或者主要负责人的姓名、职务；（2）仲裁请求和所根据的事实、理由；（3）证据和证据来源、证人姓名和住所。

当事人、法定代理人可以委托律师和其他代理人进行仲裁活动。委托律师和其他代理人进行仲裁活动的，应当向仲裁委员会提交授权委托书。

3. 审查和受理

（1）仲裁委员会收到仲裁申请书之日起5日内，认为符合受理条件的，应当受理，并通知当事人；认为不符合受理条件的，应当书面通知当事人不予受理，并说明理由。

（2）仲裁委员会受理仲裁申请后，应当在仲裁规则规定的期限内将仲裁规则和仲裁员名册送达申请人，并将仲裁申请书副本和仲裁规则、仲裁员名册送达被申请人。

被申请人收到仲裁申请书副本后，应当在仲裁规则规定的期限内向仲裁委员会提交答辩书。仲裁委员会收到答辩书后，应当在仲裁规则规定的期限内将答辩书副本送达申请人。被申请人未提交答辩书的，不影响仲裁程序的进行。

（3）当事人达成仲裁协议，一方向人民法院起诉未声明有仲裁协议，人民法院受理后，另一方在首次开庭前提交仲裁协议的，人民法院应当驳回起诉，但仲裁协议无效的除外；另一方在首次开庭前未对人民法院受理该案提出异议的，视为放弃仲裁协议，人民法院应当继续审理。

（二）仲裁庭的组成

仲裁庭是指由当事人选定或者仲裁委员会主任指定的仲裁员组成的，对当事人申请仲裁案件依仲裁程序进行审查并作出裁决的组织形式。

1. 仲裁庭的组成方式

仲裁庭可以由三名仲裁员或者一名仲裁员组成。由三名仲裁员组成的，设首席仲裁员。

2. 仲裁员的确定

当事人约定由三名仲裁员组成仲裁庭的，应当各自选定或者各自委托仲裁委员会主任指定一名仲裁员，第三名仲裁员由当事人共同选定或者共同委托仲裁委员会主任指定。第三名仲裁员是首席仲裁员。

当事人约定由一名仲裁员成立仲裁庭的，应当由当事人共同选定或者共同委托仲裁委员会主任指定仲裁员。

当事人没有在仲裁规则规定的期限内约定仲裁庭的组成方式或者选定仲裁员的，由仲裁委员会主任指定。

仲裁庭组成后，仲裁委员会应当将仲裁庭的组成情况书面通知当事人。

3. 仲裁员的回避

仲裁员有下列情形之一的，必须回避，当事人也有权提出回避申请：（1）是本案当事人或者当事人、代理人的近亲属；（2）与本案有利害关系；（3）与本案当事人、代理人有其他关系，可能影响公正仲裁的；（4）私自会见当事人、代理人，或者接受当事人、代理人的请客送礼的。

当事人提出回避申请，应当说明理由，在首次开庭前提出。回避事由在首次开庭后知道的，可以在最后一次开庭终结前提出。仲裁员是否回避，由仲裁委员会主任决定；仲裁委员会主任担任仲裁员时，由仲裁委员会集体决定。仲裁员因回避或者其他原因不能履行职责的，应当依照《仲裁法》规定重新选定或者指定仲裁员。因回避而重新选定或者指定仲裁员后，当事人可以请求已进行的仲裁程序重新进行，是否准许，由仲裁庭决定；仲裁庭也可以自行决定已进行的仲裁程序是否重新进行。

（三）开庭

仲裁应当开庭进行。当事人协议不开庭的，仲裁庭可以根据仲裁申请书、答辩书以及其他材料作出裁决。

仲裁不公开进行。当事人协议公开的，可以公开进行，但涉及国家秘密的除外。

仲裁委员会应当在仲裁规则规定的期限内将开庭日期通知双方当事人。当事人有正当理由的，可以在仲裁规则规定的期限内请求延期开庭，是否延期由仲裁庭决定。

申请人经书面通知，无正当理由不到庭或者未经仲裁庭的许可中途退庭的，可以视为撤回仲裁申请。被申请人经书面通知，无正当理由不到庭或者未经仲裁许可中途退庭的，可以缺席裁决。

（四）仲裁和解和仲裁调解

1. 仲裁和解

当事人申请仲裁后，可以自行和解。达成和解协议的，可以请求仲裁庭根据和解协议作出裁决书，也可以撤回仲裁申请。

当事人达成和解协议，撤回仲裁申请后反悔的，可以根据仲裁协议申请仲裁。

2. 仲裁调解

仲裁庭在作出裁决前，可以先行调解。当事人自愿调解的，仲裁庭应当调解。调解不成的，应当及时作出裁决。

调解达成协议的，仲裁庭应当制作调解书或者根据协议的结果制作裁决书。调解书与裁决书具有同等法律效力。调解书应当写明仲裁请求和当事人协议的结果。调解书由仲裁员签名，加盖仲裁委员会印章，送达双方当事人。调解书经双方当事人签收后，即发生法律效力。在调解书签收前当事人反悔的，仲裁庭应当及时作出裁决。

（五）仲裁裁决

仲裁裁决是由仲裁庭作出的。独任仲裁庭进行的审理，由独任仲裁员作出仲裁裁决；合议仲裁庭进行的审理，则由 3 名仲裁员集体作出仲裁裁决。裁决应当按照多数仲裁员的意见作出，少数仲裁员的不同意见可以记入笔录。仲裁庭不能形成多数意见时，裁决应当按照首席仲裁员的意见作出。

裁决书自作出之日起发生法律效力。

当事人提出证据证明裁决有下列情形之一的，可以向仲裁委员会所在地的中级人民法院申请撤销裁决：（1）没有仲裁协议的；（2）裁决的事项不属于仲裁协议的范围或者仲裁委员会无权仲裁的；（3）仲裁庭的组成或者仲裁的程序违反法定程序的；（4）裁决所根据的证据是伪造的；（5）对方当事人隐瞒了足以影响公正裁决的证据的；（6）仲裁员在仲裁该案时有索贿受贿，徇私舞弊，枉法裁决行为的。

当事人申请撤销裁决的，应当自收到裁决书之日起 6 个月内提出。人民法院应当在受理撤销裁决申请之日起 2 个月内作出撤销裁决或者驳回申请的裁定。

（六）执行

当事人应当履行仲裁裁决。一方当事人不履行的，另一方当事人可以依照《民事诉讼法》的有关规定向人民法院申请执行，受理申请的人民法院应当执行。当事人申请执行仲裁裁决案件，由被执行人住所地或者被执行的财产所在地的中级人民法院管辖。

被申请人提出证据证明裁决有仲裁裁决被撤销的情形之一的，经人民法院组成合议庭审查核实，裁定不予执行。一方当事人申请执行裁决，另一方当事人申请撤销裁决的，人民法院应当裁定中止执行。人民法院裁定撤销裁决的，应当裁定终结执行。撤销裁决的申请被裁定驳回的，人民法院应当裁定恢复执行。

案例思考11-1

位于北京海淀区的甲公司与位于朝阳区的乙公司签订合同，约定乙公司承建甲公司位于西城区的新办公楼，合同中未约定仲裁条款。新办公楼施工过程中，甲公司与乙公司因工程增加工作量、工程进度款等问题发生争议。双方在交涉过程中通过电子邮件约定将争议提交某仲裁委员会进行仲裁。其后甲公司考虑到多种因素，向人民法院提起诉讼，请求判决解除合同。

问题：

（1）何地法院对本案具有诉讼管辖权？

（2）假设本案起诉前双方当事人对仲裁协议的效力有争议，可以通过何种途径加以解决？

第二节 经济诉讼

学习目标

- 了解经济诉讼的概念和基本原则。
- 掌握经济诉讼的管辖和诉讼程序。
- 能够正确选择诉讼和仲裁解决纠纷。

案例导入

刘某家住甲区，向家住乙区的朋友张某借款20万元，家住丙区的赵某为刘某担保，三者在刘某家签订了一份借款合同并实际交付现金，合同中注明赵某承担一般保证责任。后刘某因股市严重亏损，到期未能偿还张某的钱款。现张某就该借款纠纷向法院起诉。

问题：哪个人民法院对本案依法享有管辖权？为什么？

一、经济诉讼概念

经济诉讼，是指人民法院在双方当事人和其他诉讼参与人的参加下，依法审理和解决经济案件的活动，以及由这些活动所产生的各种诉讼关系的总和。

在经济活动中，平等主体的公民、法人、其他组织之间的经济纠纷，如果不能通过协商、调解解决，当事人之间又没有达成仲裁协议的，可以向人民法院提起民事诉讼，通过诉讼方式处理争议。

二、经济诉讼的基本原则和基本制度

（一）经济诉讼的基本原则

经济诉讼的基本原则，是指指导经济诉讼活动的根本规则，主要有以下几个：

1. 当事人诉讼权利平等原则

诉讼当事人有平等的诉讼权利。人民法院审理民事案件，应当保障和便利当事人行使诉讼权利，对当事人在适用法律上一律平等。

2. 辩论原则

人民法院审理民事案件时，当事人有权进行辩论。

3. 处分原则

当事人有权在法律规定的范围内处分自己的民事权利和诉讼权利。处分原则贯穿诉讼的全过程，具体体现是：(1) 纠纷发生后，是否起诉，以及在什么范围内起诉，由当事人自行决定；(2) 诉讼程序开始后，原告可以变更或者放弃诉讼请求，被告可以承认或者反驳原告提出的诉讼请求，也可以对原告提出反诉；(3) 双方当事人可以自行和解，也可以请求法院调解；(4) 一审判决后，可以提起上诉；(5) 裁判生效后，可以申请强制执行；(6) 在诉讼过程中，当事人可以撤回起诉、撤回上诉、撤回执行申请。

4. 调解原则

人民法院审理民事案件，应当根据自愿和合法的原则进行调解；调解不成的，应当及时判决。

（二）经济诉讼的基本制度

经济诉讼的基本制度，是指诉讼法规定的、人民法院在审判经济案件等活动中必须遵守的基本操作规程。它包括合议制度、回避制度、公开审判制度、两审终审制度。

1. 合议制度

所谓合议制度，是指由 3 名以上审判人员组成审判集体，代表人民法院行使审判权，对案件进行审理和裁判的制度。合议制的组织形式是合议庭。合议制是与独任制相对的审判组织形式。

独任制是由一名审判员独立地对案件进行审理并作出裁判的审判制度，其组织形式是独任庭。根据《民事诉讼法》和《人民法院组织法》的规定，独任制主要适用于基层人民法院及其派出法庭审理简单的民事案件。可见，大多数的民事案件是通过合议庭进行审判的，合议制是审理民事案件最为基础、适用最广泛的形式。

2. 回避制度

所谓回避制度，是指为了保证案件公正审理，在审判人员和其他有关人员遇有法律规定的不宜参加案件审理的情形时，主动退出案件审判，或者由当事人请求而退出该案件审判的制度。回避制度的意义在于保证司法的公正性。

审判人员有下列情形之一的，应当自行回避，当事人有权用口头或者书面方式申请他们回避：（1）是本案当事人或者当事人、诉讼代理人近亲属的；（2）与本案有利害关系的；（3）与本案当事人、诉讼代理人有其他关系，可能影响对案件公正审理的。

审判人员接受当事人、诉讼代理人请客送礼，或者违反规定会见当事人、诉讼代理人的，当事人有权要求他们回避。

上述规定，适用于书记员、翻译人员、鉴定人、勘验人。

3. 公开审判制度

公开审判制度，是指人民法院的审判活动除了合议庭评议案件外，其他活动应当向群众公开和向社会公开的制度。所谓向群众公开，是指案件的审理和宣告判决的过程都允许群众旁听；所谓向社会公开，是指允许新闻媒体对案件庭审过程作采访，允许对案件审理过程作报道等。

《民事诉讼法》第 134 条规定："人民法院审理民事案件，除涉及国家秘密、个人隐私或者法律另有规定的以外，应当公开进行。离婚案件，涉及商业秘密的案件，当事人申请不公开审理的，可以不公开审理。"

4. 两审终审制度

两审终审制度，是指案件经过两级人民法院的审判就宣告完结的制度。根据两审终审制度，当事人对地方各级人民法院作出的第一审裁判不服的，可以在法律规定的期间内向上一级人民法院提起上诉。经过上一级人民法院审理裁判后，对该案件的审理宣告终结，裁判发生效力，当事人不能再行提起上诉。已经生效的裁判确有错误的，可以通过审判监督程序加以纠正。

但以下两种经济纠纷案件实行一审终审制度：由最高人民法院受理的第一审经济纠纷案件、小额经济纠纷案件（标的额为各省、自治区、直辖市上年度就业人员年平均工资 30%以下的简单的经济纠纷案件）。

三、诉讼管辖

诉讼管辖，是指确定上下级人民法院和同级人民法院之间受理第一审案件的分工和权限。对于提起诉讼的公民、法人和其他组织来说，也就是应当向哪一个人民法院起诉的问题。

诉讼管辖主要包括级别管辖、地域管辖。

（一）级别管辖

级别管辖，是指划分上下级人民法院之间受理第一审经济案件的分工和权限。

1. 基层人民法院

除法律规定由中级人民法院、高级人民法院和最高人民法院管辖的第一审经济案件外，其余的第一审经济案件都由基层人民法院管辖。

2. 中级人民法院

中级人民法院管辖下列第一审经济案件：（1）重大的涉外案件；（2）在本辖区内有重大影响的案件；（3）最高人民法院确定由中级人民法院管辖的案件。

3. 高级人民法院

高级人民法院管辖在本辖区有重大影响的第一审经济案件。

4. 最高人民法院

最高人民法院管辖的第一审经济案件是在全国有重大影响的案件和它认为应当由本院审理的案件。

（二）地域管辖

地域管辖是指确定同级人民法院之间在各自辖区受理第一审经济案件的分工和权限。地域管辖分为一般地域管辖、特殊地域管辖、专属管辖、协议管辖、共同管辖。

1. 一般地域管辖

一般地域管辖也称普通地域管辖，是指以当事人所在地与法院辖区的关系来确定管辖法院，即当事人在哪个法院辖区内，案件就由该法院管辖。一般地域管辖的基本原则是“原告就被告”，即案件由被告所在地人民法院管辖。

对公民提起的经济诉讼，由被告住所地人民法院管辖；被告住所地与经常居住地不一致的，由经常居住地人民法院管辖。这里所说的住所地是指公民的户籍所在地。经常居住地，是指公民离开住所地至起诉时连续居住 1 年以上的地方，但公民住院就医的地方除外。

对法人或者其他组织提起的经济诉讼，由被告住所地人民法院管辖。这里所说的法人或者其他组织的住所地，是指其主要营业地或者主要办事机构所在地。如果被告是不具有法人资格的其他组织，又没有办事机构，则应由被告注册登记地人民法院管辖。

2. 特殊地域管辖

特殊地域管辖，是指不仅以被告所在地，而且还以诉讼标的所在地或者引起民事法律关系发生、变更、消灭的法律事实所在地为标准确定的管辖。特殊地域管辖有下列 10 种：

（1）因合同纠纷提起的诉讼，由被告住所地或者合同履行地人民法院管辖。如果合同没有实际履行，当事人双方住所地又都不在合同约定的履行地的，应由被告住所地人民法院管辖。

（2）因保险合同纠纷提起的诉讼，由被告住所地或者保险标的物所在地人民法院管辖。

（3）因票据纠纷提起的诉讼，由票据支付地或者被告住所地人民法院管辖。

（4）因公司设立、确认股东资格、分配利润、解散等纠纷提起的诉讼，由公司住所地人民法院管辖。

（5）因铁路、公路、水上、航空运输和联合运输合同纠纷提起的诉讼，由运输始发地、目的地或者被告住所地人民法院管辖。

（6）因侵权行为提起的诉讼，由侵权行为地或者被告住所地人民法院管辖。侵权行为地包括侵权行为实施地和侵权结果发生地。

（7）因铁路、公路、水上和航空事故请求损害赔偿提起的诉讼，由事故发生地或者车辆、船舶最先到达地、航空器最先降落地或者被告住所地人民法院管辖。

（8）因船舶碰撞或者其他海事损害事故请求损害赔偿提起的诉讼，由碰撞发生地、碰撞船舶最先到达地、加害船舶被扣留地或者被告住所地人民法院管辖。

（9）因海难救助费用提起的诉讼，由救助地或者被救助船舶最先到达地人民法院管辖。

（10）因共同海损提起的诉讼，由船舶最先到达地、共同海损理算地或者航程终止地的人民法院管辖。

3. 专属管辖

专属管辖是指法律强制规定某些案件只能由特定的人民法院管辖，其他法院无管辖权，当事人也不得协议变更管辖。专属管辖有以下3种：

（1）因不动产纠纷提起的诉讼，由不动产所在地人民法院管辖；

（2）因港口作业中发生纠纷提起的诉讼，由港口所在地人民法院管辖；

（3）因继承遗产纠纷提起的诉讼，由被继承人死亡时住所地或者主要遗产所在地人民法院管辖。

4. 协议管辖

协议管辖，是指当事人以书面方式约定解决他们之间争议的管辖法院。《民事诉讼法》第34条规定："合同或者其他财产权益纠纷的当事人可以书面协议选择被告住所地、合同履行地、合同签订地、原告住所地、标的物所在地等与争议有实际联系的地点的人民法院管辖，但不得违反本法对级别管辖和专属管辖的规定。"根据该规定，协议管辖必须同时具备以下条件：

（1）协议管辖仅适用于第一审民事案件，不适用于第二审民事案件。

（2）协议管辖仅适用于合同或者其他财产权益纠纷，而不适用于其他案件。

（3）选择管辖的协议必须以书面方式达成，而不得采用口头形式或者其他形式。

（4）当事人只能选择被告住所地、合同履行地、合同签订地、原告住所地、标的物所在地等与争议有实际联系的地点的人民法院管辖，而不能选择其他法院。

（5）选择管辖的协议不得违反《民事诉讼法》对级别管辖和专属管辖的规定。

5. 共同管辖

共同管辖，是指两个或者两个以上的人民法院对同一诉讼案件都有管辖权。《民事诉讼法》第35条规定："两个以上人民法院都有管辖权的诉讼，原告可以向其中一个人民法院起诉；原告向两个以上有管辖权的人民法院起诉的，由最先立案的人民法院管辖。"

四、民事诉讼程序

民事诉讼程序主要包括第一审程序、第二审程序、审判监督程序和执行程序。

（一）第一审程序

第一审程序是人民法院审判第一审民事纠纷案件的程序，分为第一审普通程序和简易程序。

第一审普通程序是指人民法院在审理第一审民事争议案件时通常适用的审判程序。它是《民事诉讼法》中体系最完整、内容最系统的程序，是审判程序中最为重要的一个程序。下面介绍第一审普通程序：

1. 起诉和受理

起诉必须符合下列条件：（1）原告是与本案有直接利害关系的公民、法人和其他组织；（2）有明确的被告；（3）有具体的诉讼请求和事实、理由；（4）属于人民法院受理民事诉讼的范围和受诉人民法院管辖。

起诉应当向人民法院递交起诉状，并按照被告人数提出副本。书写起诉状确有困难的，可以口头起诉，由人民法院记入笔录，并告知对方当事人。

起诉状应当记明下列事项：（1）原告的姓名、性别、年龄、民族、职业、工作单位、住所、联系方式，法人或者其他组织的名称、住所和法定代表人或者主要负责人的姓名、职务、联系方式；（2）被告的姓名、性别、工作单位、住所等信息，法人或者其他组织的名称、住所等信息；（3）诉讼请求和所根据的事实与理由；（4）证据和证据来源，证人姓名和住所。

符合起诉条件的，人民法院应当在 7 日内立案，并通知当事人；不符合起诉条件的，应当在 7 日内作出裁定书，不予受理；原告对裁定不服的，可以提起上诉。

2. 审理前的准备

人民法院应当在立案之日起 5 日内将起诉状副本发送被告，被告应当在收到之日起 15 日内提出答辩状。答辩状应当记明被告的姓名、性别、年龄、民族、职业、工作单位、住所、联系方式，法人或者其他组织的名称、住所和法定代表人或者主要负责人的姓名、职务、联系方式。人民法院应当在收到答辩状之日起 5 日内将答辩状副本发送原告。被告不提出答辩状的，不影响人民法院审理。

人民法院对决定受理的案件，应当在受理案件通知书和应诉通知书中向当事人告知有关的诉讼权利义务，或者口头告知。

合议庭组成人员确定后，应当在 3 日内告知当事人，以便当事人提出回避申请。

3. 开庭审理

开庭审理，是指人民法院在当事人和其他诉讼参与人的参加下，依照法定形式和程序，对案件进行审理和裁判的诉讼活动。开庭审理是第一审普通程序中最重要、最关键的诉讼阶段，是人民法院行使审判权及当事人行使诉权的重要阶段。其基本程序有：

（1）开庭前的准备。人民法院审理民事案件，应当在开庭 3 日前通知当事人和其他诉讼参与人。公开审理的，应当公告当事人姓名、案由和开庭的时间、地点。

开庭审理前，书记员应当查明当事人和其他诉讼参与人是否到庭，宣布法庭纪律。

开庭审理时，由审判长核对当事人，宣布案由，宣布审判人员、书记员名单，告知当事人有关的诉讼权利义务，询问当事人是否提出回避申请。

（2）法庭调查。法庭调查按照下列顺序进行：当事人陈述；告知证人的权利义务，证人作证，宣读未到庭的证人证言；出示书证、物证、视听资料和电子数据；宣读鉴定意见；宣读勘验笔录。

（3）法庭辩论。法庭辩论按照下列顺序进行：原告及其诉讼代理人发言；被告及其诉讼代理人答辩；第三人及其诉讼代理人发言或者答辩；互相辩论。

（4）判决。法庭辩论终结，由审判长按照原告、被告、第三人的先后顺序征询各方最后意见。法庭辩论终结，应当依法作出判决。判决前能够调解的，还可以进行调解，调解不成的，应当及时判决。

（二）第二审程序

第二审程序，是指因当事人不服第一审人民法院尚未生效的判决或者裁定而依法向上一级人民法院提起上诉，要求撤销或变更原判决或裁定，上一级人民法院据此对案件进行审判所适用的程序。上诉，是当事人对第一审人民法院尚未生效的判决、裁定，在法定期间内声明不服，依法请求上一级人民法院对案件重新进行审理，并撤销或者变更原判决、裁定的诉讼行为。

当事人不服地方人民法院第一审判决的，有权在判决书送达之日起 15 日内向上一级人民法院提起上诉。当事人不服地方人民法院第一审裁定的，有权在裁定书送达之日起 10 日内向上一级人民法院提起上诉。

上诉应当递交上诉状。上诉状的内容应当包括当事人的姓名、法人的名称及其法定代表人的姓名或者其他组织的名称及其主要负责人的姓名；原审人民法院名称、案件的编号和案由；上诉的请求和理由。

上诉状应当通过原审人民法院提出，并按照对方当事人或者代表人的人数提出副本。当事人直接向第二审人民法院上诉的，第二审人民法院应当在 5 日内将上诉状移交原审人民法院。

原审人民法院收到上诉状，应当在 5 日内将上诉状副本送达对方当事人，对方当事人在收到之日起 15 日内提出答辩状。人民法院应当在收到答辩状之日起 5 日内将副本送达上诉人。对方当事人不提出答辩状的，不影响人民法院审理。原审人民法院收到上诉状、答辩状，应当在 5 日内连同全部案卷和证据，报送第二审人民法院。

第二审人民法院应当对上诉请求的有关事实和适用法律进行审查。

第二审人民法院对上诉案件，经过审理，按照下列情形，分别处理：（1）原判决、裁定认定事实清楚，适用法律正确的，以判决、裁定方式驳回上诉，维持原判决、裁定；（2）原判决、裁定认定事实错误或者适用法律错误的，以判决、裁定方式依法改判、撤销或者变更；（3）原判决认定基本事实不清的，裁定撤销原判决，发回原审人民法院重审，或者查清事实后改判；（4）原判决遗漏当事人或者违法缺席判决等严重违反法定程序的，裁定撤销原判决，发回原审人民法院重审。

阅读资料

判决和裁定

民事判决，是人民法院代表国家行使审判权，依照法律，对审理终结的诉讼案件或者非诉讼案件，就当事人民事实体权利义务的争议，或者就确认具有法律意义的事实作出的决定。民事判决的书面形式就是民事判决书。

民事裁定，是人民法院审理民事案件或者在民事案件执行的过程中，为保证审判工作的顺利进行，就发生的诉讼程序问题作出的决定。民事裁定的书面形式就是民事裁定书。

判决和裁定的主要区别在于：

(1) 适用的事项不同。裁定解决的是诉讼过程中的程序性问题，如驳回上诉、撤销原判，以及当事人耽误期限，人民法院对其提出的继续进行应当在期满以前完成的诉讼活动的申请是否准许时，可以适用裁定处理；判决解决的是当事人双方争执的权利义务问题，即实体法律关系。

(2) 行使阶段不同。裁定发生于诉讼各个阶段，一个案件多个裁定；判决发生于案件终结审理时。

(3) 在一个案件中，发生法律效力并被执行的判决只有一个，而发生法律效力的裁定可以有若干个。

(4) 判决必须用书面形式表现，而裁定既可用书面形式，又可用口头形式表现。口头裁定作出后，记入笔录即可。

(5) 上诉、抗诉期限不同。不服第一审判决的上诉，抗诉期限为 15 日，而不服第一审裁定的上诉，抗诉期限为 10 日。

(三) 审判监督程序

审判监督程序，也叫再审程序，是指对人民法院对已经发生法律效力的判决、裁定、调解书在具备法定事由时，对案件再行审理所适用的程序。它不是案件审理的必经程序，也不是诉讼的独立审级，只是纠正生效法律文书错误的法定程序。

审判监督程序的启动，有以下三种情况：

1. 人民法院决定再审

各级人民法院院长对本院已经发生法律效力的判决、裁定、调解书，发现确有错误，认为需要再审的，应当提交审判委员会讨论决定。

最高人民法院对地方各级人民法院已经发生法律效力的判决、裁定、调解书，上级人民法院对下级人民法院已经发生法律效力的判决、裁定、调解书，发现确有错误的，有权提审或者指令下级人民法院再审。

2. 当事人申请再审

当事人申请再审，是指当事人对已经发生法律效力的判决、裁定、调解协议认为有错误，依照法定程序向人民法院提出对案件进行再次审判的请求。当事人申请再审的，并不必然启动再审程序，人民法院还要经过审查，裁定是否对案件进行再审。

当事人对已经发生法律效力的判决、裁定，认为有错误的，可以向上一级人民法院申请再审；当事人一方人数众多或者当事人双方为公民的案件，也可以向原审人民法院申请再审。当事人申请再审的，不停止判决、裁定的执行。

《民事诉讼法》第200条规定，当事人的申请符合下列情形之一的，人民法院应当再审：(1) 有新的证据，足以推翻原判决、裁定的；(2) 原判决、裁定认定的基本事实缺乏证据证明的；(3) 原判决、裁定认定事实的主要证据是伪造的；(4) 原判决、裁定认定事实的主要证据未经质证的；(5) 对审理案件需要的主要证据，当事人因客观原因不能自行收集，书面申请人民法院调查收集，人民法院未调查收集的；(6) 原判决、裁定适用法律确有错误的；(7) 审判组织的组成不合法或者依法应当回避的审判人员没有回避的；(8) 无诉讼行为能力人未经法定代理人代为诉讼或者应当参加诉讼的当事人，因不能归责于本人或者其诉讼代理人的事由，未参加诉讼的；(9) 违反法律规定，剥夺当事人辩论权利的；(10) 未经传票传唤，缺席判决的；(11) 原判决、裁定遗漏或者超出诉讼请求的；(12) 据以作出原判决、裁定的法律文书被撤销或者变更的；(13) 审判人员审理该案件时有贪污受贿，徇私舞弊，枉法裁判行为的。

当事人对已经发生法律效力的调解书，提出证据证明调解违反自愿原则或者调解协议的内容违反法律的，可以申请再审。经人民法院审查属实的，应当再审。

当事人申请再审，应当在判决、裁定发生法律效力后6个月内提出；有以下四种情形的，自知道或者应当知道之日起6个月内提出：有新的证据，足以推翻原判决、裁定的；原判决、裁定认定事实的主要证据是伪造的；据以作出原判决、裁定的法律文书被撤销或者变更的；审判人员审理该案件时有贪污受贿，徇私舞弊，枉法裁判行为的。

3. 人民检察院提出抗诉

这里的抗诉即民事抗诉，是指人民检察院对人民法院已生效的民事判决、裁定或者调解书，发现确有错误时，依法提请人民法院重新审理的诉讼行为。

最高人民检察院对各级人民法院已经发生法律效力的判决、裁定，上级人民检察院对下级人民法院已经发生法律效力的判决、裁定，发现有《民事诉讼法》第200条规定情形之一的，或者发现调解书损害国家利益、社会公共利益的，应当提出抗诉。

人民法院按照审判监督程序再审的案件，发生法律效力的判决、裁定是由第一审法院作出的，按照第一审程序审理，所作的判决、裁定，当事人可以上诉；发生法律效力的判决、裁定是由第二审法院作出的，按照第二审程序审理，所作的判决、裁定，是发生法律效力的判决、裁定；上级人民法院按照审判监督程序提审的，按照第二审程序审理，所作的判决、裁定是发生法律效力的判决、裁定。

（四）执行程序

执行程序，是指人民法院根据已经发生法律效力的裁判和其他法律文书的规定，采取法律措施，强制当事人履行义务的程序。

发生法律效力的民事判决、裁定，当事人必须履行。一方拒绝履行的，对方当事人可以向人民法院申请执行，也可以由审判员移送执行员执行。调解书和其他应当由人民法院执行的法律文书，当事人必须履行。一方拒绝履行的，对方当事人可以向人民法院申请执行。

申请执行的期间为两年。申请执行时效的中止、中断，适用法律有关诉讼时效中止、中断的规定。申请执行的期间，从法律文书规定履行期间的最后一日起计算；法律文书规定分期履行的，从规定的每次履行期间的最后一日起计算；法律文书未规定履行期间的，从法律文书生效之日起计算。

执行措施主要有以下几种：（1）查询、扣押、冻结、划拨、变价被执行人的存款、债券、股票、基金份额等财产；（2）扣留、提取被执行人的收入；（3）查封、扣押、冻结、拍卖、变卖被执行人的动产和不动产；（4）对被执行人及其住所或者财产隐匿地进行搜查；（5）强制交付财物或者票证；（6）强制被执行人迁出房屋或者退出土地；（7）通知有关单位办理证照转移手续；（8）强制完成法律文书指定的行为；（9）责令被执行人加倍支付迟延履行期间的债务利息或者支付迟延履行金；（10）对被执行人采取限制出境、在征信系统记录、通过媒体公布不履行义务信息等措施。

案例思考11-2

居住在甲市A区的小伟从事汽车修理业，其所开的汽车修理铺位于甲市C区。该汽车修理铺的个体工商户营业执照所登记的业主是其兄大伟，居住在甲市B区，大伟实际上并不经营汽车修理。小伟为了承揽更多的业务，与乡办集体企业正华汽车修理厂（位于甲市L县），签订了一份协议，约定小伟的汽车修理铺可以以正华汽车修理厂的名义从事汽车修理业务，小伟每年向正华汽车修理厂交管理费2万元。2016年5月，小伟雇用的修理工钱某，常年居住在甲市D区，为客户李某，居住在甲市E区，修理一辆捷达车。修好后，钱某按照工作程序要求在汽车修理铺前试车时，不慎将车撞到了一棵大树上，造成汽车报废，钱某自己没有受伤。相关各方就如何赔偿该汽车损失发生纠纷，未能达成协议。现李某拟向法院起诉。

问题：

（1）哪些法院对本案有管辖权？

（2）就此同一纠纷，若李某向有管辖权的法院都提起诉讼，应如何确定案件的管辖法院？

自测练习

一、单项选择题

1. 当事人不服人民法院第一审判决的，有权在判决书送达之日起（　　）日内向上一级人民法院提起上诉。

A. 10　　B. 15　　C. 20　　D. 30

2. 下列选项中，不属于仲裁协议应当包括的内容的是（　　）。

A. 请求仲裁的意思表示　　B. 仲裁事项
C. 选定的仲裁委员会　　D. 选定的解决争议所适用的法律

3. 因不动产纠纷提起的诉讼，由下列哪项所述人民法院管辖？（　　）
A. 被告住所地　　B. 原告住所地
C. 纠纷发生地　　D. 不动产所在地

4. 仲裁实行（　　）制度。
A. 一裁终局　　B. 二裁终局
C. 一裁一审　　D. 二裁二审

5. 如果一方向法院起诉未声明有仲裁协议，法院受理后，另一方应诉答辩，在法院首次开庭前向未法院提交有效的仲裁协议，此时，法院的下列哪个做法是正确的？（　　）
A. 法院应继续审理案件
B. 法院应裁定驳回起诉
C. 法院应将案件移送仲裁委员会仲裁
D. 法院应判决驳回当事人的诉讼请求

6. 下列各项中，属于仲裁法律制度适用范围的是（　　）。
A. 租赁合同纠纷
B. 农业集体经济组织内部的农业承包合同纠纷
C. 收养纠纷
D. 行政争议

二、多项选择题

1. 根据《仲裁法》的规定，下列有关仲裁协议的表述中，正确的有（　　）。
A. 仲裁协议一经依法成立，即具有法律约束力
B. 仲裁协议独立存在，合同的变更、解除、终止或无效，不影响仲裁协议的效力
C. 没有仲裁协议，一方申请仲裁，仲裁委员会不予受理
D. 仲裁协议应以书面形式订立

2. 根据《仲裁法》和《民事诉讼法》的规定，下列各项中，表述正确的有（　　）。
A. 仲裁不公开进行，诉讼一般应公开进行
B. 仲裁不实行回避制度，诉讼则实行回避制度
C. 仲裁实行一裁终局制度，而诉讼则实行两审终审制度
D. 仲裁必须由双方自愿达成仲裁协议才可进行，而诉讼只要有一方当事人起诉即可进行

3. 如果仲裁庭作出的仲裁裁决不公正，当事人可以以下列哪些理由申请法院撤销该仲裁裁决？（　　）
A. 仲裁庭的组成违反法定程序　　B. 仲裁裁决依据的证据是伪造的
C. 仲裁裁决适用法律确有错误　　D. 仲裁裁决认定事实的主要证据不足

4. 按照仲裁协议申请仲裁，仲裁委员会受理后，下列说法哪些是不正确的？（　　）
A. 仲裁庭应开庭审理，但当事人可以协议选择不开庭审理
B. 仲裁庭不公开审理，但当事人可以协议选择公开审理，涉及国家秘密的除外

C. 仲裁庭应公开审理，但当事人可以协议选择不公开审理

D. 仲裁庭不可以缺席判决

5. 下列关于公开审理制度说法正确的是（　　）。

A. 公开审理制度是指法院审理民事案件，审判过程和判决结果应当向群众和社会公开的制度

B. 涉及国家秘密、个人隐私以及法律规定的其他案件，不得公开审理

C. 涉及商业秘密和离婚诉讼案件，经当事人申请，可以不公开审理

D. 当事人是未成年人的案件，不得公开审理

6. 根据《仲裁法》的规定，下列选项中，属于仲裁的基本原则的有（　　）。

A. 自愿原则　　B. 一裁终局原则

C. 公开原则　　D. 独立仲裁原则

三、案例分析题

1. 2018 年 7 月，A 市服装加工厂与 B 市棉花农场签订了一份买卖合同。合同中的仲裁条款规定："因履行合同发生的争议，由双方协商解决；无法协商解决的，由仲裁机构仲裁。" 2018 年 9 月，双方发生争议，A 市服装加工厂向其所在地的 A 市的仲裁委员会递交了仲裁申请书，但 B 市棉花农场拒绝答辩。同年 11 月，双方经过协商，重新签订了一份仲裁协议，并商定将此合同争议提交 A 市服装加工厂所在地的 A 市仲裁委员会仲裁。

问题：

（1）买卖合同中的仲裁条款是否有效？请说明理由。

（2）争议发生后，双方重新签定的协议是否有效，为什么？

2. 郑州市的甲公司和开封市的乙公司在郑州市签订了甲公司长期在开封市内的货物运输合同，双方约定如果出现纠纷则交由郑州仲裁委员会进行仲裁。在合同履行过程中，因为油价、养路费上涨的原因，双方就运输价格发生争议。于是，双方交由郑州仲裁委员会进行仲裁。随后，甲公司又向人民法院提起诉讼，要求与乙公司解除合同，并赔偿甲公司因此而受到的损失。

问题：

（1）何地法院对本案具有诉讼管辖权？

（2）假设本案起诉前双方当事人对仲裁协议的效力有争议，可以通过何种途径加以解决？

参考文献

［1］赵威．经济法（第七版）［M］．北京：中国人民大学出版社，2019.

［2］张守文．经济法学（第四版）［M］．北京：中国人民大学出版社，2018.

［3］周黎明．经济法理论与实务［M］．杭州：浙江大学出版社，2019.

［4］中国注册会计师协会．经济法［M］．北京：中国财政经济出版社，2019.

［5］梁慧星．民法总则讲义［M］．北京：法律出版社，2018.

［6］殷洁．经济法（第六版）［M］．北京：法律出版社，2018.

［7］刘文华．经济法（第五版）［M］．北京：中国人民大学出版社，2017.

［8］马兆瑞．经济法（第二版）［M］．北京：中国人民大学出版社，2017.

［9］谢怀栻．票据法概论［M］．北京：法律出版社，2017.

［10］法律出版社法规中心．学生常用法律手册（全科通用版）［M］．北京：法律出版社，2019.

［11］国务院法制办公室．中华人民共和国证券法典·注释法典（新四版）［M］．北京：中国法制出版社，2018.

［12］施天涛．公司法论（第四版）［M］．北京：法律出版社，2018.

图书在版编目（CIP）数据

经济法/高庆新，李霞主编.--2版.--北京：
中国人民大学出版社，2021.1
21世纪高职高专规划教材.财经类专业基础课系列
ISBN 978-7-300-27895-7

Ⅰ.①经… Ⅱ.①高… ②李… Ⅲ.①经济法一中国
一高等职业教育一教材 Ⅳ.①D922.29

中国版本图书馆CIP数据核字（2020）第024183号

21世纪高职高专规划教材·财经类专业基础课系列
经济法（第2版）
主 编 高庆新 李 霞
副主编 张 涛 张小静
Jingjifa

出版发行	中国人民大学出版社		
社 址	北京中关村大街31号	**邮政编码**	100080
电 话	010－62511242（总编室）		010－62511770（质管部）
	010－82501766（邮购部）		010－62514148（门市部）
	010－62515195（发行公司）		010－62515275（盗版举报）
网 址	http://www.crup.com.cn		
经 销	新华书店		
印 刷	北京密兴印刷有限公司	**版 次**	2017年1月第1版
开 本	787 mm×1092 mm 1/16		2021年1月第2版
印 张	18 插页1	**印 次**	2023年5月第5次印刷
字 数	415 000	**定 价**	38.00元

版权所有 侵权必究 印装差错 负责调换